主要执笔者：

铁 军 周 洁 江新兴 侯 越 詹桂香

日本语言·文化·传播丛书

中日乡土文化研究系列

传承与跨越

——中日当代社会文化研究

侯 越 主编

中国传媒大学出版社

目录 >>>> CONTENTS

壹
民俗的演变与创造

第一章
对即墨点心模——“饽饽榼子”的民俗学考察
——以功能、形式和文化内涵为中心

铁 军

导言

我国北方地区有着丰富的面食文化传统。面食文化不仅仅是吃的文化,在其制作和食用过程中也体现了一定的精神、信仰和文化品位。面食的一个形式——糕点,既是美味食品,还是年节时令馈赠用的主要礼品。

不可否认,作为馈赠礼物的糕点,与日常饮食一样,也是食物的一种,最终也要被用来食用。但是,如上所述,由于糕点还有一层年节时令用、礼品用特殊用途的意义,在讲究美味的同时,在装饰上也区别于其他食品。因此,在点心制作中,翻制图纹、花样的点心模就成为必不可少的工具了。与点心模相关的问题,大致可以分为点心模本身和点心模所依托的点心文化两点。

就糕点自身而言,包括各种用途、材料、制法的糕点,从外观装饰看来,可分为无装饰图纹和有装饰图纹两种,食用上并没有差别。但是点心模造出的有图纹的糕点,作为一种信息,提示年节时令和场合的性质,具有特殊意义。在中国传统社会中,几个人生重要礼仪用的糕点都有代表性的图纹。婚礼用的多有喜字和莲蓬形装饰,祝寿用的有寿字和桃形装饰,年节时令用的会有相应的具有喜庆吉祥意义的图纹。

西式糕点也具备作为人生礼仪中食用和礼品馈赠的基本条件。但是，除了有花样、图纹的生日蛋糕外，大多西式糕点仍仅仅作为美食为人们享用。所以，在西式糕点制作上，即便有一些成型用的点心模子，也比较简单，仅仅是一个轮廓，而着重以诱人食欲的色、形来吸引人，缺乏类似于中国点心的细腻的写实性图纹装饰。也就是说，西式糕点除了食物的功能，缺乏社会交际层面这种脱离食用行为的、更高层次的文化功能。

在中国传统中，为糕点带来文化品位的点心模是应年节时令、送礼文化的需求而产生的面食工具。糕点作为礼品馈赠的民间习俗由来已久。在旧时的京城，年节、喜事、访亲问友时都愿意带上一包点心以表心意，否则空着手登门是一件极不体面的事情。以糕点送礼的习俗流传至现代，特别是近年来，传统回归热带动了糕点作为礼品的发展，作为年节的礼品糕点又被重视起来。有一些送礼用的糕点、月饼包装得越来越豪华，甚至在社会上引起批评。先不说这种豪华包装与不正之风有什么关系，可以断言的是，在这种世态的背后，起支撑作用的还是以糕点送礼的传统文化。由于糕点从一般日常食物被提高到“礼”的层次，在味道、做工上就要讲究一些。日常食用的烧饼、小吃型的食品之所以不能直接用来送礼，原因就是由于没有在形式和理念上从“日常”提高到“礼”的高度，缺乏表达信息的形状与图纹，难以具备娱人娱神的功能。

邻国日本受中国文化的影响，重视人与人之间交际的“礼”，形成了赠送糕点的独特馈赠文化。由于物产的原因，日本式的点心主要以脆米饼和糯米红豆馅糕为主，还有少数西式糕点。日本的糕点在形式上讲究包装，每个单体较小，以“一点心意”为主。茶会上佐茶的食物中可以见到压花点心，说明其中也使用了点心模。

点心模在我国使用历史漫长，种类繁多，属于饮食文化领域，支撑了丰富的面食文化，同面案、擀面杖属同一类的面食工具。不同的是，使用点心模制作出的面食糕点具有极强的装饰性，工具本身也是一件精美的民间艺术品。在面制品上做出装饰图纹花样的工具并非中国独有，在世界各国的饮食文化中都可见到。但是中国传统压花点心模的图案，作为年节时令的民俗符号，特征明显，个性突出，具象与抽象结合，寓意深刻，使食品超出食用的意义，附带上更为深厚的文化内涵。

由于现代生活深入到一般普通的乡村，特别是离城市近的一些乡村，受城镇化浪潮的冲击，这些乡村点心模的使用已不如以前多，呈现出逐渐减少的态势，有漂亮图纹的点心、糕饼越来越少见，只在中秋节的月饼上有一点保留。所以，对点心模进行考察，使这一古老的传统文化得到了解，使其在新时代里继续发扬光大，是对文化传统的继承，也是抢救性的民俗研究课题。

山东是以面食为主的地区。在我国北方木刻点心模的传统产地——即墨市龙山街道南葛村，还保留着制作和使用点心模的习俗。街头广告（见图1）表明，作为农闲期的副业，农民承制各种面食、花馍。在当地的农贸市场，邻近旧历七月时，可以见到销售自家用点心模烙制的“乞巧饼”的小贩。

图1　街头制作民间面点的广告

笔者于2009年8月对即墨城郊的南葛村进行了走访。此地的点心模制作已有300多年的历史，以王姓家族祖传的雕刻工艺为主，至今仍有不少王姓后裔在继续这一古老的手工艺。在雕刻工匠王丕寿的家庭作坊里，还可以看到成堆的半成品（见图2）和自制的各种工具（见图3）。在这里，笔者对点心模的制作工艺、工具及现状等进行了了解。

图 2　作坊里成堆的半成品

图 3　工匠自制的各种工具

现在的制作条件较之过去，有了很大的改善。下料工序大都使用锯、钻、磨、刨等几种木工机械来完成，大大提高了制作效率。王家制作的点心模用料比较讲究，材质厚实，比旧式的厚了近一倍。进入雕刻阶段时，仍采用传统手工雕刻，雕刻刀全都根据自己的需要和工作习惯自制。

一、对点心模的考察

1. 点心模的功能

制作点心的木制模具即点心模的功能是首先考察的对象。在我国许多以面食为主的地区都可见到点心模，其中，山东以及山东移民较多的辽南一带较为典型。点心模正式名称为“木雕点心模范”，除了“饽饽榼(卡)子”外，还有“面食卡子”、“馒头榼子”等俗称。在本文中统称为“点心模”。称呼的不同，有地域性习惯的原因，也有点心制作材料、形式的原因。青岛市即墨郊区龙山街道所属的南葛村是传统制造地之一。据记载，这里的点心模以王姓家族所制作的为上品，销往本省其他地区以及周边省份。材料多用果木，有棠梨木、梨木、苹果木等。

用果木雕刻，可以保证点心上的图纹、花样相对一致，经久耐用，不裂不变形，用后，可长期保存。无疑，使用点心模的目的在于制作有图案的点心

（以下称“图纹点心”），两者必须联系起来考察才有意义。

点心，在供人食用这一点上，不论有无图纹，效果是一致的。而且，被作为礼品的点心具有深厚的文化内涵。目前，市场上销售的多数点心没有图纹，并不影响其作为年节时令的馈赠礼品的意义。然而，这些点心仅仅满足了食欲，还不能满足人类的精神需求。在此，必须指出的是，使用点心模制作的图纹点心在以下几个层面更具特殊意义。其内涵主要为以下几项：

（1）心中的仪式

中国人有意识地制作并食用图纹点心的行为，超越了动物为满足食欲而食的生理本能，使食用点心这一行为具有更高的文化上的意义。换言之，在中国人为满足心理需求而食的行为中，含有类似仪式的感觉。通过图纹，食用者在对古老信仰的虔诚心态中，引起对生命、存在、时空的思考，在欣赏图纹之美的同时，细细领会其含义，小心翼翼地对待堪称艺术品的食品。相反，在食用无图纹的点心（譬如云式月饼）时，欣赏的是诱人的制作工艺，缺乏因图纹激起的文化意义上的联想。虽然最终的结果都是吃进肚里，但是在食用图纹点心过程中产生的心理感受、文化联想，会使“吃”这一让生命延续的基本行为成为庄严的仪式，这也是糕点通过外在的图纹表达内在精神实质的意义所在。如果忽视这一点，人类在长期社会实践中建立起来的文化就将褪色，点心模也就失去了存在的意义。

（2）与人与神的互动

在艰苦的生活中，通过点心模制作压有美妙图纹的点心，为枯燥无味的生活带来了变化和乐趣。这种改变枯燥生活、为生活带来变化与乐趣的努力，来自于中国人自古以来的乐观主义和对神佛的虔诚信仰。与日常的、不具特别意义的馒头、烙饼相比，通过点心模制作出的图纹点心表示一定的主题，使食物与季节、人生礼仪之间产生互动，有利于营造气氛。旧时山东，每逢七月七，孩子将图纹小饼穿起，挂在脖子上，既作装饰又作玩具，同时还是点心。现在还可见到的食品厂生产的机制动物饼干，可以说就是这个风俗的延伸和发扬。有些点心还作为神佛前的供品，通过图纹表示的信息与神佛做精神上的沟通，起到娱人娱神的作用。

(3)信息传达

人具有思维和联想功能，追求抽象的心理感受。作为传达贺喜、祝寿、馈赠气氛的载体和媒介，图纹点心含义更深，社会功能更强。有月宫、玉兔的月饼和光秃秃的、没有任何装饰的月饼，在闭上眼睛的情况下食用，味道上没有差别，味觉——生理感受应该是一致的。而欣赏图纹后再食用，所获的心理感受肯定是不同的，也就是说，图纹传达信息的功能发挥了作用。

(4)公平性

公平，是保持心理平衡的重要条件，是人人都追求的目标。然而，在物资匮乏、生活贫困的年代很不容易做到。与用点心模制造的点心相比，西式糕点更像一些地方流传的手工制礼馍。西式蛋糕和礼馍，由于不是用模制造出来的，每个都有微妙的不同，向众人分发时，无法做到让每人都分到一模一样的一块。而模制出的点心可以保证均一性，体现出公平性。现在，生活富裕了，物质极大丰富，多吃一口少吃一口很少有人计较，但在过去，百姓生活贫困，孩子们吃到一点可口的食物非常不易，哪怕是有一点儿分配不公，都可能产生不快。“孔融让梨”作为道德启蒙故事来教育儿童，从另一侧面看，故事之所以成为一个极具教育意义的典故，是以古时食物相对匮乏、梨的数量和大小不足以满足每一个孩子为背景的。点心模制作的月饼糕点可以保证大小均一，每人都公平地分到美味的点心，不至于因一点点差异而不愉快。对于度日艰难的庶民百姓来说，也是一个维持心态平衡、保持喜庆气氛的聪明做法。

2. 装饰性

传统的点心模以木雕制作为主，从工艺上看，近似于民间的木雕工艺。其中有不少雕工细腻者，具有相当高的艺术水准。根据民俗时令的需要，所表现的内容很多，点心形状也因表现的内容而异。据有关记载，点心模图纹内容以祝福、祈祷、祥和为主，有元宝、蛙、蝴蝶、荷花、荔枝、龙、月光、莲子、荷叶、桃、高子(菱形)、鱼等图案。

点心模上雕刻的图纹俗称花样，是点心模的生命。中国民间美术装饰领域的花样，起源于植物“花”的意象，又被称作“花”，是民间装饰的主角。在长期的使用过程中，被升华为抽象的花，以至于后来作为装饰的图纹，无论是植物、动物还是其他自然物、人工物都被称作“花”，并衍生出“花边”、“花纹”、“花样”、“窗花”等形式，已经超出植物“花”的范畴。苏式、广式月饼以及一些自家制作的特殊用途的点心，都使用点心模压制特殊含义的图纹和“花”。

旧时点心模图案的雕工粗细，直接影响其在点心上的表现效果。所以工艺水准就成为评判点心制作质量的指标之一。那时，山东地区的百姓几乎家家都会备有几个不同形状的点心模，成为与锅碗瓢盆同类的必备炊事工具。所制作的点心，作为喜庆食品或礼品在外人面前展示时，其上面图纹的好坏是关系到面子的大问题，因此家家都愿意请手艺高超的雕工来制作自用的点心模，或是购买质量较好的点心模。这种民众需求的普及，带来了整体木模雕刻工艺水平的提高。今天，回归传统热使得图纹点心仍有需求，雕刻木模这项古老的工艺并没有随着现代化的推进而彻底消失。直到今天，在一些大城市的炊具商店还可以买到雕刻精美的点心模。

3. 象征性

通过点心模的形状和图纹，将朴素的信仰融入点心制作中，使每一块糕点都真正起到表达某种意义的作用。祝寿、贺喜、庆婚等吉事上用的点心模寓意深刻，民俗意义丰富。在表现方法上，将民间讨口彩的方法移入其中，巧妙、自然、含蓄，表现了人们对幸福生活的向往。

作为一个艺术符号，点心模的形状与所表现的内容多数是一致的。如月饼象征十五的月亮——圆形；连生贵子的祈愿——莲蓬形；祝寿的点心——寿桃形等。中国民众的情感通过这一“中介”得到激发，在这些符号的作用下，人们将抽象的信仰具体化。可以说，通过形状和图纹将点心模以及点心模制作的糕点的象征意义体现出来，以区别于日常食用的面食。下面，以几款较典型的旧式点心模为例，对点心模形状和内容的象征性进行考察。

(1)圆形月饼模

点心模中，圆形者在山东民间称为“月光”(见图 4)。圆，又喻指圆满、遂愿。尤其是月饼模，因为需要模仿满月的形状，所以基本都是圆形。旧时，每逢旧历八月十五，家家制作“月光”。中国人难以割舍的赏月、恋月情结在这一天达到高潮。人们利用这一时令节日，将自己的愿望通过“月光”表现出来。圆形月饼模一般都有齿状边，可以认为是表现月光四射的寓意。“蝶恋花”形点心模(见图 4)中，雕工简洁的蝴蝶和风中摇曳的花草构成一幅原野上的小景，柔美、和谐。其直径与上述“鲤鱼跳龙门”形相同。这也是旧式月饼的主流尺寸。“鲤鱼跳龙门”形点心模(见图 5)，直径为 80 毫米，有齿形边。一条大鱼占据了半个画面以上的空间，表现了主题，远处的龙门简化成现代的水坝一样的建筑，天上的太阳虽然刻得小小的，好似一颗豆子，但仍像

图 4 蝶恋花图案的圆形月饼模

图 5 鲤鱼跳龙门月饼模

是在向人们预示跳过龙门后的光明前途。

“蟾宫玉兔捣药”形点心模(见图6)为画面内容带来故事情节和遐想空间。此模小于一般月饼模的尺寸，为63毫米，没有齿状边，像是为儿童所制。

图6　玉兔捣药月饼模

此外，还有“嫦娥奔月”、“三潭印月”、“福禄寿”等图案。这些较为典型的图案，除了一般百姓家做成月饼食用外，点心铺常将这种图案扩大，压在直径一尺以上的巨型月饼上。人们买回来后，将其挂在木架上做供品。

还有一种更小的、直径只有45毫米的“双喜点心模”。双喜符号是民间为表示结婚喜庆而制作的，在双喜临门这一类喜庆场合也会使用。圆形，作为寓意圆满的民俗符号，不仅在点心上，在许多其他民俗的领域也有使用。

(2)莲蓬形点心模

莲蓬形状像元宝(见图7)，是一个里里外外都充满吉利色彩的图形。此类点心模以及制作的糕饼、点心较为少见。莲蓬中的莲子在民俗中是讨口彩的素材之一。莲子——连生贵子，在结婚是为了传宗接代的旧时代，与花生、红枣一样，是婚礼上不可或缺的物品。由于莲子的体积、形状不易做得含有寓意，便琢磨出莲蓬的形式。

图7　莲蓬形点心模之一

对“莲蓬”形点心模的解读大致可归纳为以下几点：

多子多福观　自古以来，中国人就有多子多福的民间俗信。莲子寓意“连生贵子”，在一个莲蓬中有多枚莲子，最大限度地迎合了中国人祈愿多子多福的传统意识。

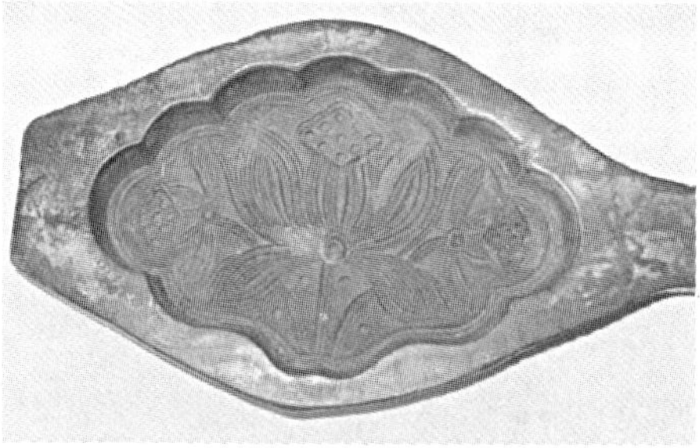

图 8　莲蓬形点心模之二

图 9　莲蓬形点心模之三[大叶(业)长寿]

富于变化的外形　在造型上，莲蓬的形状比莲子更富有变化，有进一步抽象化、美化的余地。图 8 上还刻有荷花，说明莲蓬题材的可塑性。若只有莲子，则大小与花生相仿，圆圆的外观和小小的尺寸，难以进一步作为点心上的图纹进行装饰化处理。图 9 中的寿字，表示此模是用来制作祝寿用的糕点。寿字还表示长久，巨大的叶子与“业”谐音，可以解读为“大业”。“大叶”形的点心模在内容上超越了“莲子——连生贵子”的意义，同时还点出了子孙繁衍与家业、事业的内在联系。

尺寸　点心模的尺寸，没有成文的规矩，大都沿袭民间习以为常的尺寸。作为食用的糕点，一般与正常情况下制作上方便与否、食量、手持是否合适等几个方面有关。图 7 为 9.5cm×5cm，图 8 为 11cm×6cm ，图 9 为 8cm×5cm，成品糕点的重量应在 1.5～2 两左右，符合中国人的食用习惯和食用量。莲蓬形状适于作为糕点的外观，再加上其寓意，是它成为点心模图形的基本条件。另外，实际的莲蓬尺寸与点心模表现的尺寸相差不大，较形象，易于制作，在装饰上有发挥的余地。

(3)寿桃形点心模

寿桃是中国传统祝寿庆典的点心中常见的形式。以桃祝寿的民俗，据说出自王母娘娘在瑶池设蟠桃会，并以“三千年一熟”的蟠桃款待来客的传说，还有“东方朔偷桃”、“白猿偷桃”等许多故事作背景，在中国民间，形成了根深蒂固的以桃祝寿的习俗。“寿桃”形的点心以桃形为主，兼有桃叶，桃形中有单桃形（见图10）和双桃形（见图11）。双桃形的点心模，出自中国人传统的追求对称的观念，可解读为老夫妇共贺、贺了再贺、好事成双。桃形上面所刻寿字已脱离了其作为汉字的单独意义，成为特殊的吉祥装饰符号。在这个点心模上，虽然以桃的祝寿功能为主，桃叶、桃木、桃符的避邪功能也是隐在的意义。

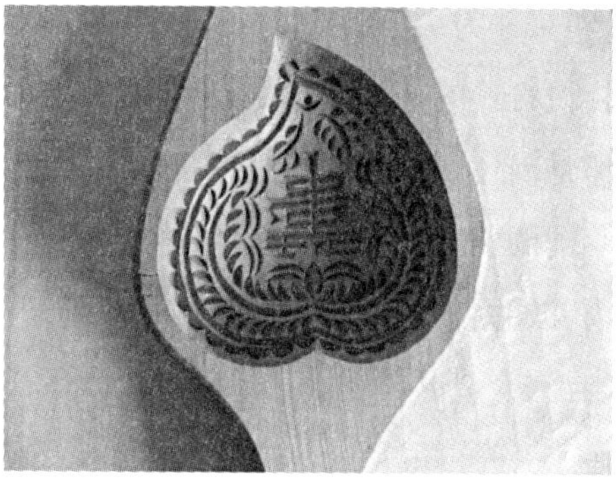

图10　单桃形点心模

图11　双桃形点心模

图12　元宝形点心模

(4)元宝形点心模

中国古代曾以元宝为货币，因此，元宝是财富、财产的象征。南葛村工匠王丕寿雕刻的元宝形点心模中心有一个双喜符号，可以认为是婚礼上使用的。元宝形的外观上装饰有花卉纹样，并有锯齿形边，反映了人们对结婚这一重大人生礼仪的重视和对美好生活的憧憬。这只点心模（见图

12)尺寸为10cm×5.6cm,深度为2cm,比一般传统型点心模深一些,做出的糕饼自然就会丰满、厚实。旧时,也有同样图纹的点心模,内涵、意义相同,但是现代新制的点心模用料量差别很大,几乎是旧式的一倍,在气度上给人不同的感觉。今天,中国人吃粮不再困难,内心深处一直压抑了许久的追求大、派的心理,在富裕起来的今天终于得到迸发的机会。

(5)鱼形点心模

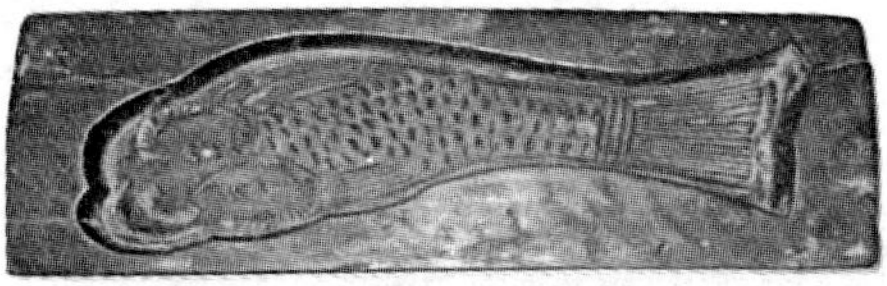
图13 鱼形点心模

鱼在中国民俗中有着特殊的吉祥意义,形成了鲤鱼、鲇鱼、鲫鱼等出于各种求吉心理的鱼文化。鱼形点心模(见图13)主要雕刻鲤鱼、金鱼等在中国神话传说中常出现的鱼种。鲤鱼因体形大、有力量感,线条明快,易于表现,又有"鲤鱼跳龙门"民间传说的支撑,再加上"年年有余(鱼)"的民俗信仰,所以在鱼形点心模上出现的鱼就以鲤鱼为多了。

此鱼形点心模长约153毫米,最宽处为60毫米,体积在点心模中是比较大的。鱼形的表现与中国民间美术的理念颇为一致。从上面俯视的鱼,应该看不见眼睛,鱼尾应是一条线。在此模上,同在纸上画鱼的手法相同,采用动态、多点观察,将映入眼帘的一切东西尽可能地全部表现出来。两颗鱼目朝天向上,下部的两只鱼鳍分别放在左右两侧,直立的鱼尾变成扁平状。

中国的传统家庭年夜饭中,为了讨"年年有余"的口彩,在经济条件允许的情况下,都要有一道鱼。旧时,在山区,因生活贫困,买不起鱼,便在年夜饭的餐桌上摆上一条木刻的鱼充数。鱼形点心模虽然做出的是一块可以食用的鱼形点心,但在当年,或许也会作为鱼的替代品出现在穷苦人家的年夜饭中吧。在山东民间,有以大面鱼送定亲礼的习俗,所用鱼形点心模长达一尺,需用3斤面才能填满,据说一次要用十几个。在粮食短缺的时代,象征性意义和食用功能都得到了发挥,或许比真鱼更受欢迎。

二、点心模的文化内涵

1. 祈福文化

祈福包括求吉、辟邪心理，一直在我国民俗中占有重要地位。新中国成立前，中国这块土地上战乱不断，改朝换代频繁，灾害疾病频发，很少有休息养生、人民安居乐业的时期。饱受苦难的民众把避灾避难、幸福安康的希望寄托在神佛身上，除了在宗教场所的仪式礼拜，在日常生活中也念念不忘，企图通过祈祷来求得神佛的保佑。

通过采取与吃有关的行为进行祈福求吉，在中国民俗中有多种表现。鸡、橘、鲫鱼、鲤鱼、鲇鱼的谐音和故事暗示富裕、富余、出人头地、年年有余，以枣（早）、花生（生子）、栗子（立子）的谐音来讨求得贵子、早生贵子的口彩，饺子里放铜钱的风俗也属于这一类求福的民俗。同样，本文中的点心模以及点心模的使用，也属于与吃有关的祈福文化的一部分。人们相信，通过吃的行为，外部的东西进入身体内部，对肉体和精神都会产生影响，因此，没有人愿意吃寓意不吉祥的东西。旧时的人们不但明白“病从口入”的道理，还认为吉祥的事物、不吉利的魔和灾也从口入，所以最大限度地利用吃的机会祈福、辟邪、讨吉祥。

文中列举的点心模只是沧海一粟，实际上在民间还有大量不同类型、内容的点心模。但是可以断言的是，它们都属于祈福、求吉、辟邪的范围。点心模类型、内容多，说明题材广泛，各地都有不同喜好、用途。

这些不知用过多少年的点心模以及用这些点心模制作的点心，对于那时并不富裕的百姓生活，是一服调味剂，使贫乏的饮食生活变得丰富起来。多数百姓家里当时没有烘烤的设备，一般使用蒸、烙的方式。在制作时，将面放入模子后，就开始琢磨压出来的“花”会是什么样，压好花放入锅里，又担心蒸出来后，上面的花会不会模糊不清，以至于影响到内容的辨识。孩子们在饭前就期盼着抢到自己心仪的花样。一出锅,就争先恐后地挑选。进食之前,还要问大人这个花是什么意思,都以为吃到肚里就会有福气。这一点与一般的馒头、烙饼不同,从制作到吃,有几个内心活动和程序化的阶段,像一个短暂的祈福仪式。

2.礼文化

在第一节中已提到以点心送礼的习俗是中国礼文化的一部分。人际交流中,"以礼相待"是君子的行为准则。旧时拜访亲朋好友、家中迎接贵客时都要备上一些茶点,作为客人一方,也有一种"不能空着手去"的思维,避免因行为上的"失礼"而造成心理歉疚感,"有来无往非礼也"正是在这种人际交流中形成的价值观。点心成为"礼尚往来"的一个重要角色,"礼轻情义重",一包点心,一点心意,在婚姻喜庆活动、年节时令的交际中,起到了人际关系润滑剂、黏合剂的作用。当然,点心模制作的图纹点心比起一般点心,更加明确地表示出送礼人对时令的敏感、对相互关系的重视。

古时,邻国日本接受了中国的礼文化,形成了类似于中国人送点心的礼节。日本人出差、旅游归来,都习惯性地为亲朋好友带上几盒称为"御果子"的当地点心,不送或忘送,就会被人说成"失礼"。而稍有一点名气的地方也都会展卖当地特制的"和果子"。目前,还无法考证送点心的习俗是否源于中国,但是可以肯定的是,在其背后起支撑作用的是中国的礼文化。"和果子"中也可以见到使用点心模压花成型的点心,特别是茶道席上佐茶的各种造型的点心,小巧玲珑,做工细腻,像一个个小型工艺品,而且各个季节都有不一样的、表现季节信息的造型。从其外观看上去,也是用压花点心模所制。

综上所述,无论在中国还是在日本,送点心的行为,都表现了人与人之间交流的意愿,是一种基于礼思想的社会性行为。同时,通过点心模在糕饼、点心上翻压图纹,积极地表现含有年节时令、家族社会的信息,在许多层面上表现了人与人、人与神佛、人与自然、人与时空的沟通和交流,同时还在一定意义上，表现这些沟通与交流的层次和程度。

结语

使用点心模制作图纹糕点，是中国北方面食地区的饮食风俗，具有深厚的文化内涵。点心模的主流图纹，即民众所认可的、被赋予集体意识的吉祥符号——蟾宫玉兔、莲蓬、桃、鱼在中国民俗中一直占有重要地位。之所以长期保持一个相对固定的形式传承下来，是由于“在缺乏自我独立获具历史经验、完善思想认识之条件的文化环境中，个体总是无批判地、超验证式地接受集体意识的模塑和影响；人的一切行为和理解都是习惯性的，习惯决定着个人的责任、权利、活动、思想和认识。”①。当然，同一道理，一般来说，这个作为条件的“文化环境”一旦发生显著变化，人们对其的认识也必然会随即发生变化，而被导入另一个新的“模塑和影响”中。

在“文革”期间，因为点心模表现了“四旧”，所以受到批判。并且出于食品本身的局限性，不适于表现革命、政治的内容，也找不到上述新的“模塑和影响”——新的替代形式，而悄然退出民众生活领域，在民间消失。有的地方，中秋节吃月饼这一根深蒂固的习俗虽然得以保留，但是一旦绕开了民俗传统，人们便无法解释自己的行为，不知吃月饼的道理何在，只好从八月十五是秋收的季节这一点顺水推舟，将月饼称为“丰收饼”。

“文革”后拨乱反正，传统得以恢复，人们的求吉心理得到了充分的满足，点心模这种曾被遗忘的传统又获得了发挥自身作用的空间。

其次，中国食文化并不仅仅局限于有多少菜系，使用何种烹调法，能做出什么山珍海味，饮食生活中，使饮食更加富有情趣，更具丰富文化内涵的一系列理念和民俗形式也包含在其中。正因为有了这些理念和民俗，中国食文化才得以摆脱为生存而吃的动物性基本生理需求，而是在物质和精神

---

① 吕品田：《中国民间美术观念》，湖南美术出版社2007年版，第349页。

的领域升华到更高的层次，当之无愧地被称为“食文化”。压花成型的点心模属于饮食文化的一个组成部分，表现了中国人丰富的心理诉求，是中国人内心世界的体现。

现在，使用流水线进行机械化批量生产的一些点心厂家，点心模已经不再限于木制，原来的具有民俗特色的花样、图纹逐渐被一些抽象的花纹和更为直观的表现形式所替代，糕点的装饰重点放在了豪华的外包装上。点心上的图纹缺乏文化内涵和丰富的寓意、象征，忽视了对传统文化的继承，这是一件令人遗憾的事情。

有图纹的糕饼、点心与一般日常饮食不同，不是单纯地一吃了之的食品。它超越了一般意义的物质性，具有精神性，与中国古代的礼文化、节俗文化密切相关，所以，这种糕饼、点心的装饰图纹是了解民俗文化内涵的重要线索。

参考文献：

常人春、陈燕京著：《老北京的年节》，中国城市出版社 2000 年版

姜峰、田禾、鲁汉编著：《青岛城市民俗》，济南出版社 2009 年版

吕品田著：《中国民间美术观念》，湖南美术出版社 2007 年版

第二章
乡愁的表象与文化内涵
——以入选《日本之歌—故乡之歌百首精选》的歌曲为例

铁 军

导言

在日本，至今保留着经历无数岁月风霜、颇具民俗价值的故乡歌。种类上，大体可分为童谣、唱歌（旧制学校音乐课的歌曲）、民谣、传承童谣、媒体歌谣体等。这些具有浓厚动人曲调和魅力的歌曲，超越了时间带来的世代间代沟，从父辈传给子辈，从子辈又传给孙辈，深深地扎根于日本人的心灵深处，成为连接不同辈分人的纽带。

故乡之歌是人类对故乡美好情感的吐露，对根的美好记忆，听到这些优美的旋律，没有人不为之感动。按道理来说，无论怎样，都不应有被指责的地方。但是需要指出的是：从明治维新后，日本建立了近现代教育体制，在小学里重视对儿童进行音乐教育，有不少面向儿童的故乡歌问世。而且，鉴于当时日本皇国史观下的历史背景，不能否认统治者们企图通过人们对家乡的热爱和眷恋，把唱歌作为强化狭隘爱国主义和狭隘民族主义的工具。

因此，作为故乡歌欣赏这些歌曲，与其创作的时代背景结合在一起思考时，总有一种让人无法释然的阻力。从5000多首受推荐歌曲中选出的这百首歌曲，除一首为江户时代的古歌外，其余均创作于明治时代（23首）、大正时代（40首）、昭和时代（36首）。这三个时代是日本军国主义膨胀、发展、扩张、外侵直至灭亡的时代，不可避免地体现了那几个时代的价值观和审美情趣，直率地说，有些甚至还带有一些明显的旧帝国情结。对现代日本人来说，过去的事情似乎已经过去，历史意识逐渐淡薄，对那场战争的认识开始麻木，欠缺把那个时代的歌曲与那场战争结合起来思考的意识。

总体来说，这一百首歌曲的内容集中在对家乡、自然、美丽国土的表现上，基本可以体现当代人的价值观与审美情趣。在社会环境变化、人情冷漠、新一代不知自己根在何处的今天，具有一定的意义。

1989 年，日本广播主流媒体 NHK 组织了一次大规模社会调查——征集"传向明天的歌曲"，作为将这些歌曲传递给下一代的一项具体工作。此次征集共收集 65.7 万张投票，推荐曲目达 5000 首之多。最后从中选定了一百首明治、大正、昭和时代的歌曲，编成一本《日本之歌－故乡之歌百首精选》(『日本のうた・ふるさとのうたベスト100』)。

这些被选中的百首歌曲，在日本民众心中有着极高的知名度，体现了近现代日本人的心声。本文通过对《日本之歌－故乡之歌百首精选》中歌曲的考察，着重从乡愁的角度进行分析、思考。

一、乡愁的诱发要素——故乡的原风景

故乡是人的根，包含了父母、家庭、亲戚、朋友、风土人情、民间习俗等原风景。无论离开多久，走到哪里，甚至在死后也要"落叶归根"，只要是具有正常思维和行为能力的人，就没有谁能够割舍对故乡的情感。

乡愁，是身处他乡的人思念故乡的情感，也表达了对昔日的怀念之情，是人类的美好情感之一。人对故乡有所眷恋，证明心灵深处还保留着一份出于本性的纯真。这种本性的纯真甚至超越后天习得的文化、世界观，具有类似基因般的意义和普遍性，就像无论何种人，都有作为人的最基本需求一样。

在人的一生中，故乡的一切从具体到抽象，不断升华，"故乡"一词中纳

入了太多的内容。乡愁——这种看上去不算复杂的感情也就有了各种表现载体。对故乡、亲人的思念,对旧事的回忆,对山山水水寄予的深情都成为诱起乡愁的要素。

就这本《日本之歌一故乡之歌百首精选》而言,其中虽然有一些歌点出了故乡,可以直接定位于故乡歌,但仍有大量没有出现"故乡"这一关键词的歌,在深层意义上也应属于故乡歌。积极参加歌曲推选活动的听众年龄层中,经历过战争和战后困难年代的40岁至69岁的人占了近70%,是推选活动的主力,可以说,这百首故乡歌反映了这个年龄层人强烈的故乡意识。

歌中的"故乡"以及诱起故乡情结的原风景基本上可以归纳为以下几种。

大自然(包括山、谷、川、海、四季、雨、雪、云、花、虫、鱼等)、农村、出生地、父母、朋友、儿时游戏等。

换言之,在这些故乡歌中表现的是自然景色、四季的变化和人际关系。或者说,在日本人的故乡情结中,离不开日本的自然环境和在这样一个自然环境中孕育起来的人际关系。

二、对故乡歌的抽样分析

以下,进一步对获《日本之歌一故乡之歌百首精选》前四位的歌曲进行思考、分析。

第1位: 赤とんぼ　三木露风 词　山田耕作 曲

夕焼小焼の赤とんぼ　負われて見たのはいつの日か
山の畑の桑の実を　小籠に摘んだはまぼろしか
十五で姐やは嫁に行きお里のたよりも絶えはてた
夕焼小焼の赤とんぼ　とまっているよ竿の先

中文译：红蜻蜓

晚霞中，红蜻蜓漫天飞舞，你记得吗？被背着去看蜻蜓的那一天。

上山采摘地里的桑葚，放在小筐里，像是梦幻一样。

十五那天，姐姐远嫁他乡，从此断了音信。

太阳落山，晚霞灿烂，看呀，红蜻蜓驻足竹竿上。

这首歌在此次评选活动中收到的提名数名列榜首，被评为日本国民最喜爱的歌曲。

词作者三木露风曾说过："对任何人来说最为怀念的莫过于满载幼时记忆的故乡了。《红蜻蜓》通过童谣，表现了望乡的心境和对幼时故乡的眷恋。"日本人在唱起这首堪称日本童谣代表作的歌曲时，都会在脑海中浮现出红蜻蜓飞舞的原野，在往事的回忆中燃起对旧时故乡景色的怀念之火，一股浓浓乡愁——思乡情在心中升起。虽然，并不是所有人的故乡都出现过红蜻蜓在晚霞中漫天飞舞的情景，然而在时空变换中，故乡的具象最后浓缩、升华到这一点上，为日本人认可，构筑起日本人在故乡意识上的共识。

故乡，在城市居民的心目中，像一幅已经泛黄的老照片，只有在回顾往事时才被想起。然而，对那些出自于农村的第一代城市人来说，依然是一份珍贵的记忆。

红色在所有颜色中，最为明显。傍晚的红蜻蜓在落日的余晖中闪闪发光，久久地停留在人们的视野里、脑海中，成为故乡的原风景中最容易勾起回忆的景象。这样一来，红蜻蜓长久地保留在人们的记忆中，超越了作为飞翔在原野中的昆虫的意义，成为表现日本人乡愁的重要关键词之一。

第 2 位：　故郷　高野辰之 词 岗野贞一 曲

兎追いしかの山　小鮒釣りしかの川

夢は今もめぐりて　忘れがたきふるさと

如何に在ます父母　恙なしや友がき

雨に風につけても　思い出ずるふるさと

志をはたして　いつの日にか帰らん

山は青きふるさと　水は清きふるさと

中文译:故乡

追赶野兔上山冈,垂钓小鱼去河边。

至今梦中仍再现,难以忘怀我故乡。

父母双亲可无恙? 亲朋好友可安好?

风雨艰难到今日,故乡常现我心中。

完遂大志事业成,必定择日回家乡。

山清水秀故乡美,笑迎久别游子归。

这是一首在小学音乐课上必学必唱的歌曲,歌中唱到的山冈、小河、父母、朋友是日本人心中具有代表性的故乡“原风景”。山水,是众多日本人从“故乡”一词中首先可以联想到的景色。虽然故乡山水在不同人心目中,呈现出的是一幅不同的、更为具体的形象,然而人们都认可这首歌中被抽象化了的、升华到代表日本人心中故乡的原风景。歌中的“完遂大志”作善意的理解,可以认为具有励志色彩。但是,在整个日本都处于对外侵略扩张的时代背景下,就不能说是一般意义上的“衣锦还乡”,而可以说是旧时代遗留的痕迹。

1998 年,长野冬奥会闭幕式上使用过这首歌,现已成为与「さくら」(《樱花歌》)齐名的、象征日本人心中故乡的歌曲。在“农村＝山乡”的日本,每当唱起这首歌,上了年纪的人们都会热泪盈眶,还会联想起老家的梯田和曾住过的茅草房,以至于甚至有人提议干脆以这首歌作为日本国歌,替代至今尚有争议的「君が代」(《君之代》)。

第3位：夕焼小焼　　中村雨红 词 草川信 曲

夕焼小焼で日が暮れて　山のお寺の鐘がなる

お手々つないで皆帰ろ　烏と一緒に帰りましょう

子供が帰った後からは　円い大きなお月さま

小鳥が夢を見る頃は　空にはきらきら金の星

中文译：晚霞

晚霞飘飞日西斜，山中古刹钟长鸣。

牵手踏上回家路，返巢乌鸦同我行。

孩童去后暮色浓，夜空如洗月高悬。

林鸟睡梦正酣时，星光如金洒夜空。

此歌为日本全国14座歌碑上铭刻的歌曲之一。听到这首歌，眼前会浮现出如下情景：在夕阳余晖下，周围的山脊映得红红的，村落中烟云缭绕，还会听到回荡在山乡原野的寺院晚钟。或许有人还会从报时的钟声中联想到生命的意义，对时间流逝和季节变换有一番特别的感触。

第4位：朧月夜　　高野辰之 词 岗野贞一 曲

菜の花畠に入り日薄れ　　見わたす山の端霞ふかし

春風そよふく空を見れば　夕月かかりて匂い淡し

里わの火影も森の色も　　田中の小路をたどる人も

蛙の鳴く音も鐘の音も　　さながら霞める朧月夜

中文译：朦胧月夜

黄花田中夕阳斜，晚霞映得山脊红。

春风拂面望苍穹，夕月高悬菜花香。

村村灯影丛林色，田间小径赶路忙。

蛙鸣阵阵钟声响，已是夜晚月朦胧。

大正三年(1914年)，词作者高野辰之以奥信浓地方作为构思歌词的背景创作了这首歌。歌中细腻地描写了春天的田园景色，油菜花的黄色与晚霞的红色搭配在一起，醒目地勾勒出以青绿色为主的日本农村景象。

晚霞中，一片片金灿灿的油菜花在眼前铺展开来，时间逐渐向夜晚推移，视觉中的一切影像都随着夜幕的降临朦胧起来。这也是典型的日本“原风景”之一。据说，日本人在歌唱此歌时常会忘我地进入歌中的意境，在梦中追寻的故乡像海市蜃楼般浮现在脑海中。

日本人认为山川草木四季变化是自然造化，因此对此极为敏感，努力捕捉一点一滴的变化。他们重视与自然的和谐相处，哪怕是季节的一点点细微变化都会给日本人带来影响，这一点在日本的艺术、文学领域中可以找到诸多证据。自古以来，日本以季节为题材的艺术作品颇多，在歌颂山清水秀、风花雪月和时光流逝中，敏感、细腻地感悟到其间的美，并建立起一整套称为“物哀”的审美观。

日本人一生的各个阶段、情感的高潮低谷都似乎被镶嵌在流逝变化的季节之中，可谓“邂逅于春天，燃烧于夏天，思恋于秋天，悲伤中闭锁于冬天”。

正如上述各首歌中唱到的那样，崇尚自然的日本人常以自然风景来歌颂故乡，并“自然地”从中感受到对故乡的眷恋和热爱。可以说，日本的儿童从很小就开始受到包括歌曲内容在内的各种感染和熏陶，培育敏感觉察四季变化的神经，将美的感悟和以物哀为中心的审美观渗入幼小的心灵中。

虽然“物哀”本身对孩子们来说是一个难以全面掌握的抽象理论，但在他们很小的时候，支撑“物哀”理论的种种具象就已经出现在他们的生活里了。在成长期，抽象的理论和具体的体验开始重合，到了人生的成熟期，抽象者不再虚幻，具象者不再孤立，二者合为一体，成为指导生活实践的人生观。

三、止不住的乡愁

孩提时代曾玩耍过的山冈、放学路过的油菜田、一直玩到天黑的小街路口、海边、草顶农舍、村后的山林以及栖息在那里的各种小动物，都是日本原风景的重要构成要素。进一步说，以田园风光、花、海、雪、日光、月亮、四季变化为主，加上人生悲欢、家庭中成员间的爱、温情脉脉的家人团聚、中小学同班同学、节日祭日等，这些数不清的美好记忆都包含在“故乡”这一概念中。

故乡之歌正是紧紧抓住这些割舍不了的情结，通过故乡的表象唤起了隐匿在人们心灵深处的“乡愁”。这个“乡愁”中，含有对故乡的风土人情的眷恋和对过去的回忆。虽然角度不同，但体现在一个人身上时，多数是重合在一起的。

1. 对故乡的眷恋

日本每年过“盂兰盆”节时，交通工具和道路就会发生“回乡流”。日本在上世纪 60 年代经济高速发展、大量农村劳力涌入城市，年轻人通过考学、就职找到进入城市之路。农村人口急剧减少，家乡只剩下老父老母和爷爷奶奶务农。到 90 年代初期，泡沫经济崩溃，高速发展时期被繁荣掩盖起来的城市弊病开始显露在人们面前。拥挤、高物价、公害、犯罪、激烈竞争等让城市人疲惫不堪。人们开始反思抛弃农村带来的利与弊，无论是来自乡村还是已在城市居住几代的人又开始重新审视自己的故乡。

虽然埋藏在心灵深处的乡愁使人们对故乡的山水、田野、人情作褒奖的为多，但是已经在城市建立生活基础的人，从已经定居的城市迁回农村显然不现实，人们也并不愿意这样做。他们能做到的是在年节假日回乡探亲。

并且随着老辈人去世，家乡变为故乡，亲戚和昔日的朋友越来越少，再下一代或许就不再回乡探亲了。曾是具象的故乡开始抽象化，虚化为说不出形状、叫不出名的山水和田野。而更多的、早在几代前就与乡村已经没有任何关系的人，则认可在古代文学作品中提到的山乡、海、山林、原野为自己的精神故乡，“故乡的原风景”就这样形成了。

或许是出于感恩，人都热爱自己出生、成长的故乡。在故乡歌中，人们歌颂故乡的纯朴人情和美丽自然，赞美人与自然的相互依赖关系，似乎在企图唤回已经失去的某种重要的东西，表现朴实无华、真实感人。

《日本之歌—故乡之歌百首精选》中，重点收录了「旅愁」(更け行く秋の夜)、「ふるさと」(兎追いしかの山)、「荒城の月」(春高楼の花の宴)、「故郷の空」(夕空はれて秋風ふき)、「椰子の実」(名も知らぬ遠き島より)、「里の秋」(静かな静かな里の秋)等一系列民谣童歌，都从不同角度表现了在实际距离和心理距离两个含义上都变得遥远的故乡。

通过故乡歌，以家(房屋、家庭)，自然，田野为中心的故乡从物质向精神升华，最后合为一体，作为“故乡”意识回荡在人们的心田。这一点，恐怕是全体日本人甚至整个人类共通的特点。乡愁以对故乡的爱为基础，超越了物质，而成为久久留在心灵深处的思念、情结沉积、扩散开来。在这个意义上，乡愁又是一种看不见摸不着的、魔幻般的存在。同时也可以说它是现实的。为了它，每年节假日来临之际，都形成以回乡探亲为目的的“民族大移动”。究竟是为了什么成千上万人携家带口，乘坐拥挤不堪的交通工具，在高速公路上忍受长达数小时的塞车？答案就是因为有乡愁的存在，这也是乡愁的具体表现。

2. 心灵的依靠

故乡歌中，乡愁的另一个特点就是对往日的眷恋，也可以说是心灵的依靠。

一个人会有许多往日的记忆，这些记忆成为现在的心灵支撑。没有成为心灵支撑的记忆，人的心灵是空虚的。人在异国他乡常会感到孤独，无法融入当地的主流社会。此时，想起生养自己的故乡、家人，在难熬寂寞、遇到困难、受到挫折时，都是一个激励和后盾。

《故乡》(『ふるさと』)中三段之首的内容颇发人深省。

追赶野兔上山冈，垂钓小鱼去河边……

父母双亲可无恙？亲朋好友可安好？

完遂大志事业成，必定择日回家乡……

这三句歌词分别组成三个阶段，以回忆、问候、保证这三点为主线，将对乡愁的处理展示出来。

试想，如果只有回忆而没有问候这种人之常情上的支撑，回忆显得无力，叙情上略显苍白。加上问候，算是尽了礼数。回忆、问候后，还需有一个回乡来看看的保证才能使得乡愁最终得到完满的处理。

第三段作为结束，表示自己完遂大志后回乡探望。“大志”可以理解成学业、事业、成就、功名，在此歌中作为回乡的前提，颇有点“衣锦还乡”的味道。正如前所述，在此歌创作的时代里，究竟是何种意义上的“衣锦还乡”，不得而知，与日本人在和平年代的主流价值观——「出世」(出人头地、成名成家)似乎还是有些不太一样。

现实中，身处异国他乡的日本人，也许不是时时想起这首歌，但儿时所学的这首歌以及通过这首歌领悟到的人生哲理，早就变成一种行为模式，作为基本价值观制约着他们的行为。

3.追寻心中的故乡

日本明治维新后，近现代音乐教育开始普及，从小学开始进行正规的音乐教育。当时对传统音乐有一种否定意识，传统音乐的地位几乎等于低俗音乐，因此明治政府不提倡在小学阶段教授传统歌曲。而一些近代日本代表性音乐家，对日本传统歌曲的优秀部分不弃不嫌，将日本传统之心借用西洋音乐的形式表达出来。那个时代留下的名曲深深地印在人们心中，以至于现代日本人在回忆往事时，头脑中浮现的就是幼年时代学过听过的这几首歌。听到这几首歌曲，几乎所有的日本人都会想起故乡和家人。这些铭刻在心中的孩提时的情形，是他们心中永不消逝的存在。

现实中，盂兰盆节和新年召唤人们返乡。即便没有这些具体的节日，人们也持有一个无形的“心中故乡”。那些久居城市、没有可回归的故乡或者失去故乡的人们也会唱故乡歌。歌中描绘的故乡对每一个人都具有意义。哪怕是没有在山冈上追过野兔、在小河中钓过小鱼的，人们也可以在歌中找到自己的故乡，在字里行间获得共鸣。换言之，歌中的山山水水已是日本人共同认可的故乡模式，成为原风景。这些歌在日本人的心中是一个隐形的支柱，暗暗地支撑着日本人的精神世界。同时，还具有使童年记忆再现的功能，起到滋润干涩心田的作用。

人们为什么追求“心中的故乡”呢？故乡歌中有着日本人心中神圣的原风景，在歌唱过程中，在社会上受到污染的心灵得到了洗涤，由乡愁带来的怅惘也获得了抚慰。

在成长的过程中，随着日本人入小学、升中学，直至考入大学，他们逐渐形成了人与人间的学历差，就职后又由于这些学历差造成收入差。相比之下，小学阶段的人们对社会的复杂性没有意识，还没有形成学历差。在相对平等的小学环境中学会的这些歌，使歌唱这些歌的行为本身带有平等意识、回归纯真童年的感觉。

在现今的日本社会中，社会结构、家庭观念、友情意识发生了变化，竞争成为普遍的价值观。美好童年已经成为梦幻，只存在于对往事的回忆中，通过歌唱童歌，短时间回归纯真也许只是一付不治病的清凉剂，但对拼命工作、奋力竞争中形成的压力具有一定的缓解作用。

在城市化、现代化的大潮中，自然遭到破坏，环境受到污染，居住在城里的人们每天在钢筋水泥建筑中与时间、空间搏斗。的确，现代化的生活给人们带来了便利和富裕，使人们享受前所未有的高速和物质生活。另一方面，又超出人的承受能力，使人们在紧张中度过每一天。曾一度被抛弃的、没有时间、没有空间限制的田园生活又成为人们憧憬、追寻的生活目标。

人在走到一个极端的死胡同时，常会想到另一个极端。然而，这只是想想而已。事实上，故乡的田园生活，对日本人来说，已成为虚幻的、抽象的影子，没有几个人愿意放弃城市的便利生活，实现“回归自然”之梦。当然，“想想而已”的故乡情结——乡愁也不是没有现实意义，仍在一定程度上可满足人的本性需求，起到滋润心田的作用。

人处于极限状态时，思乡曲常可唤起美好回忆，激励斗志。人们对故乡寄予情思，寻求感情支持，故乡也无私地将一切感情奉献出来，成为身在他乡之人的心灵支柱。

总之，故乡是人生的出发点，是给予每个人以生命和成长环境的人生原点。对自己来说，已经成为过去的故乡，同时也将自己视为过去。但是二者绝不是等值的存在。离开故乡一生在外者有之，而没有一个故乡拒绝愿意回来的人。这就是不图回报的故乡的胸怀和伟大之处。

日本童谣中的故乡歌，多数是在明治大正时期创作的，与地方性民歌不同，不少被纳入教育体系，成为国民性较强的歌曲，对形成日本人的性格起到了不可低估的作用。虽然歌的内容各有不同，其中有一些还明显带有旧时代的烙印。

纵观故乡歌，在故乡的季节、自然、家人、乡亲、乡情这几点上颇有共通之处，日本人通过歌唱故乡歌，倾诉乡愁，建立了共有的原风景意识。在异国他乡，经常会有几个互不相识的日本人唱起故乡歌，饮酒互诉乡愁，常会泪流满面，客观上交流了感情，增强了民族凝聚力。

四、优美旋律中的不协调音

乡愁是人的一种感情要素，表现为对故乡的思念和眷恋，在多数人的心中表现为一种美好的感情。但是乡愁本身没有阶级性，不能挑选承载的载体。正因为如此，在不少场合，这种美好的感情被恶用，成为不谐之音。《日本之歌一故乡之歌百首精选》的大部分歌曲创作于明治、大正、昭和时代，而这三个时代正是日本军国主义从萌生走向灭亡的时代，一些歌曲深深地打上了这几个时代的烙印。

在选编者的“麻木不仁”下，也有“问题歌曲”被选了进来。

现代日本在和平中度过了战后60多年，人们逐渐遗忘了日本军国主义强加给世界的那场战争，在受害国人民的宽容和日本人本身的“健忘”下，受害者意识加深而加害者的意识逐渐淡泊，最终导致对战争的不彻底认识甚至扭曲的历史观，有一些上述三个时期“富国强兵”、“大东亚圣战”色彩的歌也被收进来。

歌曲脱离不了其产生的历史背景，作者不可避免地要透过歌曲宣扬一种主张。也许，参加投票的日本人并没有过多地思考这首歌的含义，人们仅仅注意欣赏它悠扬的曲调，只注重自己心灵深处的乡愁，而忽视了作为加害者的责任。总之，某些“励志”歌中所倡导的肯定不是现今和平日本所真正需要的。

在此，有必要思考一下『われは海の子』(《大海之子》)这首歌。此歌在明治43年(1910年)出现在《寻常小学读本唱歌》中。战后，由于第7段中“出海吧！我乘上大船去收获海中财富，出发吧！我乘上军舰去保卫海洋之国”的表述被认为有军国主义色彩，一度只允许唱到第3段，并在1950年和1951年从音乐教材中删除。1989年又出现在“共通教材”中，这是一种逆反心态。战败后，日本一度被美军占领，不得不顺从占领军的各项指令。经过战后重建、发展，经济起飞，恢复了“元气”，在“言论自由”、“民主”的口号下，狭隘的民族意识导致历史沉渣泛起，二战时的旧军国情结在故乡歌的掩盖下又显露出来。此歌在《日本之歌—故乡之歌首选百首》中被评为第26位。歌词如下。

「われは海の子」作词作曲不祥/文部省唱歌(六年)

我は海の子白浪の　さわぐいそべの松原に
煙たなびくとまやこそ　我がなつかしき住家なれ
生れて潮に浴して　浪を子守の歌と聞き
千里寄せくる海の気を　吸いてわらべとなりにけり
高く鼻つくいその香に　不断の花のかおりあり
なぎさの松に吹く風を　いみじき楽と我は聞く
丈余のろかい操りて　行手定めぬ浪まくら
百尋千尋の海の底　遊びなれたる庭広し
幾年ここにきたえたる　鉄より堅きかいなあり
吹く塩風に黒みたる　はだは赤銅さながらに
浪にただよう氷山も　来らば来れ恐れんや
海まき上ぐるたつまきも　起らば起れ驚かじ
いで大船に乗出して　我は拾わん海の富
いで軍艦に乗组みて　我は護らん海の国

中文译：(每段译为二句)

我是大海之子，生在白浪翻滚的海边。
松林中那烟雾缭绕的渔人小屋是我怀念的家。
海潮为我沐浴，波涛是我的摇篮曲。
呼吸着千里外飘来的海潮气息，我成长起来。
岸上传来阵阵花香，

海边又闻索索松涛。
手摇长桨，行舟于风口浪尖，
胜似浪中闲庭信步。
多年海中锤炼钢铁意志，
海风吹黑皮肤如铁打铜铸。
任凭浮冰挡道，困难何所惧，
任凭惊涛骇浪，我自岿然屹立。
出海吧！我乘上大船去收获海中财富，
出发吧！我乘上军舰去保卫海洋之国。

岛国人眷恋大海本来无可非议，大海成为重要的乡愁诱发要素也是理所当然。《日本之歌—故乡之歌百首精选》中，有海或和海有关的歌曲占10％以上就证实了这一点。

此歌中的“海之子”，被定位于出生在海边松林的“烟雾缭绕的渔人小屋”，“海潮为我沐浴，波涛是我的摇篮曲。呼吸着千里外飘来的海潮气息”等表现，比起花枯花落的常套表现显得大气、脱俗。后面的“在此锻炼数年，意志坚强超越钢铁”，“任凭海上惊涛骇浪，岿然屹立”等还可以理解成作为“海之子”的自豪和胸怀，表现了希望炼就钢铁意志和健康体魄的愿望。

歌词同文章一样，大多数歌曲结尾的词句是全歌主题的再归纳，在曲调处理上也最响亮。然而，最后的“出海吧！我乘上大船去收获海中财富，出发吧！我乘上军舰去保卫海洋之国”这两个结束句，在歌曲的创作年代里有着特殊的指向意义，将前面表现的内容都归纳到一个军国主义成长、膨胀的时代倾向中，使前面部分的高超表现技巧和美好意境都黯然失色。历史事实也证明，所谓“收获海中财富”的范围膨胀为“大东亚共荣圈”，“保卫海洋之国”的豪言壮语最终演变成了发动侵略亚洲和太平洋战争的野心。

《日本之歌—故乡之歌百首精选》中，1944年作的『お山の杉の子』(《山上的小杉树》)原歌词的六段中，有四段带有军国主义色彩，战后由诗人、童谣作词家佐藤八郎将第三段以后作了修改。此歌当时在“日本少国民文化协会”的少儿歌曲征集中排名第一位，对“少国民”(儿童)起到了毒害作用，战后曾一度被美军占领当局所禁止。下面仅将军国主义倾向较为露骨的第五、六段原歌词摘出。

『お山の杉の子』 佐佐木すぐる 作曲　吉田テフ子 作詞　サトウハチロー 補作

～

大きな杉は何になる　兵隊さんを運ぶ船

傷痍の勇士の寝るお家　寝るお家

本箱　お机　下駄　足駄おいしいお弁当を食べる箸

鉛筆　筆入れ　そのほかに、

たのしやまだまだ役に立つ　役に立つ

さあさ負けるな杉の木に、　勇士の遺児なら　なお強い

体を鍛え　がんばって　がんばって

今に立派な兵隊さん　忠義孝行一筋に

お日さま　出る国　神の国

この日本を護りましょう　護りましょう

中文译：

《山上的小杉树》

巨大的杉木做什么？做什么？为运送士兵建造船。

为负伤的勇士盖休息的房子。

做书箱、书桌、木屐、高脚木鞋，还有吃美味便当的筷子。

还可以做铅笔、铅笔盒，

真开心，还有许多可以做，可以做。

鼓起勇气不服输，像杉树一样，勇士的遗孤更坚强。

锻炼身体，努力再努力。

明日的优秀士兵，专心忠义孝行。

太阳之国度，神之国度。

保卫日本，保卫日本。

杉树本来是美好的象征，挺拔的形象、旺盛的生命力、广泛的用途使人们对它充满了美好的感情，也是构成诱发乡愁的故乡原风景之一。但是在战时军国主义横行的时代，杉树的形象也遭到了破坏，被用作传播军国主义思想的载体。此歌作为儿童歌曲，在战争败局已定的形势下，对“少国民”们起到“「戦意高揚」(提高战斗意志)”的作用，将青少年引向歧途。

词作者吉田出生于四国德岛的山林主家庭，战争时期为国家提供了大量木材。她在22岁时写成了这首歌。此歌发表并获奖不到一年，这场战争就以日本军国主义的失败而告终，吉田的狂热情绪随着战败也心灰意冷下来，此歌成为她唯一的创作。吉田家的山林没有为保卫“日出之国度、神之国度”做出有益的事情，反而由于木材的过度采伐，使美丽的山林变成了秃山。另一方面，除了一小撮军国主义分子，还有相当一部分包括吉田本人在内的普通民众，也狂热拥护和支持战争，给日本带来了灾难性的后果。因此，他们在道义上也理应负有相应的战争责任。

优美的旋律不能掩盖思想的污浊。日本人对“表现自由”和“民主主义”的片面理解给予这些时代污浊以苟延残喘的空间。对故乡的情思本是人类美好的感情，是一种发自内心的朴素之美，而这几首歌中的不协调音则成为破坏人类朴素感情的败笔。

结语

日本有一句俗语「三つ子の魂百まで」(中文大意:三岁看老)。孩提时代记下的词句和歌曲的影响,将成为一生的财富铭刻心中,随着成长,还将升华为价值观、审美观,并作为行为准则,用来审视其他事物。小出浩平①(1989)指出:

> 人都有一个称作嘴的乐器。不可能遗忘在某处,便于携带保存,极少损坏,没有修理的必要。所以,音乐教育以方便的嘴为主,从歌唱开始做是理所当然的。

独自哼唱一首歌,是人最自然、最直接的感情吐露,集体合唱同一首歌,带来的是思想上对一个价值观的共有,可加强相互间的连带感。国家通过教育对唱歌进行指导,无疑是一种潜移默化的意识形态灌输。

在非强加而是随意哼出的前提下创作出的故乡歌,与“爱护唯一不可再生的自然”、“保持无邪童心”、“热爱自然与家庭”、“加强人与人之间的纽带”等健康向上的社会意识是相通的。一首好的思乡歌曲,可以陶冶美的情操和丰富的人性,培育健全的人格。人们在歌唱这些歌曲时,一种庄重、虔诚感油然而生,对心中的圣地——故乡充满了向往、感激之情。

正如前述,日本童谣中的故乡歌多数是在明治大正时期创作的,与地方性民歌不同,不少被纳入学校教育体系,成为国民性较强的歌曲,对形成日本人的世界观起到了不可低估的作用。虽然歌的内容各有不同,其中有一些还明显带有旧时代的烙印,但总体上,歌中都贯穿着故乡的季节、自然、家人、乡亲、乡情。日本人自称为“单一民族”,其特点特别地体现在文化、价

① 金田一春彦、安西愛子編:『日本の唱歌(下)』,講談社文庫 1989 年版。

值观上。

总体上,日本的故乡歌可以评价为日本人心中的故乡,歌中表现的自然环境和历史体现了这个国家和民族的共同理念和性格。在这个前提下,孕育了日本人特有的乡愁观。而在现代社会中,乡愁又是愈合心灵创伤的良药,在激烈竞争中疲惫不堪的“企业战士”们从中获得继续拼搏的力量。

参考文献:

全国実行委員会:NHK『日本のうた・ふるさとのうた100曲』,講談社1991年版

金田一春彦、安西愛子:『日本の唱歌(上)・明治篇』,講談社1989年版

金田一春彦、安西愛子:『日本の唱歌(中)・大正・昭和篇』,講談社1989年版

金田一春彦、安西愛子:『日本の唱歌(下)・学生歌・軍歌・宗教歌篇』,講談社1989年版

小川学夫:『歌謡の民俗』,雄山閣出版株式会社1989年版

市原智子:『生涯学習につながる中学校音楽科の教育効果について』,兵庫教育大学大学院学位論文平成16年

曽我部司・大橋美佐子:『童謡・唱歌・大衆化についての意識調査——中高年を中心に』2005年

参考资料:

「日本のうた・ふるさとのうた　ベスト100」

順位 曲名 ジャンル 作詞/作曲 年代

1. 赤蜻蛉(童謡)三木露风/山田耕作,大正10年

2. 故郷(唱歌)高野辰之/岡野貞一,大正3年

3. 夕焼小焼(童謡)中村雨紅/草川信,大正12年

4. 朧月夜(唱歌)高野辰之/岡野貞一,大正3年

5. 月の砂漠(童謡)加藤まさお/佐々木すぐる,大正12年

6. みかんの花咲く丘(童謡)加藤省吾/海沼実,昭和21年

7. 荒城の月（歌曲）土井晩翠/滝廉太郎(山田耕作・編作),明治 34 年

8. 七つの子（童謡）野口雨情/本居長世,大正 10 年

9. 春の小川（唱歌）高野辰之/岡野貞一,大正 1 年

10. 浜辺の歌 林古渓/成田為三,大正 7 年

11. 花（歌曲）武島羽衣/滝廉太郎,明治 33 年

12. 赤い靴（童謡）野口雨情/本居長世,大正 10 年

13. かあさんの歌（うたごえ運動）洼田聡(作詩・作曲), 昭和 31 年

14. 夏の思い出（NHK「ラジオ歌謡」)石井好子/江間章子/中田喜直,昭和 24 年

15. 椰子の実（NHK「国民歌謡」)東海林太郎/島崎藤村/大中寅二,昭和 11 年

16. 早春賦（唱歌）吉丸一昌/中田章,大正 2 年

17. 里の秋（童謡）斎藤信夫/海沼実,昭和 20 年

18. 叱られて（童謡）清水かつら/弘田龍太郎,大正 9 年

19. ウミ(海は広いな…)(唱歌)林柳波/井上武士,昭和 16 年

20. 浜千鳥（童謡）鹿島鳴秋/弘田龍太郎,大正 9 年

21. さくら（近代筝曲）作詩・作曲不詳,明治 21 年

22. さくら貝の歌（NHK「ラジオ歌謡])辻輝子/土屋花情/八州秀章,昭和 24 年

23. ちいさい秋みつけた ボニー・ジャックス他 サトウハチロー/中田喜直,昭和 30 年

24. 牧場の朝（唱歌）杉村楚人冠/船橋栄吉, 昭和 7 年

25. 紅葉（唱歌）高野辰之/岡野貞一,明治 44 年

26. われは海の子（唱歌)宮原晃一郎/(不詳),明治 43 年

27. 四季の歌 芹洋子・いぬいゆみ、他 荒木とよひさ(作詞・作曲),昭和 51/46 年

28. この道（歌曲）北原白秋/山田耕作,大正 15 年

29. 砂山（童謡)北原白秋/中山晋平,大正 11 年

砂山（歌曲）北原白秋/山田耕作,大正 12 年

30. しゃぼん玉（童謡）野口雨情/中山晋平,大正 11 年

31. 花嫁人形（童謡）蕗谷虹児/杉山長谷夫,大正 12 年

32. 夏は来ぬ（唱歌）佐佐木信岡/小山作之助,明治 29 年

33. 美しき天然 武島羽衣/田中穂積,明治 38 年

34. ぞうさん（童謡）まどみちお/団伊玖磨,昭和 27 年

35. おもいでのアルバム（童謡）増子とし/本多鉄麿,昭和 36 年

36. たき火（童謡）巽聖歌/渡辺茂,昭和 16 年

37. どんぐりころころ（童謡）青木存義/梁田貞,大正 10 年

38. チューリップ（童謡）作詞不詳/井上武士,昭和 7 年

39. 雨降りお月（童謡）野口雨情/中山晋平,大正 14 年

40. お猿のかごや（童謡）山上武夫/海沼実,昭和 14 年

41. うれしいひな祭り（童謡）サトウハチロー/河村光阳,昭和 10 年

42. 青い眼の人形（童謡）野口雨情/本居长世,大正 10 年

43. 揺籃のうた（童謡）北原白秋/草川信,大正 10 年

44. からたちの花（歌曲）北原白秋/山田耕作，大正 13 年

45. 五木の子守唄（熊本県民謡）古関裕而・編作,昭和 28 年

46. 鯉のぼり（いらかの波と…）（唱歌）作詞作曲不詳,大正 2 年

47. 大こくさま（唱歌）石原和三郎/田村虎蔵，明治 38 年

48. めだかの学校（唱歌）茶木滋/中田喜直,昭和 26 年

49. 雪の降る町を（NHK「えり子と共に」）高英男/内村直也/中田喜直,昭和 28 年

50. 茶摘（唱歌）作詞作曲不詳,明治 45 年

51. 鳩（はとぽっぽ…）（唱歌）作詞作曲不詳,明治 44 年

52. 蛍の光（唱歌）作詞不詳/スコットランド民謡,明治 14 年

53. 靴が鳴る（童謡）清水かつら/弘田龍太郎,大正 8 年

54. ふじの山（唱歌）厳谷小波/作曲不詳,明治 43 年

55. サッちゃん（童謡）阪田寛夫/大中恩,昭和 34 年

56. 背くらべ（童謡）海野厚/中山晋平,大正 8 年

57. 春が来た（唱歌）高野辰之/岡野一,明治 43 年

58. あの町この町（童謡）野口雨情/中山晋平,大正 13 年

59. 待ちぼうけ（歌曲）北原白秋/山田耕作,大正 14 年

60. アメフリ（童謡）北原白秋/中山晋平,大正 14 年

61. 箱根八里（歌曲）鳥居忱/滝廉太郎,明治 34 年

62. コイノボリ(屋根より高い…)(唱歌) 作詞不詳/小出浩平,昭和6年

63. お山の杉の子 (少国民歌) 吉田テフ子/佐々木すぐる,昭和19年

64. 青叶の笛 (唱歌) 大和田建樹/田宮虎造,明治39年

65. あざみの歌 (NHK「ラジオ歌謡」)伊藤久男/横井弘/八州秀章,昭和24年

66. 鞠と殿さま (童謡) 西条八十/中山晋平,昭和4年

67. あおげば尊し (唱歌) 作詞作曲不詳, 明治17年

68. 通りゃんせ (わらべうた)本居長世,大正10年

69. 子守唄(江戸子守歌)古謡,昭和16年

70. 中国地方の子守歌 (岡山県民謡)山田耕作,昭和3年

71. 冬景色 (唱歌) 作詞作曲不詳,大正2年

72. 宵待草 竹久梦二/多忠亮,大正6年

73. 琵琶湖周航の歌 小口太郎/吉田ちあき,大正4年

74. 春よ来い (童謡) 相马御风/弘田龍太郎,大正12年

75. かなりや (童謡) 西条八十/成田為三,大正7年

76. いぬのおまわりさん (童謡) さとうよしみ/大中恩,昭和35年

77. 十五夜お月さん (童謡) 野口雨情/本居长世,大正9年

78. 旅愁 (唱歌) 犬童球渓/オードウェイ,明治40年

79. 海(松原遠く)(唱歌) 作詞作曲不詳,大正2年

80. とんがり帽子 (NHK「鐘の鳴る丘」)川田正子/菊田一夫/古関裕而,昭和22年

81. かもめの水兵さん (童謡) 武内俊子/河村光阳,昭和12年

82. かごめかごめ (わらべうた)(江戸時代)

83. 七里ケ浜の哀歌 三角錫子/トマス.7.ガードン,明治43年

84. 花かげ (童謡) 大村主計/豊田義一,昭和7年

85. 村祭 (唱歌) 作詞不詳/南能衛,明治45年

86. 影を慕いて 藤山一郎/古賀政男(作詞・作曲),昭和7年

87. 城ケ島の雨 (歌曲) 北原白秋/梁田貞,大正2年

88. 波浮の港 佐藤千夜子/野口雨情/中山晋平,昭和3年

89. 雪 (唱歌) 作詞作曲不詳,明治44年

90. ずいずいずっころばし（わらべうた）(江戸時代)

91. ペチカ（歌曲）北原白秋/山田耕作，大正 14 年

92. 蝶々（唱歌）野村秋足/稲垣千潁/スペイン民謡，明治 14 年

93. 桃太郎（唱歌）作詞不詳/岡野貞一，明治 44 年

94. お正月（唱歌）東くめ/滝廉太郎，明治 34 年

95. 夕日（童謡）葛原しげる/室崎琴月，大正 10 年

96. てるてる坊主（童謡）浅原鏡村/中山晋平，大正 10 年

97. オウマ（童謡）林柳波/松島彝，昭和 16 年

98. 埴生の宿（唱歌）里見義/ビショップ，明治 22 年

99. 故郷の空（唱歌）大和田建樹/スコットランド，明治 21 年

100. 芭蕉布（琉球放送「今週のホームソング」）吉川安一/普久原恒男，昭和 40 年

第三章
传统的创造
——从日本“安城七夕祭”看现代活动向传统节日的转型[①]

詹桂香

导言

祭，会意字。甲骨文字形，左边是牲肉；右边是“又”（手）；中间像祭桌。表示以手持肉祭祀神灵。古人杀牲，一是为自己吃，再就是常把牲肉放在祭台上祭祀神灵。“祭”字就是有酒肉的祭祀，即牲祭。祭，祀也（《说文解字》）。祭者，所以追养继孝也（《礼记·祭统》）。以灵鼓鼓社祭（《周礼·地官》）。祭，本义祭祀，为祭奠神灵或追念死者并安抚其在天之灵而举行的仪式[②]。随着人类社会的发展，“祭”的形式和作用也在不断地发生变化。日本对传统文化的保护和继承是世界文明发展史中的典范，其不仅积极汲取外来文化元素，更结合本国国情，为传统文化再创造出诸多表现形式，可以说丰富的表现形式给传统文化的继承和发展提供了诸多的思路和参考。

“祭”就是其中的一例。本文以“七夕”为例，试图通过对“日本三大七夕祭”之一“安城七夕祭”的形成、发展及现状等的分析和对其未来发展的预

① 本文系北京市教委“人才强教——创新人才多语种《中国文化》系列教材”项目（编号PHR201006130）阶段性研究成果。

② 在线新华字典。http://xh.5156edu.com/html3/15766.html

测，一窥日本传统“祭”的变化和发展。通过分析可以看出随着日本社会经济的不断发展，农村人口迅速减少，城市化进程日益加剧，农村区域之间的合并、村落规模缩小和废村现象不断加剧，原本植根于农耕社会的以祭奠神灵或追念死者并安抚其在天之灵而举行仪式的“祭”也逐渐减少，甚至濒临消失。然而，在原本没有传统“祭”的根基的现代城市，人们则通过有组织、有目的地举办某种活动，打造出某种新的节日文化形式，而且赋予其传统“祭”的名称。这种现代文化活动具有极强的生命力，从出现到现在已经延续几十年，成为现代城市人生活中不可或缺的传统节日之一。

一、七夕的起源与传说

“七夕”，最早起源于古代中国，最初来源于人们对星宿的崇拜。古人认为东西南北各有七颗代表方位的星星，合称二十八宿，其中以北斗七星最亮，可供夜间辨别方向。北斗七星的第一颗星叫魁星，又称魁首。后来，有了科举制度，中状元叫“大魁天下士”，读书人把七夕叫作“魁星节”，又称“晒书节”，保持了最早七夕来源于星宿崇拜的痕迹①。在现存关于牛郎织女星记载的最早文献是《诗经·小雅·大东》，其中这样记载：“惟天有汉，监亦有光，跂彼织女，终日七襄，虽则七襄，不成报章，涜彼牵牛，不以服箱。”意思是：看那天上的银河，照耀灿灿闪星光。鼎足三颗织女星，一天七次移动忙。纵然织女移动忙，没有织出好罗帐。牵牛三星亮闪闪，不能拉车难载箱。《史记·天官书》中也有“牵牛为牺牲（祭祀河神用的供品）”、“织女天女孙也”的描述。显然，当时的牛郎星和织女星只是天上的星宿而已，相互间并没有产生丝毫的关系。不过这为后来民间流传的牛郎织女爱情故事和七夕夜向心灵手巧的织女星“乞巧”的传说奠定了基础。

“七夕”还来源于古代人们对时间的崇拜。“七”与“期”同音，月和日均

---

① 在线汉典 http://www.zdic.net/

是“七”，给人以时间感。古代中国人把日、月与水、火、木、金、土五大行星合在一起叫“七曜”。在民间数字“七”表现时间上的阶段性，在计算时间时往往以“七七”为终局。旧时在给亡人做道场时往往以做满“七七”为完满。以“七曜”计算现在的“星期”，这在日语中尚有保留。“七”又与“吉”谐音，“七七”又有双吉之意，是个吉利的日子。在台湾，七月被称为“喜中带吉”月。因为喜字在草书中的形状好似连写的“七十七”，所以把七十七岁又称“喜寿”。“七夕”又是一种数字崇拜现象，古代民间把正月正、三月三、五月五、七月七、九月九再加上预示成双的二月二和三的倍数六月六这“七重”均列为吉庆日。

东汉《风俗通义》中出现了“织女七夕当渡河”的记载。《古诗十九首》：“迢迢牵牛星，皎皎河汉女。纤纤擢素手，札札弄机杼。终日不成章，泣涕零如雨。河汉清且浅，相去复几许？盈盈一水间，脉脉不得语。”从此牛郎织女在文人笔下开始产生了浪漫的爱情故事，“二星会合”——牛郎织女天河相会的故事由此诞生。

七夕，又被称为“乞巧”。最早见于晋代葛洪《西京杂记》卷一：“汉采女常以七月七日穿七孔针于开襟楼，俱以习之。”同书卷三还记载了其他民俗活动：“至七月七日，临百子池，作于阗乐，乐毕，以五色缕相羁，谓为相连爱。”可见，汉代七夕不仅已经有彩线穿针的习俗，而且出现了在水边用五色丝乞子、乞爱的习俗。西晋周处《风土记》中记述：“其夜洒扫于庭，露施几筵，设酒脯时果，散香粉于牵牛、织女，言此二星当会。守夜者咸怀私愿，或云见天汉中有奕奕白气，有耀五色，以此为征应，见者便拜，而愿祈福祈寿，无子祈子，唯得乞一，不得兼求。”书中不仅明确记述了牛郎织女天河相会，而且强调了晋代七夕的另一个重要内容——“无子祈子”，这为七夕增加了新的内涵。

南朝梁宗懔《荆楚岁时记》记载：“是夕，人家妇女结彩缕，穿七孔针，咸以金银鍮石为针，陈瓜果于庭中以乞巧。有喜子网于瓜上，则以为符应。”这一时期，妇女不仅穿针乞巧，还举行蜘蛛网占卜算卦，七夕乞巧习俗开始流行。

唐代，举行盛大的穿针乞巧仪式成为朝野之间的流行风尚。唐代的朝廷典章中，对于朝廷和宫中七夕有明确的规定。《新唐书·百官志》载："织染署每七月七日祭杼。"《唐六典》卷二十二载："中尚署七月七日进七孔针、金钿针。"这些记载尽管只是寥寥数语，但足以证明，七夕这个节日，在唐代已经著于政令，成为朝廷、后宫的例行公事。《开元天宝遗事》也有详细记载："七夕，宫中以锦结成楼殿，高百尺，上可以胜数十人，陈以瓜果酒炙，设坐具，以祀牛女二星，妃嫔各以九孔针五色线向月穿之，过者为得巧之侯。动清商之曲，宴乐达旦。土民之家皆效之。"另外，书中还记载了杨贵妃及宫女们捉蜘蛛装小盒之内，翌日视蛛丝稀密以卜巧之事："七月七日，各捉蜘蛛于小盒中，至晓开，视蛛网稀密以为得巧之侯。密者言巧多，稀者言巧少。民间亦效之"[①]。

明代，七夕除穿针乞巧之外，又增添了新的内容。明代沈榜的《宛署杂记》记载了北京地方的七夕"丢巧针"(浮针乞巧)的习俗：将针丢到曝晒过的水上，视影之妍媸，以定巧拙，这种风俗一直持续到近代。

七月七日牛郎织女天河相会，其婚嫁情节与鹊桥相会都跟七夕"乞爱、乞子、乞巧"的主旨合拍，自晋代始慢慢渗入七夕节。作为节日，当它摆脱了原始功利束缚之后，需要一个符合世俗民情的解释作为存在价值的依托，有了这种依托，节日的内涵就更为充实，这就是世界各民族传统节日大都有一个动人的传说、故事作为起源的原因。正是这个美丽而神圣的主题，使得七夕乞巧一度盛行。在乞巧活动最为盛大的唐代，唐玄宗与杨玉环在长生殿七夕密誓。也正是因为这个美丽而神圣的主题，使丰富多彩的七夕文化在不同的历史时期和文化领域中自觉不自觉地反复出现，成为一种永恒的魅力。

---

① 在线汉典 http://www.zdic.net/

二、七夕东传与日本的七夕

在七夕乞巧传入日本之前,《日本书纪》第十三卷垂仁天皇七年(公元前23年)七月七日首次举行了野见祢和当麻蹶速角力的相扑比赛。意为除讳驱魔、祈求天下太平、子孙繁衍、五谷丰登等,这是日本关于七月七日在宫中举行活动的最早记载。其源于祖灵信仰,是日本本土特有的祭祀活动。

源于古代中国的七夕信仰和乞巧节,经由古代朝鲜,传入日本。朝鲜高句丽古坟中出土了有关描写牛郎织女七夕信仰的壁画,上面明确标记出壁画当时的年代——公元409年,可见七夕传说应该早在公元五世纪前就已经在朝鲜出现。据成书于奈良时代末期的日本现存最早的诗歌总集《万叶集》记载,从第8卷到第20卷共收录了130首有关七夕的和歌,这些和歌大多反映了牛郎织女的传说。其中第10卷柿本人麿歌集中记载:「この歌一首は庚辰の年に作れり(此歌作于庚辰之年)」。「庚辰の年」即天武天皇九年(公元680年)。可见,早在日本天武天皇时期"七夕"就已经传入日本。由于该记载是目前日本关于七夕传说最古老的记述,所以可以推断七夕真正传入日本的时间应该比记述时间更早。

据《日本书纪》记载,在日本作为宫廷活动仪式于阴历七月七日举行七夕星祭活动最早见于白凤时代,当时在宫廷内部举行宴会,天皇偶尔参加。持统天皇(686—697年)五年、七年分别在宫中赐宴。秉承前代天皇之风,圣武天皇(724—749年)天平六年七月七日观看了相扑比赛,当晚,在南苑举行了七夕诗会。奈良时期是日本全面吸收隋唐文化的重要时期,七夕风俗与日本原有的祖灵信仰的相扑比赛祭祀活动相结合,成为朝廷每年固定的庆典活动。随着日本对唐朝文化的吸收,七夕风俗逐渐渗入,孝谦天皇(749—758年)天平胜宝七年(755年)的记事中记载了最早的七夕乞巧活动:乞巧祭乃宫廷仪式,于清凉殿东院举行。院中铺长席,置案几,上供香、花,摆点心、梨、桃、酒、黄豆、茄子、鲍鱼等。另一案几上则备有一枚上面扎着五色彩线穿过的七孔针的构树叶(日本自古作为供神的神木)。以此向神灵祈求自己的心愿[①]。这种在院中设供桌,备和琴,在构树叶上穿七孔针及五色彩线,天皇观赏牛郎织女二星会合的天象,并于宫中赐宴的七夕祭祀形式具有日本特有的文化色彩。之后的天皇几乎都延续了七夕白天观看相扑比赛,晚上举行七夕诗会的传统。直到淳和天皇天长元年(824 年)七月七日,平城天皇(806—809 年)去世为止。因为这一天成为国家忌日,七夕诗会被废除。相扑比赛也被移到其他的日子举行了。

延喜五年(905 年)开始编纂的《延喜式》里记载:七月七日作为大藏省下织部司的活动之一被定为“织女祭”。此时的七夕节虽然不是正式的宫廷祭祀节日,但在宫廷贵族之间却被作为每年重要的活动传承下来。每到七夕,女人们都穿上漂亮的服装,在庭院的祭台上供上酒、瓜、年糕等物,并将自己的手工制品也一起供上,然后焚香向天礼拜,祈祷自己的手工制品越做越精巧。之后,用彩线穿七孔针。在中国唐代,朝廷中尚署要在七月七日进献七孔针,供后宫妇女乞巧所用。这种七孔针至今珍藏在日本正仓院,可以推定日本几乎原封不动地接受了我国唐代的宫廷风俗。

另外,日本很早就有“棚机津女”的信仰,是古代日本的一种斋戒活动。“棚机津女”是在水边搭建的棚内一边织神衣一边等待神来访的少女,她织出的神衣就是来访神的衣服,少女和来访神结合,成为来访神的妻子,从而秋日得以丰收,神灵离开时便可以带走人间的污秽。被选中的少女称为“织女”,将其锁在建于河流或清水边的织布小屋中,为神明潜心织布。这时使用的织布机就是“棚机”。后来佛教传入,这个仪式作为迎接盂兰盆会的一种准备活动,在七月七日晚上进行。“棚机津女”后来逐渐简化为“棚机”。这种与牛郎织女七夕传说的巧合让奈良时代深受汉文化影响的诗人非常高兴,他们借七夕传说表达自己现实生活的情与景,从文学上达到汉化效果。

---

① 近江恵美子:「仙台七夕の伝統と継承」,『東北生活文化大学・東北生活短期大学部紀要』,35 号 2004 年,39ページ。

正是因为这个原因，七夕传说传入日本以后，迅速被日本的上流社会接受并吸收，在上流社会中流行起来。首先反映在诗歌上，出现了大量歌咏牛郎织女传说的七夕诗，“七夕”在《万叶集》里写作“织女”，在随后的一些和歌集中则使用“七夕”。无论是“织女”还是“七夕”，二者发音都与“棚机”（「たなばた」）相同。于是，“棚机”的说法逐渐被“织女”和“七夕”取代。

在平安、室町时代，宫廷内部每年举行盛大的“乞巧奠”，《建武年中行事》记载了七夕的节俗活动：是夜，庭院里放上四张桌，九盏灯台分放各角并点燃，桌上供有瓜、梨、桃、茄子、大豆、鲍、鲷、酒等，然后摆放上古筝，演奏一定的曲目，并有人说牛郎织女二星相会的故事。在室町幕府时期，七夕节俗活动逐渐向武家社会渗透，称之为“七游”。七夕这一天，公家、武家、僧侣等聚集在一起，玩各种各样的游戏，有七百首诗歌、七调子管弦、七十韵连歌、七百球、七献酒等，这些游戏都带有“七”字，明显受中国七夕节俗中物品都用七个来表示的“数字七”信仰的影响。这一时期，人们将歌写在七片构树叶上，然后用构树皮或素面将其绑在竹子上，抛向屋顶。另外，七夕活动中还增添了插花的内容①。这个时期的七夕节俗活动由中国传入的星祭色彩逐渐淡化，祈求织布技艺、琴棋书画进步等内容和娱乐性则有所增加。

从宫廷内部和部分武家举行的祭祀活动向普通民间祭祀活动的改变发生在江户时代。当时已经开始使用竹饰，最初只有五色纸条飘垂，到了元禄年间开始有了长条诗笺和飘带旗。将军家举办七夕节时，城内竖立两根带有竹叶的竹竿，垂挂五色纸条，在彩纸、长条诗笺、构树叶上写上自作诗歌。这些饰物上写的诗歌饱含了对学问、书法等技能不断进步的心愿。同时，庭院前放置一对祭坛，在两脚桌上供奉蔬菜、鱼类、水果等美食，另外摆放乐器、香花、荷叶，带有竹叶的竹竿上装点五色纸条，竹竿下面放漆器盘，盘中

① 近江恵美子:「仙台七夕の伝統と継承」,『東北生活文化大学・東北生活短期大学部紀要』,35号 2004 年,39ページ。

放水，水上漂浮构树叶，水中可映出天上的两颗星星。竹竿上装饰的五色纸条被称为“祈愿条”，用这个纸条向天上的两个星星祈祷，人们的心愿在三年内就会实现。叶竹同水稻一样原本是热带植物，与正月的门松相同，其寓意是指点神降临的场所，长条诗笺是由四手（神事活动用的稻草绳上挂的纸）演变而来的。七夕节俗的内容进一步日本本土化，传统的去污除秽的观念尤为突出，以寺子屋（以普通百姓的子女为教育对象的民间教育机构）为媒介，七夕节活动逐渐渗透到普通庶民，人们在高高竖起的竹竿上装饰五色彩纸和诗笺，而且还挂上贴有代表各种职业的笔、砚、算盘、账本等画纸。形式多样的民间七夕活动开始在全民之间逐渐扩展开。江户末期，幕府将包括七夕在内的五节（人日、上巳、端午、七夕、重阳）定为国家法定节日——即“五节句”。

七夕风俗作为国家法定的五大节日之一，至江户时期达到了鼎盛时期。随着历史的变迁，当日本进入“文明开化”的明治时期，政府发布了一系列的改革方案，其中关于传统习俗的继承和沿袭明治六年就有明确规定：废除“五节句”，建立新的日本节日。不仅如此，日本历也由之前使用的中国农历变为现在实行的阳历。从此，七夕不再是日本官方的法定节日，不再举办官方的祭祀活动，七夕祭祀习俗随之被人们淡忘。不过，在江户时期形成的形式丰富的民间七夕习俗却在不少地方继续保留下来，因为上述改历的原因，现存的日本七夕节有的在农历 7 月 7 日左右（为了方便活动的举办，基本上采用较阳历 7 月 7 日晚整一个月的 8 月 6—8 日）举行，也有的按照阳历于 7 月 7 日举行。

三、安城的七夕祭

随着明治政府废除“五节句”的行动，日本全国的七夕习俗活动受到极大影响，并逐渐走向衰落。然而，以家庭为单位的七夕风俗习惯却依旧保留了下来。其理由分析如下：(1)七夕不仅是祭祀仪式，更是一种固有信仰，其形成后会长时间停留在人们的记忆当中;(2)传统习俗中,女性成为节日主角的机会较多,七夕和"女儿节"一并成为家庭习俗被广泛接受;(3)江户时代中期至明治初期,承担普及教育任务的寺子屋为七夕习俗的传播发挥了重要作用①。

这种家庭范围的七夕风俗沿袭,为后来日本各地兴起的"七夕祭"提供了良好的条件。最早发起振兴"七夕祭"活动的是地方商人。

战后的日本一片萧条,经济亟待重整和恢复,地方商业更需要活力。1950年,安城成立了工商会馆,并进行了诸如商店街商品特卖会、烟花大会等一系列振兴安城工商业活力的活动,活动举办得非常成功,不仅刺激了安城商业的发展,同时安城人与人之间的交流开始日渐活跃,个人与安城城市之间的情感联系也更加紧密,"安城人"的意识逐渐显现出来。1952年,市制改革方案实施,安城市成立。为了进一步体现城市活力和扩大商业经济效果,筹措举办"安城七夕祭"的计划被列入重要的城市建设议题。经过对其他城市"七夕祭"的走访、调查和资料整理,以及结合安城市自有的城市特点,终于在1954年举办了第一届"安城七夕祭",为时三天(继承古时的农历七夕,阳历为8月3—5日),效果空前,第一次举办就迎来了10万来访者,给了组织者极大的信心和鼓舞。从此以后,每年8月上旬都会举行3—4天规模盛大的"安城七夕祭",自战后第一届1954年开始,直到2011年已经持续了58年,中间始终没有间断过,而且举办规模逐年扩大,来访人数持续保持在100万人以上,"安城七夕祭"成为安城市每年夏季不可或缺的节日庆典。

安城市之所以选择"七夕"作为最初商业活动的开端主要有如下几个原因:

(1)七夕习俗自古是一种祈愿、降福的信仰。战后的日本,经营惨淡,人们难以从战后的创伤中振奋精神,需要一种精神寄托和美好愿望的托付。

---

① 近江恵美子:「仙台七夕の伝統と継承」,『東北生活文化大学・東北生活短期大学部紀要』,35号2004年,42ページ。

(2)日本一直延续中国“盂兰盆会”的信仰。夏日农历7月15日是祭神最隆重的日子。7月7日要为7月15日的祭神仪式做准备,极为庄严。农历七月初七正是水稻开花季节,同时也是受风灾、水灾和病虫害不断侵袭的季节。为了祝愿秋季五谷丰登,只有虔诚地向诸神灵祈祷。人们信奉田神是万能的祖灵之神,7日清晨,人们沐浴后,进入祭神的盂兰盆节。随着日本城市化的发展,这种农耕社会形成的祭神活动已经慢慢消失,可是祭祖的信仰依旧深深扎根于人们心底,因此,每年夏季农历7月15日左右,无论多忙大部分日本人都要回到故乡与家人一起祭祀祖先。而且,这段时间里日本人最悠闲、最有时间,是举办各种大型活动的大好时机。

(3)七夕习俗与庄重的祭神的盂兰盆节相比,更多了许多趣味性和娱乐性,便于人们接受和参与。

(4)当时日本国内有保留七夕习俗并持续举办传统活动的先例——仙台七夕祭,可供举办活动参考和仿效。

这样,经地方商工会策划、组织,以振兴地方商业经济为目的,由商业街的各个商户积极参加而形成的商业现代活动于1954年正式起步。从最初的模仿和探索开始,逐渐确立了安城特有的节日风景。前来观光造访的游客逐年倍增,1958年达到40万次,次年成立了“安城七夕祭协赞会”,专门负责每年一度的七夕祭策划和组织工作。1978年,在纪念“日本商工议所100周年”庆典上举办的“全国乡土祭”的展示中,安城市(爱知县)的七夕祭装饰物——「竹飾り」受到高度评价,从而与仙台(宫城县)、平塚(神奈川县)齐名,被称为“日本三大七夕祭”。

“安城七夕祭”每年进行竹饰评比,不仅激励了商户们的创造力和竞争意识,更为每年节日的盛装提供了常看常新的最佳条件。其次,安城市内以不同组织为单位的传统舞蹈游行会也是非常重要的看点,每个舞蹈团队都是市民自发组成的,团队成员年龄不同、职业不同,但都有表演这一共同爱好。此外,“安城七夕祭协赞会”每年都会策划独特的活动,以满足来访游客的需要，从而扩大节日的影响力和号召力。例如，1972 年举办了“市民七夕夜音乐会”；1980 年邀请中国南京市“省红花艺术团”表演；1985 年由 CBC 中部日本放送株式会社电视直播；1988 年接待游客达 100 万人次，发行七夕祭电话卡、T 恤衫，之后每年的来访人数几乎都超过百万；1992 年开始制作“七夕人偶”；1993 年正式确定“安城七夕祭”为期 3 天（此前不确定，有时持续 4 天）；1995 年开始明确当年的节日主题，该年的主题为「願いキラメキ」（心愿闪耀），之后每年基本上以心愿、梦想为主题，更加突出了七夕祭最原始的主旨；2009 年设立了新的目标——将“安城七夕祭”打造成“日本第一祈愿”祭，与此同时还公布了正式的「願いごと日本一」图标以及卡通形象代表「きーぼー」，其中关于「きーぼー」还有详细的档案说明：“其乃祈愿精灵。专门把前来安城七夕祭的客人们写下的祝福带到天河。其名也含有寄托众人愿望的含义。姓名：きーぼー，职业：祈愿精灵，生存住所：七夕神社的树林，年龄：人类出现之前就已存在，性别：不明，性格：发呆，喜爱的食物：金平糖”，据说这个祈愿精灵每向神灵送去一个祈愿就会得到一枚金平糖，因此，为了不断有金平糖吃，它会不厌其烦地为大家传送祈愿。七夕祭期间还设有祈愿精灵的专卖店；2011 年第 58 届“安城七夕祭”，因为 3 月日本发生了“东北大地震”，因此将主题定为“希望”，更加突出了祈愿的意义。

回首历史，可以说从最开始市民自主策划和直接参与为“安城七夕祭”的成功奠定了基础。正是有了良好的“人”的基础，活动的组织和开展才得以顺利进行，才会有大量的来访者，才会有无数的志愿者和活动参加者。如今的“安城七夕祭”在这种以“人”为基础的“市民参与型”的推进中俨然已经远远超出当时的设想，成为安城市不可或缺的人人参与的传统节日盛典。

四、祭的变迁和内涵

七夕祭，从宫廷辗转走向民间，后因被取缔而散落民间家庭。随着战后城市化的发展，完全恢复过去发源于农耕社会的祭祀节日已经没有可能，取而代之的则是为了振兴当地经济而举办的现代商业活动，并赋予传统“祭”的名称。古代乞巧祭祀的“祭”变成了观光、娱乐的“祭”，夜晚的“星祭”成了日间的“观赏祭”。当然，临时性的商业活动不等于节日，更不能称为传统。“活动”与“节日”的最大区别就是持续性。“节日”，不是一次性就结束，而是周期性的，始终在重复。而“活动”则像瞬间绽放的烟花一般，单次性出现，具有偶然性。不过，这种偶然性的“活动”，在一系列相关元素的作用下，可以逐渐发展成为必然的、反复的“节日”。

从“安城七夕祭”的发展历程可以看出这一系列元素的存在和作用。

(1)人的元素

具体又可以细分为三类：

①策划、组织、推行人：活动的决策人，是活动能否举办的关键，同时也是决定“活动”能否走向传统“节日”的重要因素。决策人的判断和预测是活动持续开展的指挥棒，通过对活动的策划、组织、参与、呼吁、联络、总结、继承、发展与创新可以影响到活动的未来。包括节日活动的直接策划部门“安城七夕祭协赞会”，赞助单位和商家，交通、治安部门，旅行社等。

②活动参与人：参与市民，是活动的直接参与者和继承者。他们的积极性直接影响活动能否顺利开展以及传统节日的形成。包括商业街的商户、志愿工作人员、各种节目的表演者，以及安城市民等。通过直接参与活动的准备、举办，增强了主办地主人的责任感；认识和结交拥有共同目标的有志之士，增加了继续参与活动的积极性；当活动获得圆满成功，则会充满达成目标的成就感；城市印象、游客增加会产生自豪感；同时作为城市的一员，又是传统节日文化的传播和继承者。

③观光游客：是活动可以持续发展的保障。安城市总人口仅为17.965万人(2011年9月1日统计)，而每年来访的总人数则超过100万，可见外来观光游客的介入恰恰达到了商业活动的真正目的。然而，观光客有意识的

来访行动不但促进了活动的顺利和逐步开展，更是无意识地发挥了“祭”文化的传播与发展职能。从而进一步加快了从“活动”发展到“节日”的步伐。

(2)物的元素

①传统祭的象征：祈愿所用的场所、道具有七夕神社、竹竿、五色纸条、长条诗笺、卡通形象代表「きーぼー」等，保留了传统祭的历史延续性。

②现代节日的体现：供表演节目使用搭建的舞台，来访者活动的文化广场、祈愿气球、蜡烛等。

物，是活动的载体和媒介，其种类和内容的多寡直接影响活动的效果和延续。

(3)事的元素

活动的举行和开展。事，是活动的基础和主题，活动的成功与否直接影响其后续发展。由于城市化发展的进程，以祭祀为主的农耕环境日趋减少，“七夕祭”活动中原有的祭祀仪式也逐渐简化，“安城七夕祭”的祭祀仪式在节日期间临时搭建的七夕神社中举行。与此形成鲜明对比的是对祈愿活动的重视。上文中已经介绍过，2009 年安城拟定了新目标，即要将「安城七夕祭」打造成「日本第一祈愿」祭，为此还公开发表了正式的「願いごと日本一」图标以及卡通形象代表「きーぼー」。2011 年关于祈愿活动分别以放飞“祈愿气球(上面写有各种心愿，今年放飞 5000 个)”、挂“祈愿条幅”(将祝福等心愿写在彩色的长条诗笺上。祈愿条幅形成长达 40 米的通道，堪称日本第一)和点燃“祈愿蜡烛”(今年的创新活动)三种形式进行。

与时俱进的活动形式积极推动了节日的进程，但若是偏离了节日主题的形式，则会阻碍“活动”向“节日”发展。

综上所述，在现代商业“活动”向传统“节日”转变的过程中，人、物、事构成一个整体，三者缺一不可。决策者的英明、参与者的积极、活动主题的明确、节日内容的丰富，共同协作，形成了完美的组合。正是这个组合的运作为“安城七夕祭”增添了更多的新意，继而得以不断地发展。

回顾“安城七夕祭”走过的58年历史，七夕节从商业街振兴到促进城市观光活动起到了重要的作用，现在不仅在大街小巷有华丽的竹饰，到了晚上规模盛大的盛装游行更是让人赏心悦目，七夕节成为名副其实的规模宏大的传统节日盛典，每年吸引着众多游客。展望“安城七夕祭”的未来，我们不难想象距离“日本第一祈愿市”的到来之日已经为期不远。

结语

“传统”的英文tradition的词源是拉丁语trans（超越、搬运）。的确，所谓“传统”就是要将历史的、既存的东西跨越时空传送到现代，同时还要超越原有历史时期的既存价值，为之辅以更加丰富的现代价值。日本“安城七夕祭”从一次现代商业活动出发，成功发展为该城市一年一度不可或缺的传统节日盛典，为日本都市传统节日的再塑造做出了成功的典范。“市民参与型”的城市建设和传统文化的传承与发展模式为现代化的都市建设和文化传承提供了重要的参考和借鉴。这或许能给中国曾经辉煌但现已消失或行将失传的古老民俗文化的复苏和振兴提供一定的参考。

参考文献：

海原純子：『元気になるお祭り・花火』，株式会社創英社/三省堂書店2008年版

近江恵美子：「仙台七夕の伝統と継承」，『東北生活文化大学・東北生活短期大学部紀要』35号2004年

澁谷美紀：『民俗芸能の伝承活動と地域生活』，農文協2006年版

神野善治：『日本の暮らしの知恵事典』，岩崎書店2008年版

菅田正昭：『日本の祭り 知れば知るほど』，実業之日本社2007年版

農林水産省農村整備・活性化対策室：『祭で輝く地域をつくる』，農山漁村文化協会1998年版

八幡和郎、西村正裕:『日本の祭りはここを見る』,祥伝社 2006 年版
松平誠:『祭りのゆくえ——都市祝祭新論』,中央公論新社 2008 年版
松本市立博物館:『七夕と人形』,郷土出版社 2005 年版
真野俊和:『日本の祭りを読み解く』,吉川弘文館 2001 年版

第四章 探析外来文化的本土化进程

——融入中国民俗生活的外来文化

铁 军

导言

在现代，外来文化的去边缘化是一个具有普遍意义的现象。在外来文化去边缘化进程中，由于社会发展加速、人员往来频繁，各地文化不断交融，产生出许多新的文化变种，纯血统概念的文化已不多见。

文化去边缘化的结果是融入当地的主流社会，实现本土化，外来文化在中国的处境亦是如此。在传统文化深厚的地域，凡是生存下来、为中国人所接受的外来文化，大多需要经历“去边缘化、实现本土化”这一过程。为了占有一席之地，需要与当地文化进行交流、融合，付出相应的文化意义上的代价。换言之，外来文化需要调整姿态，努力适应中国这个接受者的盘子的形状，否则就会格格不入，引起冲突。

一般来说，初来中国的外来文化，不易被广泛认识，难以得到主流社会的认可，处于社会主流文化的边缘。但是，在经过一段时间的磨合以后，便向着主流社会靠近，直至融入，完成去边缘化进程。

去边缘化完成后，外来文化融入中国主流社会，成为日常社会生活的一项内容。有些外来文化，为人们所接受，不再被认为是舶来品，也不乏其中的佼佼者作为“洋味”的象征出现在中国社会。中国人在民俗生活中喜欢热闹、厌简好繁、追求新奇、越多越好，一般都不拒绝接受外来文化特别是生活文化，而是将其作为对本国文化的补充。因此，独具特色的外来文化往往成为一个领域的亮点。

中国从古代开始就频繁地与外国交流，在我们认知的中华文化中，其中相当大一部分来自于外国。对一般中国人来说，一生中会接触不少外来文化，其中有不少是实现本土化后的外来文化。外来文化在中国基本上是两种状态。一种是经过彻底去边缘化、完成本土化的外来文化。对于中国人来说，它们已经没有了异国他乡文化的感觉，甚至在某一领域成为中国的象征性标志。因为更多的人接触到的是结果，并不清楚其演变的过程。比如日本的折扇、欧洲人发明的自行车、乒乓球等。还有一种是去边缘化进程完成后，依然作为洋味文化外延在中国人生活表层的外来文化，它们同中国文化并存在一个空间里，像西装、西餐、洋铁、洋槐等词汇冠以“西”“洋”字眼，似乎一直提醒国人不要忘记它们的外国背景。

笔者曾到河北省实地收集资料和考察，对保定市郊区的博野县农村、张家口市附近的鸡鸣驿、秦皇岛市附近的城乡结合部等地的民间风俗，现代时尚在乡村的具体表现等进行了调查。其中，在博野县乡村(程委)的考察对象以街边的台球摊点、光盘摄影翻录店、小型超市等为主。在张家口附近的鸡鸣驿调查了古建筑的利用和改造情况、当地人的时尚等。在秦皇岛市城郊结合部调查了一般市民的娱乐形式。

一、对考察目标的主要定位

在物质生活有所改善后，一般百姓在精神领域的娱乐需求会相应地有所增加。本来在外国属于较高层次的娱乐项目——台球、卡拉 ok、结婚光盘录制在中国广大城乡普及开来，以一种大众喜闻乐见的新形式出现，洋式蛋糕、西装在城乡广大区域成为中国人日常生活的内容。洋娱乐的本土化、高雅娱乐项目的凡俗化，是一个充满中国特色的新文化构建的过程。比如说，台球这种在欧美较为典型的室内娱乐项目，在中国农村则变成马路边、席棚中光着膀子玩的游戏。我们可以将这种现象称为高雅文化的凡俗化，这是在外来文化的普及过程，普遍见于我国城乡的一个趋势。当然，并不是说任何洋娱乐、高雅娱乐项目在去边缘化进程中最后都能够达到凡俗化的结果，但至少可以理解为这是外来文化在去边缘化进程中常见的结果之一。

笔者综合调查中获取的资料，在以下两个方面进行了思考。

1. 对“洋文化”的追求

中国社会中，外来文化（主要指欧美日等发达国家的文化，也称“洋文化”）在经历由上至下的接受过程后，去边缘化，最后落实到最为广泛的受体——一般民众身上。曾远距离地观望高层、上层享受洋文化的一般中国民众不再羡慕和观望，最终也作为受体加入其中。由于长时间的羡慕和观望，使一般民众在心理上持有一种“外国＝洋＝阔绰、高级”的思维习惯。保留太阳镜上的商标、中国式婚礼上的白礼装、用喝二锅头的方式喝威士忌、穿着西装出门休闲旅游都是这类意识的反映。在外国文化本土化的过程中，有些外国文化不能被完全地消化，在“集体无意识”法则的作用下，这些来自外国的洋文化在去边缘化的同时，形成了不同于原产国的“土洋结合”的新文化。

所谓“洋味”，属中国人对外来文化的直观感受，在中国经历了大起大落的本土化考验。在一定的政治环境下，“洋味”曾等于帝国主义资本主义侵略、资产阶级思想、洋奴哲学；在物资匮乏的年代里，“洋味”还曾与高级、现代、高雅、阔绰等概念画等号。在几经被追求、被推崇、被否定、被排斥后，“洋味”依然对中国人有着极大的魅力。

中国人对洋文化表示出极大兴趣的成因很复杂，难以用一句话概括。洋文化之所以有魅力，是由于它对中国人来说，不同于每天生活在其中的中国传统文化，有一种新奇感。尤其在中国改革开放初期，长时间与世界潮流的隔绝，造成了物质生活领域的落后，因而洋文化还带有先进、时髦的色彩。

此时，人们的新奇感又表现为对先进、时髦的追求心理。从正面分析这种心理的形成，可以解释为中国文化对外来文化呈开放状态，不拒绝外来文化的进入，表现了针对外来文化“洋为中用”的自信；从批判的角度看，除了我们自身的不足造成的对洋文化的需求，还不能否认在一部分人身上又表现为一种文化上的自我迷失，即长期与世界隔绝造成的扭曲心态。犹如困在沙漠中的人遇到水源时，一次的摄入量会大大超出实际需要。在人们心目中，逐渐远去的那场“文革”正是这种状态的成因之一。那时，整个社会都置于批判“崇洋媚外”的政治高压之下，人们尚能忍受与世隔绝的不正常状态，而这些政治高压一旦消失，就会引起一阵阵强烈的井喷。

2.“洋为中用”的自信和中国文化的融合力

今天，中国人对“洋文化”的理解达到了相对理性的程度。在抛弃了民族虚无主义，肯定中国文化的优秀部分的前提下，对“洋文化”的欣赏与追求带来的是对中国文化的补充，并没有达到占据文化主流地位的地步，因而是有益无害的。从中国历史来看，虽然在不同的历史时期，程度、形式各有不同，但汲取世界各国文化的优秀部分，“洋为中用”的理念一直没有被遗弃，这又与中国文化的包容力密切相关。同时也不可否认，对待外国文化，在几个特殊的历史时期里，中国由于包括政治因素在内的种种因素，曾有过狭隘的、排斥的做法，曾不加区分地将外来文化视为祸水，喜欢外来文化的人被批为“洋奴”和“崇洋媚外”。但是，“洋为中用”即便在极左的“文革”年代也是被作为一个对待外来文化的口号和态度，是“古为今用，洋为中用”的革命文艺口号的一部分，起码在表面上没有消失。中国人对本国文化的自信一直贯穿在中国人的文化实践中。在不惧怕中国文化被外来文化湮没的同时，定下“洋为中用”的基调，其实质是以中华文化为中心，提倡让外来文化服务于我，为我所用。事实表明，来自外国的蓝色文明始终没有在黄色文明的国度里占有支配性地位。

回顾世界文明发展的历史，有不少具有辉煌的历史文化，有本民族文字、语言的国家反而在近代丧失了自己的文化、语言、文字，成为殖民文化的牺牲品。究其原因，有的是由于本民族文化还没有发展到能够适应进入现代社会的程度，被外来文化乘虚而入；有的是由于殖民统治，在枪炮下，本民族文化消亡。在"进入物质文明的现代社会"这一极具诱惑力的口号下，文化的多样性被均一化，这种现象在世界各国可以找到不少典型。

中国文化自身由于具有漫长历史、多民族、多地域的背景，对外来文化具有极强的包容性，善于吸取、包容、消纳。以汉文化为主流的中国文化本身也是在吸取各时代、各民族、各地域文化的基础上建立起来的文化体系。不少外来事物在进入中国时，都能在中国文化的瀚海中发现自己的类似者，因而不是独树一帜、维持所谓正宗内容，而是与其交融在一起。佛教、伊斯兰教不是产生于中国的宗教，在传入中国后的漫长岁月里，在许多领域与中国文化融合在一起。这种融合不能简单地看作是中国文化对异文化的同化，因为它们依然保持着相对的独立性，区别于中国其他宗教，因此，外来宗教的本土化与同化属于两个概念，有着本质上的不同。按笔者理解，同化是外来文化在形式上、内容上失去原本形式和内容的全面中国化，而本土化则是在实质上保留基本内容的让步，是扎根于异国他乡的前提条件，至少在宗教领域如此。如北京的一些清真寺，有类似伊斯兰建筑和中国式建筑两种形式。在地方省市，中国式建筑的清真寺则会更多一些。在保持伊斯兰教实质不变的前提下，教徒们已习惯于礼拜场所的"中国特色"。推测其原因，首先，既然是建在中国，中国式的建筑样式自然占据建筑的主流。其次，信教群众为中国人，对中国式的建筑没有任何抵触。再次，通过中国式清真寺的使用，可以强调中国伊斯兰教信徒的存在感，中式的建筑形式和不变的伊斯兰教内容可以说明这一点。

基督教、天主教的教堂尽力保留高塔式的建筑样式，但是，除历史上遗留下来的一些由外国人直接设计的教堂之外，近些年新建的教堂建筑相对简约，外观上少了许多装饰，几乎是尖顶上竖一个十字架就代表了一切。与周围民房相比，色彩、样式上的反差不太强烈。当然，就与当地建筑的融合度而言，与前述的清真寺相比，仍有较为明显的差异，考虑到基督教、天主教传入中国的时间和历史，融合程度已经相当高了。然而，在中国人眼里，依然可以清晰地辨出其与中国建筑的不同，感受到不同于其他的“洋味”。而在西方人的眼里，除了十字架和仅存不多的欧式建筑元素，能够寻找到的欧洲文化标志并不多。

中国文化中的外来文化基因，是中国文化丰富的原因之一，同时，也成为中国文化能够接受外来文化的基本条件。中国文化门类齐全、内容丰富，由于历史上与世界各国的文化交流频繁，对外来文化有较高的吸收、包容能力，本质上不排外，不拒绝外来文化的进入。相对保守、传统的农村婚礼上出现了白色洋婚纱就说明了这一点，它打破了中国人心目中的红白对立观念，与满堂红的中国式婚礼混搭在一起，成为外来文化进入中国婚庆领域的突破口。不过中国人对外来文化的接受是有条件的。比如，白婚纱系列中的白头纱、白鞋、白腰带是中国人极为忌讳的东西，将几项改换成红色，就可以满足人们的心理需求。这种在白色婚纱中混搭红色的做法可以评价为中国人保持自我的智慧。再如，洋快餐于20世纪80年代进入中国后，曾一度被中国人认为是较为特异的存在。经过与中国人几十年的磨合后，洋快餐成为中国人饮食中的诸多选择之一，“洋味”已不及当初那么浓烈，甚至在早餐中卖起了米粥、油条。

外来文化在进入中国后，一般会相应地进行本土化改造，以适应中国人的需求。只有进入中国人的主流社会，才具有生根的条件。总之，在中国这样一个强势文明背景的国度，初来乍到者，无论有着何种背景，情愿也好不情愿也罢，若想在此地扎根，就要接受来自周边的强势文明信码的传递。这就是外来文化进入中国的生存法则。

二、事例分析

1. 人生礼仪上的中西合璧现象

社会上，时尚的变化大都伴随着参与者意识的改变。导致意识改变的力量是社会的变化和由此产生的推动力，随之而来的是形式上的改变。由高贵到凡俗、由边缘到中心、由非主流到主流的换位，形式上是由少变多和在中国社会上的凡俗化，同时也是一个量变到质变的过程，还意味着外来、异种文化对中国传统文化的成功渗透和中国传统文化将外来文化融入其中。代价则是输入方和接受方的原有文化产生的变形或变质。

今天的农村婚礼中，已有红色与白色的服饰同时或交替登场，西洋的白色在以红色为主色调的中式婚礼上出现，显示出中国农村对它的接受和对传统色彩观的颠覆。从对西洋文化有相当理解的大城市渗透到一般农村，可以在一定范围说明传统色彩观的嬗变。

结婚是中国人十分看重的人生礼仪。这一天，人们都变得“斤斤计较”。嫁妆、迎亲方式、新房布置、着装、规矩的执行等无数条老规矩、老讲究这一天全都冒出来，都要在婚礼上显示各自代表的传统的存在。在色彩使用方面更是如此。传统的中式婚礼是红色主宰的世界。如“红白喜事”一词所示，红是红，白是白，两者分别掌管不同的领域，严格分工，以致千百年来在这个领域中很少有相互“跨界越轨”的现象发生。然而，在这一领域沿袭了成百上千年的老规矩，在改革开放的今天被打破了。最传统、保守的农民也在结婚仪式上大胆地接受了白色。山东潍坊地区的某农民家庭的婚礼中，新娘也身穿白色西式长裙登场，这种现象在开放度较大的大城市不算什么新鲜事，但发生在农村甚至相对保守的孔子故乡就足以让人吃惊了。有意思的是，作为一个中国式婚礼元素的遗存，脚上没有与白裙配套，穿的是显得有些不伦不类的玫瑰红色长靴。对此现象，欧洲人看了会摇头，而中国人却会觉得自然。因为在当地风俗中，白鞋是在丧礼中穿的。作为洋时髦的白裙可以欣然穿着，而白鞋仍难以被接受，只好采取红鞋白裙搭配的折中办法。整体视觉感官上，占主色的白色已经起到衬托“洋味”的作用，裙下的红靴权当作“洋味”对现实的让步，成为中国传统的最后一道防线。“穿鞋走路”这一现象象征着新娘新生活的开始，所以有的地方特别重视，增加了入夫家门时，换上红鞋的“换鞋仪式”。新娘腰上的红腰带、手上的红手套也是如此。寄托着子孙繁衍重任的新娘，在这一天里是人们瞩目的中心人物，如果只有白色而没有红色的衬托，祈愿吉祥、辟邪、健康、兴旺的气氛将缺乏表现的载体和媒介手段。

同样，东北地区黑龙江省肇东县的城镇某户居民婚礼也在不同形式上体现了这一点。黑龙江省毗邻俄罗斯，对西式婚俗的接受程度较之山东省农村更高一些。加之此次引为事例的是城镇居民，有学历和公职人员背景，按一般道理推断，即便全都是“洋味”婚礼也不足为奇。然而事实并非如此。婚礼的“洋味”程度的确要比山东农民家庭高一些，“不伦不类”感少一些，但是全白的婚纱依然显得缺乏中国式的喜庆气氛。为此，据说新娘父母挖空心思跑遍全城，才找来了一块红盖头。作为色彩的点缀，红盖头比起穿在脚上的红靴更为自然一些，在程序上也照顾了中国传统婚礼的内容——揭盖头。然而，重点似乎并不是为了照顾婚礼程序，而是在于调节白色婚纱带来的心理上的缺憾，可以说，无意识中，红盖头调节了隐在人们内心深处的失衡，与前例的红鞋、红腰带、红手套一样，成为中国婚俗的最后一道防线。

当然“白中红”的用色模式也在变化，并非永远固定了下来，最后这道防线也许在某个结婚仪式上就会被打破。人生礼仪的用色组合上，有不少人追求新奇，传统的“红(婚)·白(丧)”的区别使用，有可能受到来自西方外来文化的“侵扰”，变成“白(婚)·白(丧)”或“白(婚)·黑(丧)”。但在总体上，“白·白”或“白·黑”组合用法，在中国尚缺乏深厚的传统文化传统和现实需要作支撑，短时间内不太可能成为主流。

2. 洋媳妇的白旗袍

世界在变化，人们在不断地接受新的事物，个别例外情况在生活中也时有发生。人们在“洋味”的心态下，开始容许一些完全西化、颠覆传统的东西进入自己的生活。据央视《讲述》栏目报道，在广州教授英语的美国籍某女教师决定嫁给在学校打工的河南籍保安小华。二人双双回到小华的家乡时，这位美国女教师为了表示对中国习俗的尊重，“特地穿了一件喜欢的中国旗袍”，而小华也为美籍女教师“买了结婚戒指并单腿跪地为其戴上”。分析这两个典型事例，我们可以看出这场引人注目的中西方婚礼中的一些有意思的现象。其中洋媳妇的中国旗袍为白色，在小华的家乡——河南少林寺附近的山村是作为丧服颜色，颇有弄巧成拙之感。虽然小华与洋媳妇之间存在地位差和经济能力差，但仅山村里来个美国洋媳妇一事就已经轰动当地，人们在震惊中只顾欣赏美国人的相貌，无暇去顾及新媳妇的着装颜色，或是作为“人家美国人的习惯”给予谅解，不与其计较。从影像中看到的当地村民的着装推测，即便旗袍也是极为新奇的东西，白色、紧身、露膝短款这一切就已经构成“洋味”，何况还是穿在一个高鼻碧眼的美国女孩身上。而小华单腿跪地为洋媳妇戴上结婚戒指，在当地也是一个充满“洋味”的行为。即便赠送结婚戒指的行为在河南山村可以得到充分的理解，但是一般情况下，人们是看不惯男方向女方下跪的。这些现代婚礼中颠覆传统的行为，在改革开放前很少出现。可以说，城市信息、外国的生活方式通过电视等媒体传入农村，为当地人对此新事物的理解和宽容做了一定的铺垫。归纳起来，有以下几点因素。

(1)对洋媳妇以及外国文化的迁就。仅“美国来的洋媳妇”这一点就足以使人们做出让步了。

(2)对“洋味”的善意解释。改革开放使人们对外国重新审视，普遍认可“‘洋味’＝先进、高级”的公式。

(3)在社会地位、经济地位差异的无形压力下形成的自卑导致对自己传统的放弃。

设想,这件事情的主角——美国来的洋媳妇如果换位于本村、本县的"土媳妇",上述一切则无从谈起;或者如果新郎本身家财万贯,财大气粗,或许对传统的颠覆会少得多。

此外,上述旗袍的例子,表明外国人对中国文化理解得较为粗浅,掺入了不少自己的东西。即便如此,依然可以看作是对中国文化的接受,是善意的表示。就像我们对外国文化的理解并不完全等同于外国人一样。他们的接受方式中,必然包含着对中国文化的自我诠释,不伦不类的结局也许是必然的,是去边缘化过程的代价之一。

3. 生日蛋糕的中国化

在中国传统文化中,素有以物喻事的习俗。圆形的月饼、元宵表示团圆,多籽的石榴象征多子多福,鸳鸯成双成对的习性喻指夫妻和睦幸福,生日的长寿面从面条的长条形状衍生出长寿的喻义。而现在,这种以物喻事的习俗受到外来文化的挑战。中国人过生日时,传统的长寿面面临着一个新的竞争者——西式生日蛋糕。蛋糕的制作传自欧美,在我国分享生日蛋糕,作为庆祝生日的一个习俗也受到欢迎,在人们脑海里形成了"生日吃蛋糕"的新习俗。

不可否认的是,中国人对西式蛋糕意义的理解并不深刻,类似于面条的形状隐喻的长寿概念在蛋糕中没有体现,人们注重的是西式蛋糕的洋文化背景。换言之,西式蛋糕与生日的相关关系中,缺乏中国传统的象征性和相应的理解,属于囫囵吞枣式的引进。

当然,中国人并不等闲视之,外观上造型性较强的西式蛋糕在去边缘化进程中更新理念,顺应了中国受众的需求。在中国,食用生日蛋糕的洋习俗多集中在儿童和老人的群体中。为老人定制的祝寿蛋糕有不少制作成了中国传统寿桃形式,受到了广泛的欢迎。"分吃蛋糕=祝贺生日"的思维来自欧美，而寿桃的造型则包含着浓重的中国传统因素。看到寿桃形的生日蛋糕，西方人会认为是一个别具一格的造型，并不知其内涵。中国人将其与传统的寿面相比，会更易感受到一种别具一格的“洋味”。总之，在寿桃形生日蛋糕上，蛋糕的分切、吹蜡烛、蛋糕上的祝贺文字等显示了对西方文化的接受与理解，寿桃形式、不菲的价格表现了晚辈对长者的敬与孝意识，守护了中国传统的最后底线。西式蛋糕祝寿中体现出的“洋＝贵＝高级＝孝”的公式有着广泛的受众群体。因此，寿桃形生日蛋糕属于完成去边缘化进程的西式蛋糕文化在中国本土化、凡俗化的结果之一。

4. 西装

(1)走下圣坛的西装

改革开放后，一度在中国消失了的西装又出现在大街小巷。1949 年以后一直到“文革”前，有过种种名目的政治运动，但都不曾像“文革”那样连穿衣戴帽都实行“革命化”，以至于西式服装一时间都作为资产阶级的腐朽生活方式被唾弃、禁止。“文革”后，被禁锢了十年的个性在各个领域又得到发挥，“文革”十年中对个性、欲求的压抑成为一种反作用力，大大地推动了社会前进的步伐。在着装上，中国的西装在“文革”后的一个阶段里也一直仅仅作为出国人员的着装，没有普及开来。1984 年国庆 35 周年庆典上，在群众游行队伍里，作为统一服装要求着西装，将西装作为常服的风潮向前推了一步。80 年代中期后，“文革”的影响逐渐得到清除，人们对外国人的衣着投以更多的目光，作为在着装上的一个变化，西装开始出现在大街小巷。仅几十元的便宜西装作为一种时髦装扮开始大规模流行起来。从此，外国传来的高贵感十足的西装走下圣坛，脱离边缘，融入中国民间，成为凡俗化的外国文化之一，并作为与传统中国服装差异较大的礼仪之装、体面之装为中国人所认可。

穿着打扮是构成一个人“面子”的要素之一，穿得有个性、与众不同，更能撑起面子。这一点并不为中国人独有。但必须指出的是，中国人对西装所承载的服装文化尚缺乏成熟的认识，也许会长时期地停顿在中国式的层次上。著名策划人徐大伟曾指出：中国人 30 年了，还没有真正学会穿西装。他归纳了令人深思的五点，大意是：1. 不合体；2. 质地颜色差；3. 要领不对；4. 搭配不讲究；5. 气质不好。在正统的西方式的西装穿着法上来看，这些观点的确有其道理。实际上，解决了是否穿西装的认识问题，在理念上扫除障碍后，剩下的问题基本集中在技术层面上，还需一段“磨合”期。即便是磨合期过后的西装，依然不能彻底离开“边缘”，西方世界将在不情愿中认可中国式的西装和西装穿着法。事实上，中国人是在传统中式服装基础之上接受西装的，西装必须在中国人理解的舒适度、色彩、样式上接受本土化改造。换言之，西装在中国不可避免地要经受本土化的考验，成为符合中国人审美观、穿着习惯的西装。

在此同时，我们也应对自己有一个清醒的认识，检讨一下对待西装的态度，盘点一下自己有何不足。着装上，一般来说有一个共同的普遍标准，即合身、多式样、多色彩、多个性，这也是潮流所向。

(2)职业西装——青蓝色的思维惯性

中国人自古以来使用蓝靛等天然染料，历史上形成了对蓝色的偏爱，一般民众的着装颜色以蓝黑灰色调居多，整体感觉偏暗。这首先是基于中国多产靛蓝染料、蓝色耐脏、染色法简易等基本客观因素，同时也与在使用蓝色过程中形成的庄重、青春、活力等审美意识有关。在服装式样多样化的今天，这种传统的色彩观依然如故，使人们无法从传统的色彩观中彻底摆脱出来。

以西装的颜色为例，当西装从外国人的洋服嬗变成中国人的常服之一时，在不知不觉中，完成了一次针对西装颜色的本土化。媒体亮相人物身着青蓝色西装者为多，他们在媒体强大传播的作用下，对社会的着装潮流不可避免地会产生影响，成为“西装＝蓝色”这一惯性思维的始作俑者。值得思考的一点是，在封建社会，中国皇帝以特定的着装颜色显示其与众不同的权力和地位。革命的结果，使专属于皇帝的颜色融入民间，成为众人均可享用的颜色。今天，中国传统上常用的青蓝色，与现在世界公务人员着装的主流色调相符，导致在公务着装领域中青蓝色西装流行。我国县处级以上官员在公众场合出现时也以深蓝色为主色调。“官员服＝青蓝色”的公式是否成立尚需调查分析，但是在社会上已经成为一个基本潮流。同时，又因为没有带来看得见的损害和不良影响，并未引起关注。表面上，充其量只是一个引起视觉疲劳的问题。而笔者思考的是，就西装颜色而言，我们是否在不经意中被禁锢在一个色彩之中？也许有人会问：“被色彩禁锢”的提法是否过分？实际上，回想一下“文革”的例子，就可以得到答案了。“文革”中的国防绿、蓝色、黑色、灰色以及白色等哪一个不在一定范围里制约了人们的精神世界？说色彩对人的精神世界没有影响是难以服人的。

西装也是一种衣服，特别是成为人们经常穿着的服装后，本应没有对颜色的限制。除了正式场合以深色表示郑重外，其他场合则只需考虑穿着者的喜好和个性。当然，幸运的是，现在的青蓝色在中国，不像封建时代皇帝的明黄色，不属于一小部分人或集团的专用色，不带有专制色彩。即便形成一种惯性思维，也不致对社会生活形成明显的负面影响。只是无论春夏秋冬，不分场合地点，都是一身蓝色西装，说明人们还没有摆脱传统色彩观和自以为“洋味”的束缚。这样一来，就会导致“洋味”的西装反而缺乏适应时代脉搏的时尚感，与西装的普及程度不相称，并且使人感到国人对西装的认识不成熟。如此说来，完成去边缘化后的西装，与前述美国媳妇对旗袍的再诠释颇有相似之处。

(3)袖口上的丝标现象

作为销售时的标签，丝标会用线虚缝在西装袖口上，出售后按理应该摘下，但作为一种时髦，在中国的部分地区，被人们又用线牢牢钉实。有的厂家为了迎合这一部分人的“爱好”，出厂时就将丝标固定得死死的。

无独有偶，20 世纪 70 年代末期流行的墨镜——蛤蟆镜也是如此。当时戴墨镜流行不摘标签，表示此镜出于正宗，佩戴者引以为荣。如今，私家车在大城市普及，有些车主在购车后，仍不摘掉汽车在销售时性能介绍的纸条，直到几次洗车破旧不堪后才不得不摘。性能介绍在销售后就没有存在的意义了，久贴不摘，大概是出于一种炫耀新车的意识吧。微型汽车的著名品牌——奥拓排量在1.0以下，谈不上任何越野功能，直到几年前还因为排量小被限制在京城主干道通行，而有的车主却在车牌的下方附上一块“越野”字样的牌子，以示与他者的不同。实际上，普及后的西装和墨镜虽然不再是高级商品，有的也不是国内乃至国际名牌，标签本身起不到衬托商品高级感的作用。除了部分高级车外，小汽车在大城市已远离标志身份的功能，但显示标签做法仍被人们推崇，成为扭曲的、颇具颠覆性的时尚，类似于一种行为艺术。若问其为何如此，大多数人会感到尴尬，难以启口，问者很难得到满意的、合理的回答。通过仔细观察和分析，笔者认为大致应有以下几点原因。

(1)将商标、标牌作为主体装饰的一部分，觉得有洋味、高级感，借以陪衬穿着人的“品味”。

(2)西装可表明来历。让人明白西装不是自己家里做的，而是买来的成衣，一定程度上可以炫耀一下自己的经济实力。

(3)说明是新的。用一件新东西是一件值得荣耀的事情，带有炫富倾向。

(4)张扬个性，显示自己与众不同。

综合以上四点，可以发现“难以启口”的原因与负面意义的“面子”——虚荣心有关，可以在某个层面上说明国人的“面子”观。如果以中国人“穿衣戴帽，各有所好”的生活哲学来解释，此事本身并不是什么原则性大事，或许还可以“彰显个性”。但是，从西装标准穿着法的角度来看，就似乎有对他人文化过度演绎之嫌。尤其是身穿这样的西装与外国人交往时，可能会出洋相，被人嘲笑。

以西装在中国的普及为例，其程度和速度是令人惊叹的。回想30年前，只有外国人才穿西装，而现今西装已经走下高贵的圣坛，深入最草根的中国社会底层。在中国，由于批量化生产，一部分西装价格低廉，替代了中国人的传统服装，甚至建筑工地的民工都是身着西装干活。当然，此时的西装并不是与革履、领带搭配的，而是作为工作服使用。虽然，中国的西装与世界著名品牌的西装在面料、款式、缝制工艺上还有不少差距，与正宗相比，有的甚至显得不伦不类，但毕竟中国人把它当作与传统服装不同的“洋服”看待，给予高规格的“待遇”，在不同程度上满足了自己追求洋味的“面子”。

三、崇洋心理与“面子”意识

来自欧美的物质文化，由于其先进性的一面，常使部分国人产生追捧心理，甚至某些人在洋货面前直不起腰来。反之有了一两件洋货，就会觉得面子大增，腰杆硬了起来。无疑这是虚荣心使然。

当然，“面子”一词本身并不是贬义的。根深蒂固的“面子”是中国文化中极为重要的一面，儒家思想为中国社会带来了根深蒂固的“面子”意识，中国人的许多努力都在于争一个面子。由于中国人的“面子文化”与日本人的“媚强文化”的强烈反差，习惯于直接使用汉语词汇的日本人却造出了一个汉语音译的外来语——メンツ（面子）。中国人把“争光”、“争口气”、“骄傲”、“自豪”挂在嘴边，无论是正面意义的还是负面意义的，其背景中大都包括“面子”因素，与儒家倡导的知耻态度一脉相通。

上述“对洋味的追求”中指出，一般民众在心理上有着一种“外国＝洋＝高级”的意识，并与“面子”有着密切关系。因此，“面子”在某些文化现象的去边缘化进程中，作为一个积极的促成因素不可忽视。“面子”包括自尊与虚荣两个方面，人们主观上的自我满足往往是以实现“面子”所追寻的目标为标志。

片面追求“面子”是由虚荣心所致。“面子”表现在生活、工作、社交的各个层面。一个微小的举动都可能成为与面子挂钩的大事，与充满“洋味”的事物相关自然也体现了人的爱好、经济力、社会地位，与面子紧紧挂钩。刚刚工作不久的女孩子省吃俭用也要用几千元的名牌手包或仅花极少的价钱买个仿品，二者在追求“面子”这一点上是一致的。西装袖上的丝标、假外国名牌也是如此。这种“死要面子活受罪”的做法实际上就是虚荣心所致。社会上的一些阴暗面，如为追求超出经济能力的富裕生活而贪污盗窃，有些官员不顾当地实际情况，搞一些劳民伤财的面子工程，其根源都是一颗虚荣心，与“崇洋”现象如出一辙。

追求自尊意义下的面子是中国人必不可少的美学。“卖了孩子买蒸笼，不争孩子争口气”是一条极能体现中国人要强的俗语。“不卑不亢”是我们在与强敌打交道时的准则。“人不犯我，我不犯人，人若犯我，我必犯人”、“自力更生，奋发图强”、“自己动手，丰衣足食”这类政治口号也是我们长期以来的原则。这些古今的处世哲学造就了一大批英雄，成就了一大批事业。另一方面，“好汉不吃眼前亏”表现了中国人的灵活处事原则，“三顾茅庐”也折射出不惜放下面子的求贤若渴之心。处理国际关系的“和平共处”原则、“改革开放，吸引外资”、“虚心学习外国先进经验”、“洋为中用”的口号说明中国人谦逊、务实、灵活，这成为改革开放的思想基础。上述这两种事例貌似矛盾，实际上并不冲突，关键在于如何运用。改革开放的实践证明，二者就像一对并行铺设的轨道，缺一不可，只有两项并举，才能真正撑起中国人所追求的面子。

当然，一般民众在生活领域、在对洋味的追求中寻求面子，还提不到政治的高度上，充其量只是民众对不同文化显示出的兴趣和关心，对社会没有危害，如加以正确引导，反而会成为外来文化实现去边缘化的土壤。随着人民生活水平、教育程度、对外来文化认知度的提高，对“洋味”的处理会发展到一个适度、理智、合理的程度。

千百年来，中国民众都在追求社会地位的提高和经济的富裕，然而，在改革开放后才逐渐实现。换言之，从哭穷到露富的转变，总是伴随着经济生活和社会地位的提高，中国人在世界上的“面子”——自立于世界民族之林的理想，第一次有可能成为现实。

四、完成去边缘化后的外来文化的结局

笔者认为，在去边缘化进程中，外来文化的最终结局主要有三种。

1. 在本土化中被改造者

综上所述，外来文化在中国的传播与扩散，即在中国的本土化经常以“变质”为代价。外国文化的受体——中国民众在文化上并不是一张白纸的空白状态，而是具有在中国历史长河中沉淀了数千年之久的文化基盘。在不经意间，外来文化中渗入了不少中国文化的要素，对西装、婚纱的中国式利用可以较为形象地说明这个问题。表面上是中国人接受了洋东西，而实质上是中国人改造了洋东西，起到关键作用的是一种主观意志极强的说法——“洋为中用”。

2. 在融合中被埋没者

不能否认中外文化的交流以及交流带来的成果和它们在社会进步中的作用。中国文化底蕴丰厚，被称为世界几大文明发源地之一。但是不可否认的是，历史上的文化交流曾为中国文化注入了丰富的内容。日本的折扇传入中国后被发扬光大，种类、材质、扇面内容都大大超过日本，成为中国折扇文化，自立一隅，是中国艺术文化宝库中的一枝奇葩。面对灿烂的中国折扇文化，没有多少人会想到发明者居然是日本人。将日本电器店里的手机、U 盘柜台与中国作比较，就可以发现中国制造的手机、U 盘琳琅满目，品种、样式远远超过日本。甚至会使人产生中国人是手机、U 盘的发明者的错觉。

3.与中国文化的共存、对立者

以饮食文化为例。中国的饮食文化,由于多民族、多地域的特点以及靠山吃山、靠海吃海的基本理念,其烹调法、材料、口味都闻名世界。来到中国的洋快餐也在与中国食客打交道的过程中不断探索扎根中国的道路。它们在品种、口味上做出了许多改变和让步。肯德基炸鸡、麦当劳汉堡包、松子日本料理便是如此。但是,并非所有外国饮食均在努力适应中国,也有保持自己的正统,与中国饮食唱对台戏者。以知名法餐马克希姆为代表的部分西餐在顾客层次、价位、口味上一直保持"自我",很少与中餐、中国特色发生联系。在异文化的包围中处于弱势的情况下,保持"自我"虽然是一条危险之路,但甘处边缘,不融入主流文化依然可以说是一种自尊和品位。这种在异种文化包围下拒绝凡俗化、立足边缘的外来文化可持续多久,令人拭目以待。

结语

外来文化在中国,其实和中国文化在外国一样,都要经受一番本土化的改造,有些甚至被改得面目全非。在底蕴深厚的中国文化的包围中,多数外来文化仍保留着自己的特点,由此产生的所谓"洋味"在中国特别受青睐。来自外国的饮食,外国人觉得已经很有浓厚的中国特色了,我们还将它当成洋东西看待,其背后有几点不可忽视的因素。

(1)由于中国与发达国家的经济落差,人们多少年来一直追寻的"自立于世界民族之林"的梦想迟迟不能实现,在一些人中,由此产生了挫折、失望和"洋为上"的自卑感。

(2)中国文化中的某些保守、故步自封、沉迷于自我的消极因素不能满足人们的精神、物质需求,时时需要外来的新鲜刺激。

(3)中国人在本质上并不排斥外来文化。无论贬义的"崇洋"还是褒义的“洋为中用”都说明中国人一直对外国文化充满兴趣，有与其交流的主观意愿。

（4）中国社会在客观上需要与外来文化互补。而外来文化在中国即便完成了去边缘化，实现本土化，也作为“洋文化”保留着认知标志，占据着应有的地位。

在文化交流中，不少外来文化可以成为促进对方进取、向上的新鲜要素，站在整个人类的角度看，它们丰富了人类文化，促进了人类文化的发展。

贰

文化的传承与变容

第一章
日本近代教育体制的确立
——明治时期的日本教育及其影响

铁　军

导言

明治时代在日本历史上是一个较为特殊的时期。在这一时期里，实施了明治维新，曾因幕府统治一度削弱的天皇的地位和权力得到了巩固，日本社会从封建制度向着资本主义制度转变，并在世界发生激烈动荡的形势下，采取了一系列迎合形势的措施，使日本逐步进入君主立宪制的资本主义社会。其中，教育对明治维新各项目标的实施，起到了最直接的推进作用。表面上，这使国民提高了文化素质，掌握了科学技术，而在深层次上，忠君爱国、富国强兵、脱亚入欧的政治理念已在实施教育的过程中，潜移默化地植入国民脑中。由于当时的日本社会刚刚脱胎于封建制度，近现代教育理念还没有得到社会的普遍理解，缺乏普及现代教育的动力。为适应这个需求，明治政府制定了各种有关教育的法律法规，强有力地推动了教育的近现代化。

一、明治时期教育的历史背景

在思考明治时期的教育之前，首先有必要回顾一下历史背景。明治时代(1868－1912 年)在日本近代史上是一个重要的时代。在这个时代进行的诸项政治变革，使日本由农业封建制走向君主立宪制，并在以后的四十多年里完成了向资本主义社会的转化，成为亚洲最强的帝国主义国家。

然而，日本虽然在政治上实行君主立宪制，完成了向资本主义的转化、文化上的近代化、国际舞台上的列强化，但与欧美列强仍有着很大的不同。所谓明治维新本身是一场王政复古运动，其诸项政治改革的背后，隐藏着以天皇为顶点的绝对主义因素。明治政府一方面加强自己的专制主义色彩，镇压自由民权主义运动提出的资产阶级民主主义要求；另一方面，又颁布大日本帝国宪法，加强对国民意识形态领域的控制，巩固明治时期宪法体制的格局。

早在1853年，美国人佩利率舰队来到日本，向当时把持日本政权的幕府①提出开国通商的要求。由此日本统治阶层引发了开国还是锁国的争论，把日本引向一场未曾有过的国家危机，内忧外患在这个焦点上成为一体。当时并无实权的朝廷流露出锁国攘夷②的意向，又引发了攘夷派与代表旧幕府独裁制度的守旧派之间的激烈政治斗争和大规模内乱。

在19世纪前半叶，日本农业经济有了发展，棉、油菜、茶叶种植及养蚕等商业性农业通过棉纺、丝绸、酿造等工业加深了农民向富裕农民阶层和半无产阶级农民的分化。幕府、诸藩武士③阶层经济上处于从属于城市大商业资本的状态。在这一时期，国家财政拮据，人民生活的贫困化日益加剧，幕府、诸藩通过重税和控制流通领域，向农民阶层转嫁危机，使得阶级对立激化，农民暴动，捣毁城市事件不断发生。美国舰队来日逼迫日本开国、世界列强也企图染指日本等紧张的国际形势，加速了幕藩体制的崩溃，为日本国家的政治统一埋下了奠基石。

---

① 幕府：日本古代武士政权的首长征夷大将军的居所名称，转义为其权力机关。在历史上，江户后期，以将军为政府首脑的武士政权被称为幕府。

② 攘夷论：在幕府末期，反对与外国建交、通商、排除外国人的思潮。广义上说，还作为攘夷开国论，其中包括对外扩张侵略的思想。

③ 武士：平安后期以后，常携带武器、行使武力的权力受到社会认可的身份。他们在京都侍奉皇族和贵族，在地方，作为郡司、官人被赋予公共权力，以财力开发农地，成为领主。多由血缘、地缘、主从关系被联系在一起，形成武士集团。

当时的帝国主义列强也十分戒备日本的民族反乱及来自基层的革命，希望通过封建统治阶级的文明开化和自上而下的改革加强对日本的影响。法国公使洛久帮助幕府，而英国公使巴斯库却暗中支持萨摩藩[①]、长州藩[②]的倒幕运动。明治维新的政治变革就在这样一种封建制度处于内外交困的复杂局势中开始实施。

明治时代是利用天皇年号的一种表现方式。从天皇制形成的角度来看，整个明治时代可以分为：明治维新的天皇制建立期、1889－1916年间的巩固期、通过产业革命的完成期。

也有学者认为：(1)1853－1877年间为封建社会构成体向资本主义构成体转变的胎动期；(2)1878－1889年间为向资本主义构成体转化的开始期；(3)1890－1912年间为向资本主义构成体转变的完成期。

1853－1916年这63年间包括1868－1912年明治时代的44年，其前15年和后4年可看作是发生明治维新一系列变革的准备期和延伸期。

1868年江户改为东京，江户城定为皇宫，颁布了改体书。次年，天皇迁入东京，实现了"版籍奉还[③]"，制定华族士族制度，并开始了一系列明治维新的政治改革。以"文明开化"为口号的明治维新期间，以明六社为主体的启蒙主义向国民呼吁扫除封建，并向地方豪农、商人、农民渗透。这一时期里，民权运动与政府针锋相对，政府标榜欧化，粉饰天皇的神权观，镇压反政府运动。明治中期又有平民主义、国粹主义、国权主义等思潮出现。这些形形

---

① 萨摩藩：在四国地区鹿儿岛建城盘踞的藩主，别称"鹿儿岛藩"。藩主为岛津氏族。1587年，在丰臣秀吉进行的九州讨伐中，被削减萨摩、大隅两地和日向国诸县郡内的领地，并在关原之战中战败。

② 长州藩：也称"萩藩、山口藩"。在关原之战中战败的毛利辉元将家督让位于长男秀就，创立了岩国、长府两个支藩，制定了"万治制法"，确立了藩体制，在幕府末期的尊王攘夷运动中起到中心作用。

③ 版籍奉还：1869年将藩主的封土(版)和领民(籍)权归还明治新政府的举措。新政府建立后，长周藩木户孝允为废除封建领有制、谋划版籍奉还，与萨摩藩大久保利通等进行协商。新政府批准藩主们的上书，实行了版籍奉还。旧藩主被任命为知藩事，废除公卿诸侯，统一划为华族。

色色的思潮，在中日甲午战争和日俄战争胜利的鼓噪下，更加明显化。

明治维新的改革中，废除了不少封建制度，推行了原始资本积累，培育了以棉纺为中心的近代工业体系。日本在中日甲午战争中获得大量赔款，为轻工业官办钢铁工业为基干的重工业以及军工业的发展带来有利条件。

日本近代资本主义的发展，推动了人才的需求。人才培养对国家发展的重要性在现今是人人都能认识到的问题。而在100多年前，对刚刚从依赖农业、手工业的封建国家脱胎出来的日本，并不是人人都理解得了的。何况当时人们对教育的理解还仅仅限于“读写算”的层次。

明治维新以前的教育，大部分由针对一般百姓的初等教育机构“寺子屋[①]”承担。这种儿童入寺学习的教育体制，起源于室町时代。至近世，商品经济不断发展，一般民众进入社会，从而产生了对读写算的需求。德川吉宗[②]、松平定信[③]、水野忠邦[④]等在幕政改革中，对寺子屋给予保护、提倡。天明、宽政期后，更加发展，并在幕府末期基本上在全国得以普及。在教育内容方面，以“往来物”为帖的书法为主，后期又教授算盘。女子学习茶道、裁缝、插花、歌谣曲等。教学以个别教授为主，进行严格的训练。师傅为浪人、医师、僧侣、神官，不以赢利为目的，近于慈善事业。概括日本明治维新前的教育，可以说即便是有来自上层的重视，但由于没有对教育进行根本的改革，体制、教育理念、教育内容都还远远谈不上是近现代意义的教育。

---

① 寺子屋：江户时代具有营业性质的私塾。

② 德川吉宗：1684—1751年（贞享元年至宽延4年）江户中期纪州藩的第五代藩主，江户幕府的第八代将军。

③ 松平定信：1758—1829年（宝历8年至文政12年）江户后期的白河藩主，幕府老中，雅号乐翁。上总介，越中守。

④ 水野忠邦：江户时代后期的幕府元老，曾任越前守。

二、明治维新中的日本教育

明治5年，明治政府发布《学制》，奠定了日本近代学校的基础。这个有关学校制度与培养教师的基本规定要求所有适龄儿童必须入学。发布后，短短的几年间，全国就建成两万所以上的小学，并达到约百分之四十的入学率。次年9月，文部省又制定《小学教则》，规定了小学的具体教育内容。在小学教育的教科书中，排除了寺子屋时代的四书五经等镰仓、室町时代的旧式课本"往来物"，采用福泽谕吉[①]、箕作麟祥[②]等对文明开化起指导作用的启蒙家的著书、译著，显示出根据合理主义刷新教育的积极性。教育方法上也进行了改造，取代了寺子屋的个别教育，开始进行年级制的集体教育。这个时期的教育就形式而言，开始具有民主主义性格，使日本教育向着近现代化大大前进了一步。

同时，学校开始以教育机会均等和普及近代科学技术为宗旨，以打破封建制度、推动"殖业兴产"为目标开展教学活动。为了迅速推动尚不发达的日本产业实现近代化，明治政府通过学校教育，强行开发国民智能以提高技术水平。在此时期的教育中，一直笼罩着一种民族情绪，导致1880年以制定修改教育令为开端，对学校教育施行国家主义控制。1886年（明治19年）从小学到大学的教育体制基本建立、健全，使得日本的人才培养适应了对内富国强兵、对外侵略扩张的需要，并为后来日本进入国际舞台、成为世界列强

---

① 福泽谕吉：1834－1901年（天保5年至明治34年）启蒙思想家，庆应义塾的创立者。出生于大阪藩邸，其父是丰前中津（现今九州大分县）奥平藩的士族。1860－1867年在幕府任职，其间先后三次随幕府的遣外使节前往美国视察。其后由于《西洋事情》（1866－1870年）等书的发行，成为西方文明的介绍者，名声大振。明治维新以后，他作为在野的代表性启蒙思想家，展开了活跃的言论活动，同时参加了明六社。发表著作《劝学篇》（1872－1976年）、《文明论之攻略》（1875年）等，倡导通过培养独立自尊的国民精神来实现国民国家的形成和对外的独立。

② 箕作麟祥：1846－1897年（弘化3年至明治30年）官僚，法学者。与福泽谕吉等共同从事外交资料的调查与翻译工作。1867年（庆应3年）随德川昭武奔赴德国。回国后在明治政府任职，主要在司法省从事法兰西法典的翻译介绍工作和民法、商法的编纂工作等。

提供了人才保障。

掌握了明治政府实权的藩阀官僚，为了对抗欧美发达国家的对日扩张意图，感到富国强兵是首先必须实现的第一目标。明治初年，在改革方向上，比起改善国民生活，政府更重视军事力量的增强，并把重点放在支撑军事力量的军工业上。明治时期日本政治的开明性和建立专制政治的特点，可以说与当时的国际形势有着密切联系。

日本的君主立宪制，在本质上大大区别于英国的君主立宪制。天皇通过“版籍奉还”、“废藩置县①”等一系列举措，从凌驾于其上的幕府独裁中解脱出来，实施了“王政复古”，建立了以天皇为中心、专制性格明显的明治政府。天皇不仅仅是一个国家元首，同时还具有超越欧洲君主立宪制度之下君主的、神的地位。

与西欧君主立宪制相比，日本的君主立宪制几乎可以同近代天皇制画等号。明治维新中，政治家们一方面强迫民众崇拜天皇，另一方面，又对尚未完全脱离封建社会的日本社会加速实施资本主义改造，使两者巧妙地并驾齐驱。他们认为，天皇制是日本固有的国体，基于内外形势，仍应强化专政主义的君主制，效忠天皇的教育正是在这种背景下进行的。

明治初期，由于维新前的长期幕藩体制，一般民众对天皇的存在意识淡薄。新政府便开始了将天皇神格化的教育。从一般民众信仰的伊势②、镇

---

① 废藩置县：明治政府于1871年进行的一次行政结构改革，废除藩，设置府县。1868年(庆应4年)4月，明治新政府公布了政体书，确立了府、藩和县并立的“府藩县三体制”。由于不利于国家政局的统一，于次年断然实行了“版籍奉还”政策。在主张强化郡县制的有力藩的建议下，以中间官僚的意见为契机，1871年7月14日明治天皇发布了废藩置县的命令。11月统合整理，将全国划分为3府72县，建立了中央集权式的政治体制。

② 伊势：伊势信仰。由对三重县伊势神宫的信仰而产生的信仰形态。对其参拜的热潮以60年为周期出现。参拜盛行期间，女性和儿童也瞒着家庭户主私自离家出走去参拜(称为“出走参拜”)。同时，各地出现了“伊势讲”(由同村或同町的成年男性结成，每年派不同的人前去参拜)。明治以后，作为国民信仰的中枢在国家神道中担任了重要角色。

守[①]着手，宣传伊势大神的子孙是天子即天皇，废除了民众中流行的端午、七夕等民间信仰节日，强行推行天长节（天皇的生日）和纪元节（神武天皇即位日），由此引发了针对佛教的废佛毁释[②]。

当然，明治政府对维新后建立起来的模仿欧美的近代教育也进行了改造。这种逆世界民主教育潮流而行的忠君教育，通过天皇的《教育敕语》、《教学大旨》和政府的《学校令》等露骨地表现出来。

第一次世界大战后，日本作为战胜国之一，国际地位提高，国民精神状态亢奋，其影响又导致实行国费负担义务教育、扩充中学及高中的教育机构、建立实业学校等促进教育措施的实施。但由于世界经济危机的影响和超国家主义思潮蔓延，学校教育被卷入军国主义教育的风潮中。与明治时期的教育思想相配套的是一系列有关教育的敕语、敕令、法令。明治政府的法律制定者们深明教育在人才培养和国家强盛上的重要性，对教育一直没有放松，在明治时代的45年间里，制定、发布了诸多的教育敕令、法令，对发展、控制和利用教育起到了至关重要的作用。

三、明治政府的教育理念

明治维新的前一年，进行了"大政奉还"、"王政复古"，发布了政体书，开始由封建社会向君主立宪制转变。同时，为了确立天皇至高无上的地位，将天皇神格化。明治22年，发布大日本帝国宪法，体现了以天皇为顶点的国家统治大纲，次年，又公布反映其精神的《教育敕语》。以后，日本对《教育敕语》的信奉一直持续到昭和20年。以天皇名义发布的《教育敕语》，全面贯彻

---

① 镇守：镇守神。在王城、郡国、村落、庄园等地域中，对城堡、寺院、房屋等进行保护的神灵。中国寺院的伽蓝神为其渊源，8—9世纪左右传入日本。

② 废佛毁释：也写作"排佛毁释"。是指明治初期以神佛分离令和神道国教化政策为契机，在日本全国范围内展开的排斥佛教运动。近世的儒学者和国学者的排佛论、儒学经世论以及迫于财政而进行的水户藩等的寺院整顿为其源头。尽管中央政府的布告是倡导排斥佛教，但是仍带来了严重的后果，诸多的寺院、佛像、佛具以及佛典等都遭到了破坏。

尊王爱国的理念，其影响远远超出教育领域，涉及国民生活的各个领域。《教育敕语》全文如下：

> 朕惟我皇祖皇宗肇国宏远，树德深厚，我臣民克忠克孝亿兆一心，世济其美，此我国体之精华，而教育之渊源亦实存乎此。尔臣民孝于父母、友于兄弟、夫妇相和、朋友相信、恭俭持己、博爱及众、修学习业以启发智能、成就德器。进广公益、开世务、常重国宪、遵国法。一旦缓急则义勇奉公以扶翼天壤无穷之皇运，如是者不独为朕忠良臣民，又足以彰显尔祖先之遗风矣。斯道也实为我皇祖皇宗之遗训，而子孙臣民之所当遵守。通诸古今而不谬，施诸中外而不悖。朕庶几与尔臣民俱拳拳服膺咸一其德。

《教育敕语》由时任法制局长的井上毅代为起草，由序文、正文、结尾三个部分组成。文中涉及作为日本国民必须遵守的道德，认为："由我皇宗皇祖树立起来的基本道德，是日本国体之精华、教育之渊源，代代国民一致顺守此教诲至今，并致力忠孝。"将国民应遵守的道德规范的根据限定在皇宗皇组的教诲范围之内，企图从精神思想层面控制国民。直至第二次世界大战战败为止，一直是日本国民实施的德育主旨。《教育敕语》实际上与法制上支撑天皇制国家的帝国宪法共同起到了内外两方面的作用，并承担了维护天皇制国家精神秩序的功能。显然，具有神格的天皇发布的《教育敕语》，与一般君主制国家的君主的敕语不同，具有超越法律的特殊地位。

岩波日本史事典在《教育敕语》的词条下作了这样的解说：

"《教育敕语》的文末没有大臣的副署，也就是说不是君主的政治命令。表现上，没有依附于特定的宗教，似乎在尽量保持中立。但是，依然可以从字里行间揣摩出它的实际用意，即：以国体理念来叙述本应根据史实的历史，并在此基础上探求教育的根本，统治国民的内面精神，使其顺应绝对主义的统治体系。敕语本身不是法令,但它直接用于教育法规,被融入教育课程,在学校里,《教育敕语》誊本同天皇肖像一起被用于仪式,逐渐被神格化。”

在当时的历史环境下,《教育敕语》对国民的意识形态乃至行为进行了制约。1952年,田中耕太郎发表的《教育基本法第一条的性格》一文中指出:“本身只是道德训性质的《教育敕语》,在教育方面形成了法律性的内容,具有法规性格,并有约束教育者的效果。教育者不能教授与《教育敕语》相悖的东西,当然也不能进行批评”。直至第二次世界大战后,1947年,日本公布了《教育基本法》,才在表面上取代了支配日本教育长达50多年的《教育敕语》,废除了旨在从国家立场培育有用人才的战前教育方针。战后的《教育基本法》确立了个人尊严,规定教育之目的在于培养追求真理与和平的人才,并宣言保证在任何场所、任何机会下保证目的实现。

可以认为,直至二战结束相当长的一段时间里,《教育敕语》在日本社会具有约法性质,主要理由如下:

(1)近现代社会的法并不以控制意识形态为目的,而《教育敕语》恰恰与其相反,与战前日本帝国的法理精神一致。

(2)战前的日本国民不能对《教育敕语》提出质疑 ,不能怀疑其正统性。

(3)《教育敕语》以被神格化的天皇名义颁布,对日本国民精神具有专制力。

明治政府通过政治上启用天皇制,完成了对日本国家的统合。并且,政府的正统性通过天皇的承认这种固有的形式得以有效保证。《教育敕语》在时机成熟后,通过天皇敕语的形式,向国民表达明治政府的教育理念,成为保证明治维新诸项目标得以实现的道德体系。

明治初期,实行了一系列的引入欧美文化、废除旧制度的改革。同时,殖业兴产也进一步落实,各种报纸杂志等出版物不断问世,福泽谕吉的《劝学书》提倡新时代的人生观,成了当时的畅销书。1870年横滨《每日新闻》,

1872年东京《日日新闻》、《邮便报知新闻》等报纸开始发行，介绍了欧美的政治、思想，一些知识分子还结成社团，大力推行启蒙思想。

日本民众在一连串的重大社会变革和欧美文明开化思想的影响下，逐渐抛开日本所谓“寺子屋”式的私塾而倾向于欧美式的教育。1872年，日本政府公布《学制法》的同时，还出版了一本名为『学事奨励に関する被仰出書』的书。书中宣传“学问是立身之本”，期待“自今以后，盖人民、华士族农工商及妇女儿童”，必须做到“村无不学之户，家无不学之人”。把学习作为出人头地的手段，用来“立身治其产、昌其业”。同时，还出台了教育义务化的方针，把国家富强安康寄托在一般民众的文明开化上。

然而，《学制法》所要达到的目的——义务教育却不是在几句响亮的口号下轻易实现的。农村及城市贫苦家庭的学龄儿童，是家庭的重要劳动力，上学必然影响家庭经济收入。同时，每月还必须支付学费，造成家庭负担。学费这种长期投资不能立即回收，导致了各地对教育的抵制和反对，还有人认为幕府政治末期的“寺子屋”式的学校已足够，西洋式的学校教育应以学习者的自由选择为主，学与不学应由家里自主选择，从而掀起了一场鼓吹自由教育、反对新制教育的风潮。这是从另一个角度鼓吹的教育自由。虽然表面上与时代潮流背道而驰，但从明治维新以来教育紧紧地与国家主义联系在一起并成为其工具这一点来考虑，也不能简单地将这种举动归罪于民众的无知与愚昧。

明治维新后，教育改革中的教育构想有不少一刀切、求大求全、不符国情的地方。为此，1879年日本政府又发布教育令，要求各地采取美国式的符合地方实情的自由教育制度。由此，日本学校又走向另一个极端。其结果不利于政府有关普及教育和教育构想的实现，被批评为自由主义式的教育。次年，政府又修改教育令，对学校教育加强了管理，并通过禁止学生教师参加政治活动等规定，使学校成为明治政府“文明开化”、“富国强兵”的附属工具，成了为日本统治阶级服务的御用部门。

明治政府的教育构想,试图通过法令法规条文的方式来保障其实现,反映了明治政府对教育的期待,折射出具有时代特征的教育理念。可以说为日本进入世界前列奠定基础的同时,又为日本在后来侵略扩张的必败埋下了一颗定时炸弹。如果仅从明治时期重视教育这一点来说,对改造落后国家或许尚有一点可取之处,可以对其前瞻性以及明确的目的性作出一些评价,但结合直至第二次世界大战战败为止的历史来看,明治维新后的教育服务的是一条走向帝国主义、军国主义的育才之路,为日本民族带来的是一场灭顶之灾。富国强兵的理想虽然在一个时期内达到了,但其后的发展又将日本引入了毁灭的地狱。

就教育本身的性格而言,不应直接与侵略扩张画等号。所谓教育,是指未成年人成长为独立生活者之前,由成熟者对其进行指导,并由此谋求社会发展成熟的一项活动。然而,日本明治时期的教育背后,却隐藏着利用儒家学说为国家主义服务的阴暗基础。他们所谋求的"社会的发展成熟",实际上就是以彰显"皇宗皇祖的启国"精神为目的,企图最终实现"以忠孝为中心的家族国家式的道德德目"的理想。换言之,明治教育理念,就是以敕令法律、法规形式加强控制教育的力度。

四、明治时期教育法规完善的进程

法,是"体现统治阶级意志,由国家制定和认可,由国家强制力保证执行的行为规则的总称"。[①] 战前的日本旧宪法中,没有有关教育的项目,教育行政被认为是广义的行政活动的一种,以天皇敕令及其以下的命令形式进行。其结果造成将教育置于议会干预之外,政府可以经过枢密机构发布敕令,随意改变或废除教育方面的事项。战后的新宪法写入了教育,说明了现代社会对教育的重视,而明治宪法没有写入教育,如同劳动这样的重要事项也未

① 《辞海》,上海辞书出版社 1989 年版,第 905 页。

被作为重要事项写入一样，说明当时的日本还不具备走向文化国家、福利国家的条件，而非明治政府不重视教育。明治政府通过将教育置于天皇大权直接掌握之下的方式，不容议会干预，以达到教育专为实现明治政府纲领服务的目的。

明治维新的各项赦令法规出现在行政的各个层次，保证了明治维新诸项教育改革的进行。这一时期有关教育的赦令法规颇多，其重视程度和力度都是其他任何一项改革所难以比拟的。有关各类教育的法令法规的内容，涉及小中大学、实业、技术、军事等各个领域，在实施一段时间后，还会总结经验，加以修订。明治时期法令有不少以天皇的敕令形式出现，一方面反映了明治时期国家体制的特点，也说明明治天皇在繁多的政务活动中对教育的重视。①

以上这些敕令、法规，对从基础教育的小学、中学直至高中②、大学都作了详细的规定。同时，对各种培养军事人才的军队院校也有诸多的规定。小学教育是一切学校教育的基础，在普及教育上，明治政府首先全力以赴抓小学教育。学制中还把小学教育和与教育相配套的师范学校列为重点。并规定全国要办 53000 余所小学，这个数字超过 1970 年的日本小学数量。从 1872 年学制公布以来，小学校令在明治 19 年、23 年、33 年公布了三次。第一次公布的小学校令共 16 条，对小学的组织形式、设置区域、就学年龄、家长守则、经费、校产管理、学科、教科书、教员薪水等分别进行了规定。为明治政府的教育改革奠定了第一个基础，在日本近代史上称为《第一次小学校令》。内容上，多属于国家对教育行政的指导方针，还远谈不上详细，但从中可以朦胧感觉到近代学校的影子。与明治前的“寺子屋”式的私塾教育相比，显然是前进了一大步。虽然它不是实施细则，但通过条款中“依府知事县令所定”“经文部大臣认可，依据知事县令的决定”的条文，国家权力已经

① 笔者收集的该时期有关各类教育的主要敕令、法规附在文后，请参见。

② 在日本，“高中”不是中学的一个阶段——编辑注。

将教育行政掌握在自己手中。

明治23年，经过四年的实践，明治政府对近代小学教育的认识及管理水平有了新的飞跃，公布了《第二次小学校令》。与第一次不同的是，内容近于执行细则，实际操作性提高。该校令共分八章九十六条，对小学的办学宗旨、编制、就学年龄及资格、设置、府县郡市町村的经费负担及学费、校长教师资格、待遇、管理监督、附则等作了较为详细的规定。在第一章小学校的宗旨及种类中有这样的表述："小学要注意儿童身体的发育，并以教授道德教育及国民教育之基础以及其生活必需的普通知识技能为宗旨"，这是明治时期小学教育的基本方针，体现了明治时期的教育理念。明治33年，明治天皇又发布《第三次小学校令》，对实施了十年的《第二次小学校令》进行修改，该校令共分九章七十三条。各章分别为总则、设置、教学科目及编制、设备、就学年龄、资格、职员、费用负担及学费、管理监督、附则等。与《第二次小学校令》相比较，将原来写入编制的教学科目、设备等章在标题上进一步明显化，说明了对这几项的重视，同时还在学习年限上作了修改。寻常小学（旧制初小）的三年或四年改为六年；高等小学（旧制高小）的两年三年或四年改为两年，但可延长到三年。《第二次小学校令》规定：儿童的监护人必须按章交纳学费，学费可作为市町村的收入。而此次修改，取消了这些内容，在第五十七条中规定：市町村立寻常小学不许收取学费。这样，日本的近代义务教育就在政府财源充足的背景下诞生了。第四章的设备一项中，由原来的"校舍校地校产操场农业实习场地除非常灾害外，不得用于与小学校目的无关事项。若有特殊情况欲使用时，应得到监督官厅……府县知事……的许可"改为"校舍校地校产及体操场除非常灾害外，不得用于小学校目的以外事项。为教育、兵事、产业、卫生、慈善等目的有特别需要时不受此限"。由"应得到许可"到"不受此限"为某些特殊的用途创造了法律依据。可以说，免学费对提高入学率、促进教育非常有效，同时也加强了国家对学校教育的控制，使学校为明治政府的对外扩张政策服务。在《第三次小学校令》公布前的明治 32 年(1899 年),政府出台了《小学校教育费国库补助法》,由国库每年向市町村支付小学校教育费。此法次年 4 月 1 日(日本学校的新学期开始日)施行的当天,由于明治 33 年(1900 年)又一更为具体的《市町村小学校教育费国库补助法》的制定和实施而告废除,成为“幻之法”。在一个计划赶不上变化的发展时代,出现这样的事情并非偶然,由此可以感到明治政府对小学教育的一番苦心。在这种自上而下地促进小学教育的背景下,1873 年只有 28%的小学就学率在 1877 年达到 39%,1879 年达到 41.2%,到明治末期达到 99%以上,从而实现了国民教育的普及。

1886 年(明治 19 年),明治天皇在发布《第一次小学校令》的同时又发布了《第一次中学校令》,规定中学为“欲就实业或向高一级学校升学者进行所需教育之场所”。高中和公立寻常中学须交纳相应的学费,学科设置及教科书检定的权限都掌握在文部大臣手中。此中学校令于 1891 年(明治 24 年)、1899 年(明治 32 年)、1907(明治 40 年)年曾几次修改。与小学校令一样,除了条文更具体外,在宗旨上也可看出不少变化。以 1889 年的《第二次中学校令》为例,同《第一次中学校令》相比,第一条改成了“中学应以进行男子所需的高等普通教育为目的,特别致力于国民道德的培养”。同年发布的《高等女学校令》的第一条对办学宗旨作了如下规定:“高等女学校应以进行女子所需的高等普通教育为目的,特别致力于国民道德的培养,注意妇德的涵养(教育)”。日本近现代教育中,有男女分校的制度,大都出于管理的原因。但只对女学生提出妇德涵养,远远超出管理便与不便的范畴,明显是教育方针和宗旨的不同。由此可以看出,在女子教育方面,明治时期的教育还保留着相当多的封建残余。高等女学校的称呼在字面上似乎与高等学校相同,然而入学资格为国民学校修完初等科者,与中学校令中所规定的“入中学者应为相应学校预科修了者国民学校初等科修了者……”相同,也就是说高等女学校相当于男子的中学,还不是真正意义上的高中。

1886 年 6 月发布的对中学学科及程度的规定,将课程设置具体化。当时普通的寻常中学设伦理、国语、汉文、第一外语(通常为英语)、第二外语(通常为法语或德语)、农业、地理、历史、数学、博物、物理、化学、习字、图画、音乐和体操等课程,并对各科所要达到的目标都做了明确要求。1894年(明治27年),发布了《高等学校令(第一次高等学校令)》,将官办的第一至第五高级中学改为"高等学校",规定"高等学校为教授专门学科之场所,但为入帝国大学者设预科"。高等学校设法、医、工、文、理、农、商等专业学科,专为社会输送具有一定专业知识的学生。这表示明治政府在小学教育普及到一定程度后,教育重点逐渐向中学和高中进行战略性转移,为20世纪即将出现的大学专科设置和科研事业做了铺垫。

明治19年是明治天皇发布各种教育敕令较多的年份。据不完全统计,从敕令第三号到第三十五号间有关教育的占五分之一,几乎包括所有教育层次。《帝国大学令》和《帝国大学职员官等》作为第三号和第九号令列在前面。

明治维新后,日本近现代产业体系的建立和资本主义的发展,迫切需要大量技术人才。在这种背景下,工、农、商、水产等专业的综合技术教育——实业教育作为一个新兴的教育部门得以发展。首先,在小学师范学校中,按照实际情况增加农商工方面的课目,小学都设手工科目,中学还设实业科目。从基础教育开始就将科技意识渗透到一般国民中,一切以是否适应新的科学技术要求为准,改革了千百年来阻碍生产力发展的陈规陋习。国家为鼓励实业教育,明治27年,明治政府颁布《实业教育国库补助法》,规定"公立工业农业商业学校、学徒学校及实习补习学校进行一切以是否适应新的科学技术要求为准,实业教育被认可有效益时,文部大臣应对其发放补助金"。

实业教育为明治时期的经济发展提供了大量人才,让农业社会的日本逐渐步入工业化的轨道,建立起现代国民经济体系的雏形,并为以后的大正、昭和时期的国力增强提供了雄厚的物质基础。

结语

明治时期，日本实现了由农业国向工业国的成功转型，其中教育的作用不可抹杀。在发展教育事业上，明治天皇的敕令以及明治政府的各项法令都起到了强有力的促进作用。直至今天的日本，在某种程度、某种意义上仍没有脱离100多年前形成的教育理念。从根源上说，明治教育是“学而优则仕”的日本明治国家版，并没有从根本上彻底摆脱封建的教育理念，儒家的基本教育理念在明治时期的教育中依然具有实用性，只是通过明治维新被赋予了新的意义和内容。明治维新时期的教育在教育组织结构、教育方法、教学内容上具备了现代教育的性质，但起支撑作用的基本教育理念并未经过一番脱胎换骨的改造，培养的是为日本军国主义在亚洲侵略扩张的人才，并把日本拖入国家毁灭、百姓遭殃、以第二次世界大战为终点的战火之中。直至战后公布宪法，才纳入具有现代社会理念的教育思想，使日本教育从实质上具有现代教育的意义。

《教育敕语》和一系列有关教育、教育行政的敕令，实际上是以天皇为家长的明治政府为所谓帝国子民们制定的家法，在教育没有写入宪法的当时，实质上起到了教育法的作用。这种封建家族的国家模式下发生的明治教育改革，必然要极力回避与现代教育理念的冲突，而事实上也付出了沉重而巨大的代价。

参考文献：

万峰:《日本近代史》，中国社会科学出版社 1981 年版

井上光貞等:『詳説日本史』，山川出版社 1979 年版

附　明治时期颁布的部分有关教育的法令法规(日文原文)

帝国大学令(明治 19 年勅令第 3 号)帝国大学職員官等(明治 19 年勅令第 9 号)師範学校令(明治 19 年勅令第 13 号)小学校令(明治 19 年勅令第 14 号)第一次小学校令中学校令(明治 19 年勅令第 15 号)諸学校通則(明治 19 年勅令第 16 号)高等師範学校高等中学校東京商業学校官製(明治 19 年勅令第 35 号)学位令(明治 20 年勅令第 13 号)陸軍士官学校官製(明治 20 年勅令第 25 号)陸軍幼年学校官製(明治 20 年勅令第 25 号)陸軍大学条例(明治 20 年勅令第 53 号)海軍兵学校官製(明治 21 年勅令第 44 号)海軍大学校官製(明治 21 年勅令第 55 号)陸軍士官学校条例(明治 22 年勅令第 81 号)陸軍幼年学校条例(明治 22 年勅令第 82 号)東京農林学校ヲ帝国大学ノ分科大学トナスノ件(明治 23 年勅令第 92 号)小学校令(明治 23 年勅令第 215 号)第二次小学校令文部省直轄所学校官製(明治 23 年勅令第 233 号)海軍大学校条例(明治 23 年勅令第 249 号)

海軍兵学校条例(明治 23 年勅令第 250 号)帝国大学職員官等定員(明治 23 年勅令第 270 号)市町村立小学校及教員名称及待遇(明治 24 年勅令第 73 号)帝国大学職員定員ノ件(明治 24 年勅令第 136 号)文部省直轄諸学校官制(明治 24 年勅令第 137 号)帝国大学教授助教授ノ人員ニ関スル件(明治 24 年勅令第 140 号)

陸軍大学校条例(明治 24 年勅令第 171 号)市町村尋常小学校ニ就学スル児童ノ授業料ニ関スル件(明治 26 年勅令第 34 号)帝国大学官製(明治 26 年勅令第 83 号)帝国大学教官俸給令(明治 26 年勅令第 84 号)文部省直轄学校官制(明治 26 年勅令第 86 号)帝国大学各分科大学ニオケル講座ノ種類及其ノ数ヲ定ムルノ件(明治 36 年勅令第 93 号)帝国大学各分科大学講座ニ属スル職務分担ノ件(明治 26 年勅令第 94 号)帝国大学及文部省直轄学校ニオイテ雇外国人ヲ教官学任用方(明治 26 年勅令第 96 号)海軍大学校条例(明治 26 年勅令第 216 号)

海軍兵学校条例(明治 26 年勅令第 217 号)札幌農学校ニ関スル件(明治 26 年勅令第 208 号)陸軍士官学校条例(明治 26 年勅令第 233 号)陸軍幼年学校条例(明治 26 年勅令第 234 号)市制町村制ヲ施行セサル地方ノ学務委員ニ関スル件(明治 27 年勅令第 11 号)高等学校令(明治 26 年勅令第 75 号)第一次高等学校令府県郡ニオイテ徒弟学校設置ノ件(明治 28 年勅令第 166 号)市町村立小学校授業料ニ関スル件(明治 29 年勅令第 5 号)陸軍士官学校条例(明治 29 年勅令第 211 号)陸軍中央幼年学校条例(明治 29 年勅令第 212 号)陸軍地方幼年学校条例(明治 29 年勅令第 213 号)文部省直轄学校長舎監特別任用令(明治 30 年勅令第 113 号)

帝国大学改称ノ件(明治 30 年勅令第 208 号)京都帝国大学ニ関スル件(明治 30 年勅令第 209 号)東京帝国大学官制(明治 30 年勅令第 210 号)京都帝国大学官制(明治 30 年勅令第 211 号)帝国大学高等官等俸給令(明治 30 年勅令第 212 号)帝国大学舎監特別任用令(明治 30 年勅令第 214 号)京都帝国大学理工科大学講座ノ件(明治 30 年勅令第 219 号)海軍大学校条例(明治 30 年勅令第 326 号)海軍兵学校条例(明治 30 年勅令第 327 号)師範教育令(明治 30 年勅令第 346 号)市町村立小学校授業料に関スル件(明治 30 年勅令第 407 号)公立学校ニ学校医ヲ置クノ件(明治 31 年勅令第 2 号)教育総監部条例(明治 31 年勅令第 7 号)陸軍大学校条例(明治 31 年勅令第 121 号)陸軍士官学校条例 1 明治 31 年勅令第 226 号)陸軍中央幼年学校条例(明治 31 年勅令第 228 号)陸軍地方幼年学校条例(明治 31 年勅令第 229 号)学位令(明治 31 年勅令第 344 号)博士会規則(明治 31 年勅令第 345 号)中学校令(明治 32 年勅令第 28 号)実業学校令(明治 32 年勅令第 29 号)

高等女学校令(明治 32 年勅令第 31 号)京都帝国大学法科大学及医科大学講座ノ件(明治 32 年勅令第 321 号)私立学校令(明治 32 年勅令第 359 号)図書館令(明治 32 年勅令第 429 号)教育基金令(明治 32 年勅令第 435 号)教員免許令(明治 33 年勅令第 134 号)教育総監部条例(明治 33 年勅令

第157号)小学校令(明治33年勅令第344号)第三次小学校令陸軍大学校条例(明治33年勅令第185号)

臨時教員養成所官制(明治35年勅令第100号)専門学校令(明治36年勅令第61号)京都帝国大学法科大学医科大学及理工科大学講座ノ件(明治36年勅令第68号)陸軍大学校条例(明治36年勅令第71号)陸軍中央幼年学校条例(明治36年勅令第108号)神宮皇學館官制(明治36年勅令第130号)陸軍大学校生徒ニ関スル件(明治38年勅令第281号)帝国学士院規程(明治39年勅令第149号)海軍大学校条例(明治40年勅令第134号)東北帝国大学ニ関スル件(明治40年勅令第236号)東北帝国大学農科大学官制(明治40年勅令第237号)東北帝国大学農科大学ノ講座ニ関スル件(明治40年勅令第240号)帝国大学学生監特別任用ノ件(明治40年勅令第279号)海軍刑法ヲ適用セサル海軍所属ノ学生生徒ニ関スル件(明治41年勅令第222号)

陸軍刑法ヲ適用セサル陸軍所属ノ学生生徒ニ関スル件(明治41年勅令第25号)東北帝国大学官制(明治43年勅令第447号)九州帝国大学ニ関スル件(明治43年勅令第448号)九州帝国大学工科大学官制(明治43年勅令第449号)九州帝国大学大学官制(明治44年勅令第43号)東北帝国大学理科大学ノ講座ニ関スル件(明治44年勅令第47号)九州帝国大学工科大学ノ講座ニ関スル件(明治44年勅令第48号)九州帝国大学医科大学ノ講座ニ関スル件(明治45年勅令第129号)官立学校及図書館会計法(明治23年法律第26号)地方学事通則(明治23年法律第89号)実業教育費国庫補助法(明治27年法律第21号)市町村立小学校教員年功加俸国庫補助法(明治29年法律第14号)教育基金特別会計法(明治32年法律第80号)小学校教育費国庫補助法(明治32年法律第107号)市町村小学校教育費国庫補助法(明治33年法律第63号)帝国大学特別会計法(明治40年法律第19号)

第二章
中日复仇文化研究
——以《赵氏孤儿》与《忠臣藏》比较为例

陈 吟 陈 君

导言

复仇是人类的一种本能的生理反应，它如同食欲一样，通常是在无意识情况下被引发出来的。研究表明，复仇行为及其心理状态是基于生物的进化而产生的。生物为了保护自身良好的生存环境，让种群长期繁衍下去，有时需要牺牲一部分个体。据说马蜂是报复心极强的生物，它们不惜牺牲自己生命也要对入侵者进行彻底的报复。人类的报复心理也是一样的。人类的复仇行为不仅针对加害者，更是对其他人的一种警告。人类通过自己的报复行为警告那些想要伤害自己的人："如果伤害到我，你也必将遭此报复。"人类报复心理的普遍存在使得复仇成为全世界众多国家和民族文学作品中永恒的主题。

1. 先行研究

全世界最著名的复仇文学代表作当属莎士比亚的《哈姆雷特》，世界各国的学者们不断地对其进行研究和分析。而中国的元杂剧——《赵氏孤儿》被誉为中国的《哈姆雷特》，有很多学者将以上两部作品进行比较，如《中西方古代复仇文学之比较——以〈赵氏孤儿〉和〈哈姆雷特〉为例》（杨捷，

2010)、《〈哈姆雷特〉与〈赵氏孤儿〉的复仇比较》(徐雯,2007)、《〈赵氏孤儿〉与〈哈姆雷特〉之复仇文学价值取向的差异》(王华,2009)等。

复仇是被害者在遭受侵害后所采取的一种超常态的极端行为。随着社会的进步与文明程度的提高,人们对于"复仇"的认识也从简单地直接报复伤害自己的人,变得更加复杂和曲折。王立将中国式的复仇总结为五个主要模式(王立,1999):(1)"儿子长大后复仇"模式。这种血亲复仇是中国正史传记中记载最多且最常见的复仇类型,因为中国的儒家经典强调"父之仇不共戴天"这一伦理义务。其代表作有《史记・赵世家》,之后的元杂剧《赵氏孤儿》全名《冤报冤赵氏孤儿》等。(2)"醒悟嫁仇"模式。中国的古代小说从宋代开始流行一种表现女性果断复仇的"醒悟嫁仇"模式。大致内容是某女性的丈夫遇害,该女性在不明真相的情况下嫁给了杀害自己丈夫的仇人。若干年后突然有一天真相大白,该女性当机立断,毫不犹豫地手刃仇人,或者杀掉她与仇人共同生育的孩子,或者告官。这种模式的故事通常多以该女性的自杀为结局,突出复仇女性的"节烈"。(3)"友情与仇怨"模式,即替友复仇雪耻。这种模式的作品包括《史记》中的先秦刺客们为恩遇之友报仇,以及《水浒传》中的结友复仇、代友雪恨。(4)"仇家子女间相爱"模式。在中国的传统文学,以表现仇家子女相爱为主题的文学作品非常少,较早接触这一题材的文学作品是 20 世纪 20 年代末,顾道明在其所创作的《荒江女侠》中,描写一侠丐帮助两个有宿仇的村子破除陋俗,让村民张洁民与张雪珍结成美满姻缘的故事。(5)"认错仇人,因误会导致复仇"模式。这是中国的新武侠小说与传统的文学作品中最为不同的一种复仇模式。

中国传统的复仇文学作品中通常都是善恶分明,复仇动机明确并具有无可争辩的正义性,因此几乎不会发生认错仇人的事情。而新武侠小说在沿用传统文学中的复仇模式的同时,往往会置换其中的关键要素——复仇对象,即让复仇者因误会弄错了真正应该复仇的对象,从而使复仇过程变得离奇,使复仇的正义性无法成立。由于本文的研究对象是中国的历史剧,因此主要存在于新武侠小说中的(4)和(5)的复仇模式不在讨论范围之内。

2. 研究方法

本文以对中国具有代表性的复仇历史剧《赵氏孤儿》与日本著名的复仇历史剧《假名手本忠臣藏》的比较为例，从中研究中日复仇文化的异同。

本文参考王立对于中国文学中复仇模式的分类方式，将日本文学中常见的复仇模式归纳为四种，并在此基础上展开分析。这四种复仇模式包括：(1)毁灭复仇对象肉体的模式。即直接杀死肇事者，有时复仇者会采取与肇事者相同的方式来进行报复，让对方饱尝自己曾经经历的同样的痛苦和不幸。复仇者曾经被肇事者剥夺了一切，备受虐待、屈辱和伤害。但是经过一番卧薪尝胆之后，终于在故事的尾声夺回了属于自己的一切。这种复仇模式在日本文学作品中十分普遍。其代表作当属日本著名的《假名手本忠臣藏》。《假名手本忠臣藏》剧中所表现的"忍辱负重也要为主公雪恨"的江户时代的家臣角色，深受日本人的喜爱。(2)给复仇对象以精神折磨的模式。这种模式既不触犯法律，又让复仇对象生不如死。(3)复仇完成后的复仇对象扩大化模式，这是一种从理性复仇变为非理性复仇的模式。(4)放弃复仇的模式即主人公在遇见复仇对象后，发生了预料之外的事件或者看到已经衰老、变得软弱的复仇对象后，反而对其产生同情，从而放弃复仇的模式。

3. 研究对象

《赵氏孤儿》是以中国春秋时期晋国发生的"下宫之难"(晋景公三年，公元前597年)事件为题材写成的元杂剧。可以说《赵氏孤儿》是中国杂剧中最具有国际影响力的剧目。1775年，伏尔泰①根据《赵氏孤儿》的法文译本，将其改写成名为《中国孤儿》的五幕话剧在巴黎剧场上演，获得了空前的好评。此后，该剧又被英国的剧作家改编上演，同样大获成功。

① 伏尔泰(Voltaire,1694.11.21—1778.5.30)，法国启蒙思想家、文学家、哲学家。18世纪法国资产阶级启蒙运动的旗手，被誉为"法兰西思想之王"、"法兰西最优秀的诗人"、"欧洲的良心"。

《假名手本忠臣藏》(以下简称《忠臣藏》)是根据发生在日本的“元禄赤穗事件”(1703年)创作而成的人形净琉璃(日本式木偶剧)及歌舞伎的代表性剧目。《忠臣藏》与《菅原传授手习鉴》、《义经千本樱》被合称为日本人形净瑠璃的三大杰作,并在多个领域对后世作品产生巨大的影响。上演这部作品,几乎是场场爆满,被誉为挽救剧场经营的特效药。

尽管《赵氏孤儿》与《忠臣藏》的创作年代相差甚远,但是在历史剧的代表性以及作品的题材方面有许多相似之处。《赵氏孤儿》与《忠臣藏》都是以真实的事件为题材,以复仇为主题,褒扬家臣的忠义,并且成为对后世影响巨大的代表性历史剧目。两部剧目在复仇的动机、复仇的直接执行者、复仇对象、复仇的结果等方面,呈现出相似的东方文化特征,而在复仇的逻辑、复仇的文化及心理因素等方面,显现出很多不同点。本文将从上述四点,特别着重围绕第一点和第二点来对两部作品的异同点进行比较分析,并由此探析潜藏在文学作品中的文化差异。

一、作品的主要内容

1.《赵氏孤儿》

据《史记》记载,晋景公三年(公元前597年)宠臣屠岸贾权倾位重,因其与忠臣赵盾不和,并嫉妒赵盾之子赵朔成为驸马,陷害赵盾灭其全家老小三百余人,史称“下宫之难”。是时赵朔之妻庄姬公主已身怀六甲,躲入宫中避难的庄姬公主进宫后产下一子,危难之际义士程婴冒死将赵氏孤儿救出宫外。

听闻赵氏家族尚存血脉,屠岸贾为斩草除根,扬言寻不到孤儿就要将全国同样岁数的婴儿全部处死。赵朔的旧日门客公孙杵臼与程婴商议,程婴献子,公孙献命,最终保全了赵氏的血脉又避免了伤及无辜。

晋景公十五年(公元前585年)程婴将婴儿抚养成人,取名赵武。他在程婴和晋国大夫韩厥等人的帮助下为父报仇，为赵盾洗清罪名，恢复了赵氏的土地和封邑，程婴的忠义之举也随之大白于天下。在这里需要提及的一点是，赵武复仇时也让屠岸贾一家遭受了与赵家同样的命运，满门抄斩，鸡犬不留。

围绕复仇这一主题，《赵氏孤儿》显示出以下特征：(1)复仇的动机——赵武为其父及其全族复仇是为尽忠孝，证明赵盾的清白。(2)复仇的直接执行者——赵盾的儿子赵武。(3)复仇的对象——屠岸贾及其全家。(4)复仇的结果——赵盾的罪名被洗清，赵氏家族恢复原来的爵位。

2.《忠臣藏》

元禄14年3月14日，赤穗藩藩主浅野内匠头(以下简称为“浅野”)在奉命接待朝廷敕史时，被总指导吉良上野介(以下简称为“吉良”)告知了错误的礼仪。深感受到吉良侮辱与刁难的浅野，愤而在将军居城——江户城的“松之廊”上拔刀砍伤吉良。此事件让德川将军在敕史面前蒙羞，因此怒不可遏的德川将军在尚未深究事件缘由的情况下，当日便令浅野切腹谢罪，并将赤穗废藩，而吉良却没有受到任何处分。

以首席家老[①]大石内藏助为首的赤穗家臣们虽然试图向幕府请愿，以图复藩再兴，但一年过后确定复藩无望，元禄15年12月14日大石内藏助率领赤穗家臣共47人夜袭吉良宅邸，斩杀吉良，将其首级供在泉岳寺主君墓前，为主君复仇。事发后虽然舆论皆谓之为忠臣义士，但幕府最后仍决定命令参与此事的赤穗家臣剖腹自尽，而吉良家也遭到没收领地及流放的处分。

元禄赤穗事件是江户时代的一次重大事件，“曾我兄弟复仇事件”、“键屋之辻决斗事件”，尤其是最后一个事件中大石所表现出的对主君的忠诚、执着的信念和超强的忍耐力，为世人所津津乐道，在日本可谓家喻户晓。

---

① 家老是日本江户时代幕府及藩中的职位。家老一般有数人，采取合议制管理幕府和领地的政治、经济和军事活动。在幕府及藩中的地位很高，仅次于幕府将军和藩主。

围绕复仇这一主题，《忠臣藏》表现出以下特征：(1)《忠臣藏》中的复仇动机有两个：一个是浅野因为感觉受辱，而直接挥刀砍向吉良；另一个是赤穗的家臣们为谋求“公平”，向让自己主人受辱的吉良报仇，尽作为家臣的忠义。(2)复仇的直接执行者有两人：其一是浅野本人，其二是赤穗藩以大石内为首的47位武士。(3)复仇的对象为吉良。(4)复仇的结果同样有两个：其一，浅野本人在“松之廊”复仇失败，被勒令剖腹自杀。其二，一年零九个月后的12月14日深夜，47位武士为主人浅野报仇雪恨，最终全体被勒令剖腹自杀。

二、复仇动机

西方文学的复仇模式比较复杂，好人可以向坏人复仇，坏人也可以向好人复仇，但是中国古代文学作品中的复仇大多为正义的复仇，即好人向坏人复仇，正义向邪恶复仇。这与中国古代的伦理观以及儒家思想有关。《礼记》便将复仇视为臣子的责任与义务，并对其加以褒奖。“父之雠，弗与共戴天。兄弟之雠，不反兵。交游之雠，不同国。”(《礼记·曲礼》)。意思是说：杀父之仇不共戴天；杀害兄弟的仇人一旦遇到，不管手里有没有兵器，应该马上动手复仇；至于杀害朋友的仇人，不能跟他生活在同一座城市里。

《礼记·檀弓》中记载了子夏与孔子之间的这样一段对话。子夏问孔子：“居父母之仇，如之何?”夫子曰：“寝苫，枕干不仕，弗与共天下也。遇诸市朝，不反兵而斗。”

这一段是孔子的高足子夏和老师的对话。子夏问：“对杀害父母的仇人应该怎么办?”孔子回答说：“睡在草垫子上，也要拿盾牌当枕头，不去做官(一心想着复仇的事)，决不跟仇人生活在同一个世界上。不论在集市上还是在朝堂上，只要一遇到仇人，应该马上动手杀他——腰上别着兵器就用兵器，如果没带兵器，赤手空拳也要上!”

在中国古代，复仇是对君臣父子关系所主导的伦理道德的维护，非同小可。《春秋公羊传》曰：“君弑，臣不讨贼，非臣也。子不复仇，非子也。”意思是说，国君被谋杀，臣子如果不去讨伐弑君的贼子，就不配为臣；父亲被杀，如果儿子不去为父报仇，就不配当儿子。这样的阐述肯定了复仇的合理性和必要性。

在中国传统伦理文化以及儒家思想的影响下，程婴、公孙与赵武的复仇，首先是基于“忠孝”而采取的道德行为。并且，由于赵武的父亲——赵朔是被冤枉致死的，因而赵武的复仇行为不仅得到了程婴、公孙以及保护他的所有人的支持，而且也被民众视作为国锄奸、伸张正义之举。反之，如果赵朔真的犯了罪，在传统社会的社会文化及思想背景的影响下，程婴与公孙等人不可能去设计救孤，赵武复仇杀掉屠岸贾全家的行为也不会令全城百姓欢欣雀跃。

在中国古代伦理观以及儒家文化的影响下，中国古代文学作品中所描述的复仇，首先必须竖起一面正义的旗帜才能成立。其次，坏人向好人的报复行为不能称之为复仇。因此，《赵氏孤儿》中复仇的具体动机，可以解释为家臣对主人尽忠，儿子对父亲尽孝。

与《赵氏孤儿》相比，《忠臣藏》的复仇动机有两个：其一是浅野要为自己雪耻；其二是家臣对主人尽忠。在这里需要明确的一点是，日本人对于忠义的理解与中国人有所不同。日本人所谓的“忠义”除了带有报恩的意思之外，还包含了日本独特的“义理”观念。本尼迪克特在《菊与刀》一书中，将日本的这种“义理”分为“对社会的义理”和“对名誉的义理”。“对社会的义理”中包含了对君主的责任和对姻亲的责任；而“对名誉的义理”意为“在受人侮辱或被人责为失败者时，洗刷污名的责任，即报复或复仇的责任（注意，这种报复并不被人视为攻击）”。①

为了“名誉的义理”而采取的报复行为，不被日本人视为攻击的这种观念在日本的复仇观中起着十分重要的作用，也许这也是《忠臣藏》多年来深

---

① 〔美〕本尼迪克特(Benedict)：《菊化与刀——日本文化的诸模式》，九州出版社2005年版，第92页。

受日本人欢迎的一个主要原因。自公元7世纪以来，日本人不断地学习和吸收中国的伦理思想，但是却从未吸收中国人置于"忠"和"孝"之上的一个先决条件——"仁"。在中国，如果统治者没有施行"仁"政，那么臣民反对统治者的行为会被认为是正当行为。个人的忠诚也基于"仁"的思想。日本学者朝河惯一对中世纪时期的中日两国思想进行比较，认为日本从来没有接受过中国人的伦理观念。因为在日本，这种思想明显与天皇制不相容，因此，就算是作为学说也没有完全被引入过。也就是说，"仁"这种观念一直被排除在日本的伦理系统之外①。

在复仇动机上，浅野拔刀砍向吉良因为吉良教给其错误的礼仪，让其感觉受到极大的羞辱。② 而赤穗四十七义士的复仇动机，除了表现对藩主的忠诚，更是为了尽"义理"。"日本人说，只要侮辱、诽谤或失败没有得到报复或被清除，'世道便不公平'。有德之人必须努力使世界重新恢复平衡状态。报复是人的美德，而不是人性固有的恶习。日本人所有的那种同感激、忠诚相互联系的对名誉的'义理'观，在欧洲历史上也曾经被认为是一种美德。"③

对日本人来说，"'义理'的规则严格说来是不可规避的报答的规则，它们并不是'十诫'那样的一系列道德性规则。一个人为了'义理'，甚至可能违背正义感。日本人常说：'我为了「义理」而不能履行正义。'（中略）他们说，一个人必须要尽'义理'，因为'如果他们不那样做，人们将认为他是不知义理的人'，从而使他在世人面前蒙受耻辱。"④

本尼迪克特认为"中国人把对侮辱与诽谤过分敏感视为道德上渺小的'小人'的特征，而不像日本人那样将"义理"视为高尚品德之一。在中国人的伦理观念中，一个人突然对他人施加暴力是错误的，为了回敬别人的侮辱

---

① 〔美〕本尼迪克特(Benedict)：《菊花与刀——日本文化的诸模式》，九州出版社2005年版，第93页。
② 另有一种说法是浅野和吉良二人在食盐贩卖上的利益冲突促使了事件的发生。
③ 同①，第111页。
④ 同①，第107页。

而肆意行暴也不对。他们认为神经过于敏感是不正常的。在遭到别人中伤时,他们不是进行反击,而是用尽可能宽厚大度的举止来证明诽谤是毫无根据的。(中略)他们说'使对手显示其兽性的最好办法是对他退让'。"①。中国人在遭受别人诬陷中伤时,并不是所有人都会像本尼迪克特所说的那样不进行反击,但是道德伦理思想的不同使得中日两国确实在"义理"观上存在着差异。相对于中国人而言,日本人对于"名誉的义理"的重视以及随之产生的敌视情绪和戒备态度表现得更加强烈。

《忠臣藏》中浅野身负重要任务之际,不顾大局,为了个人的恩怨,为了"名誉的义理",立刻对对方做出报复的行为,其复仇动机的正义性弱于《赵氏孤儿》中赵武的复仇。无论发生任何事情,作为一个有责任心、有担当的人,应该抛开个人恩怨,应该首先保证重要仪式的顺利进行。对于吉良教给自己错误的礼仪一事,如果浅野有隐忍一时、顾全大局的想法的话,事情的结果也许会大不一样。尽管羞辱关乎个人的尊严,但是与整个赤穗城人民的生活及未来相比,孰轻孰重自是不言而喻。按照中国人的思维来看,浅野这种有勇无谋,不顾全大局的雪耻行为算不上真正意义上的"复仇"。

综上所述,中国人的复仇动机,在儒家文化的影响下呈现出以下几个特征:(1)好人向坏人的复仇。(2)需要有正当的理由。如果没有正当的理由,不能称之为严格意义上的"复仇",至多只能叫做"报复"。

日本人的复仇动机在"义理"文化的影响下,显现出以下几个特征:(1)好人可以向坏人复仇,坏人也可以向好人复仇,即好人和坏人都可以成为复仇的对象。(2)比起复仇理由的正当性,日本人优先考虑的是"耻",因此,日本人所谓的"复仇",或许称作"义理的复仇"更为贴切。

三、复仇的直接执行者

《赵氏孤儿》中参与复仇行动的人物主要是公孙、程婴和赵武三人。程

---

① 〔美〕本尼迪克特:《菊化与刀——日本文化的诸模式》,九州出版社 2005 年版,第 112 页。

婴与公孙也可以像《忠臣藏》中的武士一样，直接替赵盾报仇。但为何程婴一定要等到十几年后赵武成人之后才实施复仇呢？相比之下，《忠臣藏》中47位武士为了复仇也做了各种各样的准备，但是他们的准备时间只有一年零九个月。

《赵氏孤儿》中，赵武是复仇行为的直接执行者，而帮助他的程婴与公孙只是协助者。在《忠臣藏》中，复仇的直接执行者实际上有两组人。一组是浅野本人，他雪耻失败后被勒令剖腹自杀。另一组是赤穗城的47名武士，虽然他们完成了为主人复仇的使命，但是和主人一样，全部被勒令剖腹自杀。值得注意的是，在为浅野复仇的人群中，没有一位是浅野的家人。

从作品的整体来看，虽然《赵氏孤儿》与《忠臣藏》一样，赞美的是家臣的“忠义”，但是两部作品之间还是能看出很多的不同之处。《赵氏孤儿》宣扬的不仅是“忠义”，而且包括“孝”。在《赵氏孤儿》中，赵武之所以成为复仇的直接执行者，是体现了“孝”的思想。

《大学》中有这样一句话：“为人子止于孝，为人父止于慈”，意思是说做人子要孝顺父母，尽孝道；做人父要慈爱。还有“百善孝为先”（意思是说，孝敬父母是各种美德中占第一位的）、“以孝治天下”等说法。总之，“孝”是儒家所要求的最基本的美德，符合中国古代宗法制度的要求。

在古代中国，祖先崇拜的观念将“家”的范围限定在父系血缘集团（同族）的系谱内。拥有同姓和同一血缘关系是决定能否成为家族成员的主要原因。作为家族的成员，对父母必须绝对服从，并有祭祀祖先的义务。中国人的伦理观念中，“忠义”是从家庭伦理中的“孝”扩展出来的思想，排在“孝”之后，这也是中国人的个人主义形成的重要原因。因此，只要赵朔有儿子，那么世人就会理所当然地认为替父报仇的责任应该由其儿子来承担，与其儿子的个人意志无关。程婴与公孙等人的忠义不是表现在直接复仇，而是表现在帮助赵武去完成他为父报仇的“孝行”。因此程婴与公孙要实现复仇计划，必须花上15年的时间，等待赵武成人。

比起血缘关系，日本人更加注重“家”的经营和长久的存续，所以在选择家庭继承人之际，日本人不是很看重血缘继承的唯一性和重要性，而看重的是人的品性和能力，以保证家业的发展和永久存续。作为经济共同体的“家”，其主要目标就是促进家族发展，保障其利益。为了实现这个目标，逐渐形成了长子单独继承家业的制度，以及无法实行长子继承制之际所采用的养子制。

在日本人的伦理观中并非不存在“孝”，但是如前所述，没有吸纳中国儒家的“仁”的日本，并不重视由“仁”派生出来的“孝”的观念。相比之下，在重视“家”的发展与利益的日本人的观念中，“集团”比个人更为重要。可以说，日本人的“集体主义”与其伦理观密切相关。

在《忠臣藏》中，为浅野复仇的动作直接执行者不是浅野的家人，而是从属于以他为首的集团的武士们。武士们为向主人“尽忠”，抛妻弃子的场面是与日本人的“义理”观相符合的。从《忠臣藏》成为长久以来打动千万日本人的名剧这一点可以看出，其中所表现的“义理”观受到了广泛的认可。虽然浅野本人也是复仇的执行者，但是由于他个人的复仇失败了，才引出了剧中真正想要歌颂的复仇行为的直接执行者——四十七义士。

综上所述，《赵氏孤儿》中复仇的直接执行者是赵武，程婴与公孙是复仇行动的辅助者；《忠臣藏》着重讴歌的复仇执行者是以大石内藏助为首的47位武士。从两部剧对于复仇的直接执行者的安排来看，其中蕴含着两国之间存在的重要文化差异。即：在重视祖先崇拜的中国，“孝”比“忠义”更重要。《赵氏孤儿》讴歌了“忠义”，但其中真正使复仇得以彻底实现的是“孝”。相比之下，日本人更加重视“忠义”，因此《忠臣藏》没有表现浅野家人的“孝”，而是重点表现家臣的“忠义”。而这两部剧分别在中国和日本成为经久不衰的名剧，其中重要的原因在于剧中表现的“孝”、“忠义”的伦理观得到了社会的普遍认可。

四、复仇的对象

《赵氏孤儿》与《忠臣藏》在其复仇对象上存在着很大的差异。在《赵氏孤儿》的结尾部分，赵武杀掉了屠岸贾全家，而在《忠臣藏》的结尾部分，赤穗的 47 位武士只杀掉了吉良及守护他的家臣，并未伤害其家人。也就是说，赵武复仇的目标是仇人的全家，而 47 位武士的复仇目标只有吉良一人。虽然，47 位武士在复仇的过程中杀掉了许多保护吉良的家臣，但笔者认为杀掉这些家臣是为了达到替主人报仇目的的不得已行为，这些家臣并不是 47 武士的复仇行动中确定刺杀的最初目标。因此，他们不能算作真正的复仇对象。《赵氏孤儿》与《忠臣藏》在复仇对象范围上的差异，在很大程度上是由中日两国不同的家族观决定的。

对中国的家族观起决定性影响的是作为家族制度的宗法制。中国的宗法制度早在公元前 16 世纪的西周时代就已经完备。西周的周公旦建立中国第一个奴隶制国家政权后，为了维护其统治，把家族成员分封到各地当“建卫侯”，实行家族式统治，并规定了非常严格的家族制度。其中包括把出自同一父系祖先的全部分支作为一个“宗”，依兄弟次序分大宗小宗，小宗服从大宗，下级宗服从上级宗。宗的标记是表示父系血缘的姓，母系血缘被排除在外。宗是决定亲属关系、婚姻、收养和继承的最重要因素。宗的核心是父子的血缘关系。换言之，父系血缘关系是维系宗的纽带。长久以来，中国人在观念上把这种由同一父系血缘纽带结合而成的宗视为广义的“家”。

中国古代社会在儒家文化的影响下，复仇意识与宗族观之间存在着密切的关系。以孝悌为本的儒家思想对血亲复仇给予了充分的肯定。由《孟子·尽心下》的“吾今而后知杀人亲之重也，杀人之父，人亦杀其父，杀人之兄，人亦杀其兄，然则非自杀之也，一间耳”，以及前文提及的《礼记·曲礼》中的“父之雠，弗与共戴天。兄弟之雠，不反兵。交游之雠，不同国。”的论述可以看出，儒家学说鼓励并提倡为血亲复仇，甚至将能否完成血亲复仇的义务作为判断一个人道德品质的标准。这种价值取向对于古代中国复仇文学产生了深远的影响。在中国的传统价值观中,只要复仇动机是正义的,符合儒家伦理道德思想,其罪行是可免的。这种复仇中也包含了为尽孝而采取的复仇行动。中国传统的价值观重视家族,个人与家族密不可分,①这是中国人的复仇对象的范围不仅包括仇人个人而且包括其家族的重要原因。

日本"家"制度的形成可以追溯到7世纪前的氏族制度、部民制度和氏姓制度。从日本传统的氏族制度来看,被称作"氏"的组织是模仿血缘组织而建立起来的规模较大的政治经济集团。其内部存在不同姓的家族,由上级家族来统治下级家族。同一氏族信奉共同的"氏神",像这样的同一氏族被看作是一个"家"。因此,日本人的"家"并非是单纯的血缘结合,而是模仿氏族血缘结合起来的军事、政治和经济团体。比起血缘,日本人更加优先考虑"家"的利益。

《忠臣藏》中,浅野以及赤穗藩的47位武士都将吉良本人作为复仇的对象,这体现了双方对于复仇对象的同一认识方式。而在《赵氏孤儿》中,屠岸贾将赵氏全家作为仇视、加害的对象,而赵武也将屠岸贾全家作为复仇的对象,这两件事体现了相同的价值观,即:对于个人的仇视等同于对对手家族的仇视。《赵氏孤儿》和《忠臣藏》中分别表现出的这种前后一致,贯穿全剧的对于复仇对象的认识不是偶然的,都与中日两国传统的家族制度之间存在着密切的联系。

五、复仇的结果

《赵氏孤儿》与《忠臣藏》在复仇结果方面存在着很大的不同。《赵氏孤儿》的结尾处,孤儿赵武手刃了仇人屠岸贾,并灭其全家,不仅报了仇,还恢

---

① 中国有这样一个俗语——"一人得道,鸡犬升天",意思是说一个人得道成仙,全家连鸡、狗也都随之升天。用来比喻一个人做了官,与他有关系的人也都跟着得势。这种现象的存在与中国人重视血缘有着很深的关系。与此同时,中国还曾有过一人犯罪,株连九族的刑罚制度。

复了赵家的爵位，全城的百姓为此欢喜雀跃。为赵氏家族所遭受的不公命运而扼腕叹息、愤愤不平的观众心中的抑郁也因此得以纾解，转忧为喜。《赵氏孤儿》是一部惩恶扬善剧，其中所表现的复仇结果可以说是被大部分中国人所接受的完美结果。这种复仇结果包括：不仅消灭仇人个人，而且使家族的污名得雪；被杀的生命无法复生，但是赵家原有的地位却得以完全恢复；赵武的复仇得到代表主流、正统价值观的主公的认可。如果赵武凭借个人的力量仅仅杀死屠岸贾个人，而没有在主公的认可下恢复赵家的爵位；或者他因为复仇而被主公赐死，那么全城的百姓以及观众是否还会因为他杀死了屠岸贾而觉得大快人心呢？

在《忠臣藏》中，作为浅野当庭砍伤吉良以致德川将军在刺史面前蒙羞的惩罚，不仅浅野被命剖腹谢罪，其所在的赤穗藩也因此被废。47 位武士得以实现的复仇结果是，杀死仇家吉良为藩主浅野报仇，但是他们并没有能够使被废除的赤穗藩重新恢复，而且由于他们的复仇并没有得到德川将军的认可，因此最终被令全体剖腹自杀。如果从中国人的角度来看，复仇者虽然成功杀死了仇家，但是自己最终却被赐死，这不能算是完满的复仇结果。但是从日本文化的角度来看，《忠臣藏》用看似悲剧的 47 位武士的死来烘托出为了尽忠视死如归的武士精神。《忠臣藏》的复仇结果不在于追求收复原有赤穗藩领地的完美结果，而是为了体现武士的价值观。这种看似带着缺憾的复仇结果更能在日本观众中产生共鸣。

六、《赵氏孤儿》、《忠臣藏》与《哈姆雷特》的比较

《赵氏孤儿》和《忠臣藏》在复仇的动机、直接执行者、对象及其结果等方面显示了许多不同之处，但是也存在着共性。以下通过将上述两部作品与西方的复仇名作《哈姆雷特》的比较，来剖析两部作品中的共性及其体现的东方文化的特征。

1. 复仇者的心理描写

《赵氏孤儿》、《忠臣藏》与《哈姆雷特》相比，前两者着重于复仇的过程和结果，而后者着重于对主人公复仇前后心理的深刻剖析与细致刻画。

中国和日本的传统价值观都认为家庭和集体的利益是高于个人情感与男女之情的，因此作为家庭和集体的一员，与个人的情感和意志相比，担负起作为家庭成员或集体中个体的相应责任更为重要。因此，无论是《赵氏孤儿》中的公孙、程婴、赵武，还是《忠臣藏》中的47位武士，在选择复仇的道路时，都是毅然决然，没有表现出丝毫的犹豫不决。在东方古典文学作品表现复仇者选择复仇道路之际，几乎不会花笔墨去描写复仇者个人的性格与情感。

与此相反，像《哈姆雷特》这样的西方古典文学作品中，复仇者在选择是否复仇时，表现出难以做出决定的踌躇不决。这种描写很大程度上与西方社会很久以前便开始的对于复仇行为的合理性思考有关。西方对于复仇的手段及对复仇行为的局限性的思考要早于东方。14世纪，英国诗人杰弗里・乔叟[①]在《埃特伯雷故事》中借公爵夫人之口，表达了对复仇行为局限性的阐释：不能以复仇来对付复仇，也不能用一个错误去纠正另一个错误。很多西方复仇主题的文学作品，描绘了复仇者对于复仇合理性的精神世界的冲突和个性成熟的过程。与东方传统文学作品相比，西方的传统复仇文学作品中表现出更多的对于复仇者个体意识和个体抉择过程的描述。

与哈姆雷特面临复仇时激烈的心理斗争相比，诸如《赵氏孤儿》与《忠臣藏》等东方复仇作品的主人公的心理状态明显更为平稳。因为在爱与责任、情与义相冲突时，古代东方人受传统伦理观、价值观的影响，大多会毫不犹豫地首先选择责任、忠义、家庭及自己所属的集体。

---

① 杰弗里・乔叟(Geoffrey Chaucer，1343年～1400)，英国中世纪诗人。是继但丁后最能充分表现中世纪文学精神的代表性诗人。其著作有《公爵夫人之书》、《贤妇传说》、《特洛伊罗斯与克丽西达》等。

2.实施复仇的时间

《赵氏孤儿》、《忠臣藏》和《哈姆雷特》三部作品中,为了实施复仇都耗费了不少时间。《赵氏孤儿》中程婴花费了十几年的时间等待赵武长大成人,《忠臣藏》中赤穗的武士们等待了一年零九个月。尽管各自花费的时长不同,但目的都是相同的——等待最好的复仇机会。然而与此相比,《哈姆雷特》中的复仇一再被拖延,作品在一开始就向哈姆雷特昭示了谋杀的阴谋,此时复仇就成了一种不可推卸的重担降临在哈姆雷特身上,但是哈姆雷特此时还没有确定是否复仇,他甚至还在怀疑仇恨存在的真实性,他猜测着向自己昭示谋杀的幽灵也许是魔鬼的化身。

因为哈姆雷特不断在思考自己复仇行为的合理性,他一直犹豫不决,甚至错过了绝佳的复仇时机。据统计,《哈姆雷特》全剧中引用或提及《圣经》的地方多达39处,其中有28处是哈姆雷特亲口说出来的。由此可见,哈姆雷特非常了解《圣经》中的内容,熟知基督教义中禁止个人复仇的戒律。《圣经》中有这么一句话——“申冤在我,我必报应”,意思是说,如果有人擅自充当上帝的“凶器和使者”,就要冒被打入地狱的风险。因此,在了解事情真相后,哈姆雷特首先想到的不是复仇而是自杀。他那句著名的台词——“生存还是毁灭,这是一个值得考虑的问题”反映出他心中的彷徨。

在哈姆雷特确认杀父凶手是自己的叔父后,他曾经有一个绝佳的报复机会,但是因为叔父当时在祈祷,所以他没有动手。甚至最后杀死叔父也是哈姆雷特与恋人的哥哥雷欧提斯比剑时身染剧毒、不久于人世的情形下采取的被动手段。可见,在哈姆雷特的头脑中,有一种力量无时无刻不在制约着他的行为,其中不仅仅有宗教方面的因素,更有法律对一个人文主义者的约束,因此他也一直努力不把无辜的人卷入其复仇中。在西方,正如柏拉图所说:“现实中没有完人,故治理国家必须依靠法律,复仇行为要受法律约束。”在这样一个以法为先的法治社会,复仇行为必然受到法律的制约和约束,这种制约和约束也体现在文学作品所表现出的对于复仇行为合理性的思考上。

结语

尽管《赵氏孤儿》与《忠臣藏》同为以“复仇”为主题的历史剧，但是两部作品在复仇的动机、复仇的直接执行者、复仇的对象以及复仇的结果方面，表现出中日两国在文化及心理因素等方面的不同点。

1.《赵氏孤儿》中的复仇动机是家臣对于主人的忠义，及儿子对于父亲的孝行，而《忠臣藏》中的复仇动机是浅野为自己雪耻及家臣对主人的忠义。虽然两部作品都讴歌了家臣对主人的“忠义”，但它们对于“忠义”讴歌的侧重点不同，因而为我们展现出中日两国的文化差异。

《赵氏孤儿》中所褒扬的“忠义”是辅助“孝行”得以彰显的道德行为。在中国传统的伦理观及儒家文化的影响下，中国古代文学作品中所表现的复仇大多是好人向坏人的复仇，具有无可争议的正义性。如果没有正当的理由，则不能称之为“复仇”，只能称之为“报复”。此外，中国人将“仁”作为“忠”与“孝”的前提条件，追求有“仁”之“忠义”。可以说，相对于“忠义”而言，中国人更加看重的是“仁义”。

《忠臣藏》中所描写的“忠义”是家臣对主公的报恩，其中包含日本独特的“义理”观。对于传统的日本人来说，如果一个人不尽“义理”，会被认为是不知“义理”的人，并因此在世人面前蒙受耻辱。在报仇中，比起正当的理由，日本人优先考虑的是“雪耻”。自 7 世纪以来，日本人虽然一直在吸收中国的伦理思想体系，但是由于中国“仁”的思想与天皇制度不相容，因此，日本人的“忠义”之中并不包含“仁”的因素，是一种“无仁之忠”。

2.在复仇的直接执行者方面，《赵氏孤儿》的直接执行者是赵武，而挽救其生命的公孙和程婴只能算作其复仇行为的辅助者。这一点清楚地表明了中国父系血缘集团的“家”的特征，及以“孝”为基础的“忠义”的独特文化。

《忠臣藏》的直接执行者是赤穗藩的 47 位武士，在其复仇的过程中，与被害者浅野有血缘关系的家人没有出现过。在日本封建家族法中，并不以父系血缘的宗来区分亲属关系,模拟血缘关系得到法律的承认和维护。“家”的结构具有开放性。比起血缘关系,日本人更加重视“家”的经营和永久存续。因此,在日本对于“忠义”的重视要高于“孝”。

3. 在复仇对象方面,《赵氏孤儿》中赵武的复仇对象是屠岸贾的整个家族。由于中国的传统价值观强调血缘关系,因此在以复仇为主题的中国古代文学作品中,复仇的对象通常会由加害者扩展至与其相关的整个家族。

《忠臣藏》中赤穗47位武士的复仇对象只有吉良上野介一人。从中可以看出,比起血缘关系,日本人首先考虑的是家族的利益。而家族意味着包括至亲在内的整个集团。因此在复仇时,其报复的对象通常只是加害者,而不会过于扩大。

4.《赵氏孤儿》与《忠臣藏》中充满悲情,却并不是悲剧。《赵氏孤儿》是一部惩恶扬善的正剧。剧中,赵武最后不仅手刃了仇人,灭其全家,而且还让赵氏家族恢复了爵位。这一结局表现了儒家“哀而不伤”的道德伦理观。在《忠臣藏》的结尾部分,虽然赤穗的47位武士被勒令剖腹自杀,但“切腹”对于武士来说是一种荣耀。作为一名武士,如果不能保家卫国死在战场上,那剖腹也算其人生顶点上所开出的最美丽的花朵吧。

《赵氏孤儿》与《忠臣藏》是中日两国具有代表性的复仇文学作品,可以算作东方文化的代表作。为了明确两部作品之间的共通点,笔者还引入了西方著名的悲剧作品——《哈姆雷特》,与之进行对照分析比较。

首先,东方的复仇剧与西方的复仇剧有着很大的差异。前者关注复仇事件本身,注重目标实现的社会效果,没有表现细致的内心冲突;而后者较为偏重复仇者精神世界的冲突,注重表现复仇者内心的变化与逐步成熟的过程。其次,三部作品的主人公为了实施复仇都耗费了一段时间。《赵氏孤儿》与《忠臣藏》中的47位武士之所以没有马上复仇是为了等待最佳的复仇机会,而哈姆雷特则在宗教信仰的影响下,为了是否实施复仇以及复仇的合理性而在内心发生了激烈的斗争,甚至还因此错过了绝好的复仇机会。

虽然同为以复仇为主题的历史剧目，但《赵氏孤儿》与《忠臣藏》在复仇的动机、直接执行者、对象及结果方面呈现出许多不同。《赵氏孤儿》与《忠臣藏》的差异与中日两国之间不同的“家”制度及道德观有很大关系。

通过《赵氏孤儿》、《忠臣藏》与西方悲剧《哈姆雷特》的比较，我们可以看出《赵氏孤儿》与《忠臣藏》作为东方历史剧的共通点，并分析出东西方复仇的差异。东方人的复仇重视家与集团的利益，而西方人的复仇重点在于个人对于复仇的认识和选择，并且其复仇行为在很大程度上受到宗教的制约。

参考文献：

陈巍：《血亲复仇主题在中国现代文学中的延伸和变异》，河南大学 2007 年硕士论文。

本尼迪克特·露丝著，孙志民、马小鹤、朱理胜译：《菊花与刀》，九州出版社 2005 年版。

胡永娜：《同样的复仇主题，异样的文化内容》，《新西部》2009 年第 8 期。

黄秋生：《中日传统“家”的形成原理与封建家族法的差异》，《深圳大学学报(人文社会科学版)》2003 年第 6 期。

王华：《〈赵氏孤儿〉与〈哈姆雷特〉之复仇文学价值取向的差异》，《华北水利水电学院学报》(社科版)2009 年第 3 期。

王立：《新武侠：超越传统的复仇模式》，《浙江学刊》1999 年第 2 期。

王瑞英：《哀而不伤、怨而不怒——从〈窦娥冤〉、〈赵氏孤儿〉看中国古典悲剧的审美特征》，《九江师专学报(哲学社会科学版)》2004 年第 3 期。

徐雯：《〈哈姆雷特〉与〈赵氏孤儿〉的复仇比较》，《湖北广播电视大学学报》2007 年第 10 期。

杨捷：《中西方古代复仇文学之比较——以〈赵氏孤儿〉和〈哈姆雷特〉为例》，《山西农业大学学报》(社会科学版)2010 年第 5 期。

姚尧：《赵氏孤儿》，中国法制出版社 2010 年版。

俞秀红：《论赵氏孤儿复仇的原因》，《中国古代文学研究》2008 年第 4 期。

周萍萍、李刚：《中日复仇文学作品比较——〈赵氏孤儿〉与〈忠臣藏〉为例》，《日本研究》2007 年第 2 期。

第三章
从行为准则理论探析柔道的发展原因

黄赛芳

导言

现在流行于世界各地的柔道是由日本教育家嘉纳治五郎在吸收柔术的基础上于1882年(明治15年)创立的,当时被称为讲道馆柔道(下文简称为"柔道")。此后,柔道不仅在日本国内得以普及,而且在美国、法国等其他国家广泛传播。1945年,第二次世界大战结束后(下文简称"战后"),柔道作为竞技体育得到了很大发展,特别是1964年东京奥运会将其列为奥运竞技项目后,柔道在世界范围内得到广泛普及。进入21世纪以后,柔道已经发展成为世界第三大竞技体育项目,100多个国家和地区都开展柔道项目。这是由欧美发起的世界奥林匹克运动会的项目中唯一一个诞生于亚洲的体育项目。柔道为何能取得如此巨大的发展?本文通过回顾明治15年柔道创立至今100多年的发展过程,探析柔道取得巨大发展的原因。

一、研究对象与研究方法

1.研究对象

嘉纳治五郎创立的柔道与柔术之间存在着很大联系。嘉纳治五郎将柔术定义为"徒手或持短兵器攻击徒手或持器械的敌人,并进行防御的体术"。

柔术是武士们在战场上通过扔、勒、摁、扭等动作来战胜对方、保护自身的体术，包括踢、打、摔、拿等技术。柔术与柔道、合气道、巴西柔术之间存在着很多联系。此外，现在所说的柔术一般指“巴西柔术”，而将发源于日本的柔术称为“古流柔术”，以示区别。本文中的“柔术”一词指的是发源于日本，在日本江户时代以前盛行的徒手武术。

关于柔术的起源有两种观点。一种认为柔术起源于中国，由中国明代的陈元赟传到日本。原念斋的《先哲丛谈》中有这样的描述：元赟善拳法，当时世未有此技，元赟创传之。故此邦拳法以元赟为开祖矣。正保中，于江户城南西久保国正寺教徒。尽其道者，为福野七郎左卫门、三浦与次郎右卫门、矶贝次郎左卫门。信夫恕轩称“我邦昔时未有拳法，归化人陈元赟善此技，传之邦人，故此技以元赟为鼻祖”。丸山三造在《日本柔道史》中说“近世有陈元赟者，来我国寓居江户浅府的国正寺，另有浪人福野七郎右术门、矶贝次郎左门、三浦与次郎右卫门者，同寓居该寺。元赟也记载了：大明有擒人之术，我虽不懂此术，然常见之。上述三浪人闻其术，便自己钻研磨炼，后便能善其术”。爱宕山拳法碑上也刻着“拳法之有传也，自投化人陈元赟而始”。[①]

二人插手合抱的形式、用于擒拿的缚拿术等被视为柔术的原型。后来随着技术的发展，出现了拧手腕、拧肘关节、倒身摔等技术。战国以后，这些技术受到禅、中医等中国文化的影响，得到进一步发展，出现了拳法、白打、手缚等流派。这些流派大多是根据某一特定技巧命名的，如打手、缚打、捕手术、小具足、拳术、和术、铠组讨、体术、白打、手缚等。其中的铠组讨即穿着甲胄对打，小具足指装备短刀对打。进入江户时代以后，为了证明柔术不只依靠力量，重要的是技巧的较量，出现了以“柔术”、“柔道”、“和”、“柔”命名的流派，如关口新心流、杨心流柔术、起倒流柔术、良移心当流柔术等。这一时期还出现了竹之内流、荒木流、浅山一传流、涩川流、杨心流、四天流、天

---

① 有关陈元赟将柔术传入日本的观点引用自百度百科陈元赟 http://baike.baidu.com/view/2155014.htm

真新杨流等多种流派。至江户时代末期,武士习武修行盛行,也因此促进了全国各流派之间的交流和比武。当时,出现了乱捕这一技术。乱捕不受套路限制,几人组合进行自由练习。乱捕是现代柔道中的乱取技巧以及比赛形式的雏形。

进入明治时代以后,日本政府提出“殖产兴业”的口号,大量引入欧洲的各种制度,着重于发展经济和巩固以天皇为中心的国家制度。武士们失去了昔日的特殊地位,武术也随之逐渐式微。很多柔术师失去了在藩中教授武术的工作,柔术开始走下坡路。为了生活,一些武士在街头表演柔术。明治政府将柔术视为不符合文明开化的野蛮落后之物。嘉纳治五郎就是在这样的时代背景下,在天神真杨流和起倒流的基础上创立了讲道馆柔道,并使之发扬光大。

在嘉纳治五郎创立讲道馆柔道的初期,讲道馆柔道是柔术的一个流派,二者之间并没有发生直接的对垒。1888 年(明治 21 年),讲道馆柔道在警视厅举行的柔术比赛中大获全胜,讲道馆的柔道家因此被警视厅任命为其柔术指导教师,这使得讲道馆柔道的影响力迅速扩大,并成为学校体育教育的科目之一,在日本国内普及开来。随着柔道的普及,越来越多的柔术比赛开始采用讲道馆的比赛规则,但是柔术并没有完全消亡,日本至今还保留着多种柔术流派。

第二次世界大战期间,被列入当时学校体育教育课程的柔道和剑道服务于军国主义,成为锻炼学生身体、精神的工具。柔道被赋予了浓厚的“忠于国家”、“为国捐躯”、“去私奉公”的意识形态色彩。在国家力量的推动下,柔道在日本国内外得到进一步发展。1945 年第二次世界大战结束以后,联合国军最高司令官总司令部为了清算军国主义,禁止在学校教授柔道等课程。这一事件成为战后柔道发展的一大转折点,对其后柔道的发展产生了很大影响。

二战以后,日本柔道界为了重新获得在学校教授柔道的许可,着重将柔道作为竞技体育项目加以发展并取得了成功。1964 年，在第二次世界大战后日本举办的第一届奥林匹克运动上男子柔道比赛便被列为比赛项目，女子柔道项目成为 1988 年首尔奥运会的表演项目，并在 1992 年的巴塞罗那奥运会上被正式列为比赛项目。随着这些国际赛事的举行，柔道在世界各地愈发得到普及，发展成为一项跨越国界的国际性运动。2010 年，加入国际柔道联盟(IJF—INTERNATIONAL JUDO FEDERATION)的国家和地区已经达到了 199 个。

2. 先行研究

迄今为止，我们在柔道研究方面已经积累了很多研究成果。这些研究主要分为四大类。

(1)有关柔道技术的研究

此类研究主要通过对柔道技术进行分析，以发现更有效的打败对手、赢得比赛的技术。包括如何压制对手、提高脚法技术、拆招技术等技巧。代表作有松本芳三的『関節技について』、铃木克也的『関節技の「レ」線学的研究』等。

(2)有关柔道发展历史以及柔道理念在生活中的应用的研究

柔道历史方面的研究包括通过嘉纳治五郎的著作，对柔道的发展历程、精神价值及变化进行探究，对嘉纳提出的柔道理念：体育观、胜负观、修心观、修行观和段位制、精力善用、自他共荣进行分析并从国际化带来的“教育价值”与“竞技体育”的冲突着手，对柔道理念的传承和变化进行论证。其中有寒川恒夫的『「柔道一班並ニ其教有上ノ価値」講演にみる嘉納治五郎の柔道体系論』、藤堂良明的『柔道乱取の歴史について一起源とその後の発展一』、永木耕介的『嘉納柔道思想の継承と受容』等。有关柔道理念在生活中的应用的研究，其目的在于谋求生活和睦、促进企业发展。比如，将“以柔克刚”这一柔道的基本理念诠释为“与周边的自然和社会和谐共处，合理地利用资源，减少能源的浪费，有效地解决问题”，应用该原理来帮助企业、个人渡过难关等。代表作包括巴尼斯和理查森共著的《柔道营销:用智慧而不是财富创建你的事业》、尤费和夸克共著的《柔道战略:小公司战胜大公司的秘密》等。

(3)有关柔道心理学的研究

此类研究主要以柔道习得者的心理变化为研究对象,在提高技术水平所需要的各种条件中,着重对精神特质进行研究。调查和研究柔道选手的性格,特别注重分析那些高水平选手所具有的性格。其中包括船越正康的『競技適応の心理——国際大会に参加した女子柔道選手のYGデータから——』、河野和宪的『競技適応の心理——UK 法による勝敗予測指標の検討——』等。

(4)有关柔道生理学的研究

此类研究以柔道习得者及柔道比赛的参赛选手为研究对象,研究其在使用柔道相关技术时发生的生理变化等,寻求更健康的柔道练习、训练方法和比赛形式,以提高身体素质和比赛成绩。代表作包括小川新吉的『柔道における「絞め」の生理学的研究——下垂体・副腎皮系よりみた「絞め」の研究——』等。

本文属于上述 4 类研究中的第 2 类,主要探析在短短的百年间柔道取得巨大发展的原因。针对柔道发展的原因,研究者们主要提出了以下几个观点。

(1)嘉纳治五郎自身具有良好条件

嘉纳治五郎长期习练柔道以及从事柔道教育的经历有利于他将柔术改良为柔道。嘉纳熟知柔术的各种技巧,取各派所长,并加入自己对于柔道的理念,最终确立了柔道的技术体系。他将传统柔术的"以柔克刚"这一原理(主要是技术原理)发展为符合时代思想潮流的"最有效地使用身心的力量"这一包含技术和精神双方面的理念。嘉纳在吸取各派精髓的同时,还摈弃了柔术中的一些危险技术,重视柔道的教育方法。他曾历任文部省官僚、东京高等师范学校校长、亚洲第一位奥委会委员，是日本教育界和体育界的代表人物。他的社会地位也为柔道在日本国内的发展提供了便利（郑旭旭、袁镇澜，2001；余建华，2004）。

（2）巧用媒体

创立讲道馆后不久，嘉纳治五郎就创办了《国士》、《运动界》、《柔道》等杂志，在上面发表有关柔道发展目标、柔道技术要领的文章，并请很多名流执笔，以提高社会影响力。（郑旭旭、袁镇澜，2001；翁信辉，2003）

（3）以学生为对象教授柔道，找到了较好的切入点

讲道馆柔道问世之际，日本国内已有不少以培养武士为主的武馆，而嘉纳治五郎创办的讲道馆主要以学生为教学对象，这是个非常好的切入点。因为这些学生中很多日后成为日本社会的精英，从学生时代便养成的对柔道的喜爱，使得他们为柔道的发展起到了很大的推动作用（郑旭旭、袁镇澜，2001；段建芝，2001）。

（4）注重人才培养

嘉纳治五郎将阿部信文、门肋诚一郎、西乡四郎、横山作次郎、富田常次郎、山下义韶、三船久藏、广濑武夫等人培养成为一流的柔道指导教师，为柔道的进一步发展提供了指导人才。（郑旭旭、袁镇澜，2001；翁信辉，2003；段建芝，2001）

（5）建立了段位制和有段者研究协会

为了鼓励练习者并区分他们对于柔道技巧的掌握程度，嘉纳设立了段位制。包括十段五级，共计十五个级别，用不同颜色的腰带进行区分。[①] 随着有段人数的增加，嘉纳又设立了有段者研究会来促进大家的交流、加强管理。（郑旭旭、袁镇澜，2001）

---

① 未入段的新手为白带，一到五段为黑带，六到八段为红白间隔带，九到十段为红带。目前世界上只有极少数人具有红带的水平，但是在大型运动会上为了便于分辨，往往规定一方系白色腰带、一方系红色腰带。升级升段需参加讲道馆举行的升级升段考试。

(6)与社会的发展趋势相呼应

明治初期,日本国内出现了脱亚入欧的倾向,其影响波及科技、制度、法律、生活方式等多个领域,武道在当时并不受重视。然后,到了明治中期,日本又出现了回归传统的潮流,而柔道就是因此得到普及的。(段建芝,2001)

(7)与时俱进的改革

20世纪50年代,嘉纳治五郎去世,继任者秉承他的遗志,进一步完善柔道的竞技制度。之后,柔道作为竞技体育,为世界各国所接受。为了成为奥运会的比赛项目,柔道又进行了相应的改革,增加了在拳击等比赛项目里所使用的体重分级规则。(郑旭旭、袁镇澜,2001)

综上所述,可以看出,虽然很多研究对柔道的发展原因进行了分析,但是这些研究大多是对于现象的梳理,没有提供对柔道的发展原因进行论证的有效理论。由于方法论的不足,有关柔道取得巨大发展的原因的讨论还留有很大的空间。其次,上述研究大多以柔道的创始人、组织者作为研究对象,没有充分考虑到柔道习得者的选择对于柔道发展所起到的推动作用。

笔者认为创立于1884年,具有100多年历史的柔道之所以取得如此巨大的发展,是因为受到了众人的喜爱。嘉纳及其继承者所采取的多种改革,就是为了能够让更多的人喜爱柔道,从而达到推广柔道的目的。对于柔道发展原因的研究,应该充分重视柔道习得者的主体性因素和柔道参与者对柔道发展的影响,揭示柔道习得者选择柔道的动机和理由。

3.研究方法和论文的构成

本文主要通过文献资料、与柔道相关的规定、条款并参照柔道组织的官方网站,从社会学的视角来剖析柔道的发展过程。100多年以来,柔道的这些发展变化都与柔道参与者们的选择息息相关。这些参与者既包括习练者,也包括组织者、观众。本文主要运用行为准则理论,通过分析促使柔道参与者选择柔道这一项运动以及对柔道进行改革的行为准则,来探析柔道取得巨大发展的原因。

本文主要由三部分组成。第一部分主要概述包括有用准则、原则准则和感情准则在内的行为准则理论的主要观点。第二、三部分以第二次世界大战作为分水岭，分别分析柔道的产生、在日本国内外的发展以及战后作为竞技体育项目之后柔道的发展。之所以采用这种历时的分析方法，是因为二战前后的柔道所处的时代背景、发展状况以及发展原因发生了很大的变化。

第二部分分析了嘉纳治五郎本人选择柔术的原因、为何要排除万难把柔术改良为柔道的原因、当时的日本学校和社会为何选择柔道而非柔术作为其体育课的内容以及柔道在国外得以传播的原因。

第三部分通过梳理二战后柔道被重新列入日本学校体育课课程和柔道成为奥运会竞技项目的历程及柔道自身的变化，探析战后柔道发展转变方向和进一步发展的原因。

4. 行为准则理论

人的行为会伴随相应的主观动机。人们在很大程度上根据自己所明确拥有的或潜在的动机来选择自己的行为，既然选择就要有相应的准则。社会学家大塚久雄将这种“通过目的来选择手段”的行为解释为社会学中的“原因产生结果”观点。笔者认为，100 多年来，柔道之所以拥有众多的参与者，是因为他们为实现某种目的而选择了柔道这一运动。正是因为柔道参与者们选择柔道运动的这一行为，才产生了柔道运动广泛普及这一结果。为了认清人们选择柔道运动的目的，就必须首先明确促使人们做出该选择的行为准则。

马克思・韦伯(Max Weber)将人的行为分为“目的合理性行为、价值合理性行为、情绪类行为和传统行为”四种类型。[①] 目的合理性行为是指为了

---

① 马克思・韦伯提出了“三种支配类型”、“四种行为类型”、“社会关系的类型”等众多理论类型。他认为社会学有必要用一些准确的概念来对社会现象进行把握，但是由于社会学不像自然科学那样可以通过建立模型来考察，所以只能从众多的现象中提取出抽象的、理想的理论类型，也就是“理想型”。社会学家通过“理想型”来把握社会现实。这些理论类型只是促进思考的工具，很多时候是不孤立存在的。

达成目的要选择合理的手段的行为。价值合理性行为是指决定行为选择的准则不是可预知的后果，而是对于该行为是否符合伦理、艺术和宗教等固有的绝对价值的考虑。价值合理性行为与目的合理性行为可同归类为合理性行为。而情绪类行为是指在感情驱动下产生的行为；传统行为则是指按照惯例、遵照传统进行的行为。后两种行为的非理性程度较高。上述的这些行为类型的分类是一种理想，现实生活中的行为多是这些行为类型的复合型。

日本社会学家作田启一在韦伯的理论基础上提出了三大行为准则理论。作田启一认为促使人们作出某种行为的行为准则有三种，分别是“有用准则”、“原则准则”、“感情准则”。人们为了满足自己的需要而选择行为的准则被称为有用准则，相当于马克思·韦伯的目的合理性行为。这一准则着重考虑要达到某种目的的最有效手段是什么。比如一个人的学历直接影响到就业、收入水平和婚姻，为了得到学历而选择行为就是基于“有用准则”。除了有用准则以外，人们常常会依照一定的原则采取行为。韦伯提出的传统行为准则和价值合理性行为准则便属于原则准则。“感情准则”行为是指人们在情感的驱使下而采取的行为。作田认为“与‘有用准则’相关的主要是知性，与‘原则准则’相关的则是理性，在这个理性主义、合理主义为主流的近代社会里，人们的行为主要依据这两个准则”（作田启一，1993：128）。作田启一的行为准则理论对于揭示柔道的发展原因可以提供很好的启示，因为柔道的成功依靠的是众多柔道习者的支持。

杉本厚夫应用作田启一的行为准则理论，对人们选择进行某种体育运动的原因进行了分析，指出人们主要是通过身体来感知、感受体育活动，即运用“感情准则”进行判断的。[1]。很多人未把体育视作文化，这是因为目前我们所承认的文化必须符合“有用准则”和“原则准则”，而基于“感情准则”的行为则不被视为是有价值的。

---

① 杉本厚夫：『スポーツ文化の変容』，世界思想社 1991 年版，13ページ。

人们在选择柔道这一运动时，是否如杉本厚夫所分析的那样主要是基于"感情准则"？本文通过回顾讲道馆柔道创立100多年以来柔道的发展历史，运用作田启一的行为准则理论，对柔道习得者选择柔道的原因进行分析。

二、从柔术到柔道

1. 嘉纳选择柔道的原因

马斯洛的需求层次理论①认为人生来就有运动的需求。嘉纳成长为柔道创始人的第一步便是他首先选择了柔术这一运动。但是，在多种多样的运动之中，嘉纳治五郎为何不选择同为格斗技的剑术、唐手、大相扑，却偏偏选择了柔术？嘉纳的选择是有原因的，而这也很可能是其他人选择柔道这一运动，以及柔道得以普及的原因。让我们先来分析一下嘉纳为何选择柔术这一运动。

> 我常被问及学习柔术乃至创立讲道馆的动机。我初学柔术的动机与今日所讲柔道之道全然不同。我年少时所学颇多，因此于学术上并不逊于任何人。然当时在少年们之间，年少力强者常飞扬跋扈，使身体柔弱者居于下风。我常逊人于此，令我扼腕不已。我今日虽身体强于常人，然其时虽非久病之身，却也极度虚弱，体质逊于常人。因之，常为他人所轻视。我自负学问上不逊于常人，然却常处于弱势。故自幼年起，听闻有武术曰柔术，乃以少胜多，以弱克强，以柔克刚之法宝，令我向往不已，决心向学。②

---

① 马斯洛需求层次理论（Maslow's hierarchy of needs），亦称"基本需求层次理论"，是行为科学的理论之一，美国心理学家亚伯拉罕·马斯洛于1943年发表的《人类激励理论》一书中，将人的需求分为生理需求、安全需求、社会需求、尊重需求和自我实现需求五类，五类需求层次依次提高。马斯洛认为运动需求属于生理需求层次。

② 嘉納治五郎：『私の生涯と柔道』，日本図書センター1997年版，11—12ページ。

从上文我们可以看到，嘉纳治五郎选择学习柔术的原因在于当时身体不够强壮，常被同学欺负。也就是说，当时恃强凌弱的风气促使嘉纳有了强壮身体的欲望，想要通过柔术这一以弱胜强的运动来战胜那些欺负自己，比自己身强力壮的同学。而刚好当时的日本有柔术这一可以以柔克刚，以弱克强的武术。嘉纳身材短小、瘦弱，强调“以柔克刚”、“以弱克强”的格斗术——柔术对他自然具有极大的吸引力。因此，嘉纳选择柔术是因为柔术可以满足其变强的需要。那么，嘉纳为何没有选择其他的运动项目呢？

> 我曾尝试过多种运动。做过器械体操，亦与人赛跑过，也划过船，亦远足过。最常做的乃投球、棒球。其中，划船倒是真能锻炼人，然非居于水边者则难为之。因长途跋涉去划船，所费时间甚多，易使身体过度疲劳。因此，只能偶尔去。而偶尔去又达不到锻炼的效果。因此，对于当时居于神田，远离水边的我来说，划船并非合适之运动。远足是参加远足协会，与志同道合之士四处游走，漫步于郊外。然而，远足只能于周末及假期为之，弄得身体疲乏却又得不到锻炼。而投球也只能得到局部的锻炼，全身锻炼效果却有限。棒球则是所需场地甚巨，且一组人练习时，其他人即无法习练，守场员的锻炼机会亦少，守垒员倒是可以得到锻炼，但是机会有限，且亦只能得到局部锻炼。至于游戏，有趣虽则有趣，然不足以锻炼身体。至于划船，多数是于两国（地名，笔者注）雇船，划至向岛，再往千王大桥，需费时一日。作为消闲偶尔为之尚可，然用于锻炼身体则成效甚微。因此，我深感真正能锻炼身体的运动只有柔术。[①]

---

① 嘉納治五郎：『私の生涯と柔道』，日本図書センター 1997 年版，26－27ページ。

从上文可知,嘉纳在尝试了多种运动后,得出了“可以满足自己需要的只有柔术”这一结论。也就是说,虽然其他的运动也可以锻炼身体,然而锻炼身体最有效的手段还是柔术。其实,在日本政府主张脱亚入欧的明治时期,柔术虽然有别于被视为先进的西方文明,但是当时社会上也有要将武术纳入学校教育的声音。

> 明治五年公布了学制,规定儿童皆要接受教育,并于全国建立小学。文部省采用了重视智育、德育、体育的方针。作为体育教学,教授的是新引进的体操,而江户时代作为武士必修课程的武术,虽然运动性较强,却未被采纳。当时的体操,受到当时指导者的指导方针的影响,多数只是单调的肢体运动,并不能满足从小喜爱武术的旧武士阶层。因此,有人主张于学校实行昔日曾经在蕃学校里实施的武术教育。[①]

从上文可以看出,当时日本学校体育课的内容还不够完善,很需要引入更能够起到锻炼学生身体作用的运动项目。1882 年嘉纳创办了讲道馆柔道,讲道馆柔道的道场位于下谷町永昌寺。关于当时的情景,嘉纳是这样记述的:“明治 15 年 5 月创立讲道馆。当时学柔道者仅数名,只有数名寄宿于寒舍的学生以及外面来的几名习练者”[②]。无论是从嘉纳本人的记述,还是从讲道馆最初的馆址和学生组成来看,都可以看出嘉纳一开始并未考虑在学校教授柔道。因此,有关柔道发展原因中的“(3)以学生为对象教授柔道,找到了较好的切入点”这一理由并不成立。讲道馆柔道创立初期,嘉纳还在东京大学就读。但是,同年 1 月开始,东京大学在学习院设立了政治经济科研修科目,嘉纳负责担任该课程的讲师。也就是说,当时,嘉纳已经站到讲

---

① 嘉納治五郎:『私の生涯と柔道』,日本図書センター 1997 年版,217ページ。

② ①と同じ,217ページ。

台上,开始教书育人。如果他一开始就打算在学校推广柔道,应该选择先在自己教授的学生中推广,这样会吸引更多的习练者。但是,讲道馆柔道创立初期只有9名习练者,而且其中有一部分还是社会人士。当时正式的入门人数如下:1882年9名,1883年8名,1884年10名,1885年54名,1886年99名,1887年291名,1888年骤增至605名。

讲道馆柔道不仅满足了许多人通过此项运动强身健体的愿望,而且作为行之有效的格斗技受到了日本警视厅的重用。当时的日本警视厅从全国各地柔术和剑术的多个流派中聘请高手担任各个警察署的专任讲师,以达到提高身体素质、训练逮捕技巧的目的。柔术和剑术的实用性是促使警视厅重视这些运动的重要原因。从行为准则来看,这种选择是基于"有用准则"的选择。

既然当时的日本社会已经存在实用性很强,可以满足习练者需求的柔术、剑术等运动项目,为何嘉纳还要不辞劳苦地把柔术改良为柔道呢?促使嘉纳将柔术改良为柔道的行为准则是什么?

2. 柔道的创立

柔术确实具有强身健体的功效,但也有无法满足嘉纳和当时社会需求的不足之处。

当时,先生的教学法与今日大为不同。还记得这样一件事。某日,先生用了某个招数将我摔了出去。我迅速起身,询问该招数之技术要领。然先生只道"过来!",其后又将我摔于地。我并未屈服,重新起身,执着地追问该招之技术要领。然先生却仍只道"快过来!",又将我摔于地。我执着追问。如是重复再三。后来,先生言:"你听了也不明白,量至则达也。快过来!"。言罢,又将我摔于地。因此，当时的习练皆靠自己体会。[①]

从上文可知，当时的柔术教学主要依靠模仿以及反复练习，并不对技术要领进行分析讲解。嘉纳不满足于这样的教学方式，他执着地向老师追问相关招数的技术要领，却得不到满意的答案。不仅柔术如此，当时日本的传统武术都是主要依靠模仿来传授的。作为优等生的嘉纳在其求学生涯中，已经体验过从欧洲引进的合理、科学的教育方式。这种教育方式与柔术依靠模仿是完全不同的。嘉纳认为，依靠学生模仿和体会的教育方式效率低，且不易令学生掌握要领，教学方式阻碍了柔术的发展。为了提高习练者的学习效率，他创立了以"投技、固技、当身技"为主的柔道基本技术理念，并对技术进行了分类。此外，规范练习时的注意事项，并对柔道服进行了改良，使其更便于运动。因此，嘉纳将柔术改良为柔道的行为主要是基于"有用准则"。

我开始练习之时，尚未有今日之练习注意事项。每日活动平素不常活动部位之肌肉，常使得翌日动弹不得，早晨起身困难。(中略)柔道衣亦与今不同。裤长未及膝盖，上衣亦是宽袖的，故常常擦伤手肘、手臂，万金膏从未间断过。[②]

传统的柔术是一种实战性很强的格斗术，包括很多危险的技法，如拳脚攻击要害、绞杀术(攻击对手咽喉、颈动脉、颈椎等，使对手的大脑缺血而昏迷或窒息)等，格斗的双方时常会致死致残。与很多武术的目的相同，柔术的目的在于克敌制胜。为了达到这一目的，形成了很多快狠、迅猛的技巧用以防身自保、消灭对手。明治维新以后，柔术屡遭禁止的原因之一就在于柔

---

① 嘉納治五郎:『私の生涯と柔道』,日本図書センター 1997 年版,15—16ページ。
② ①と同じ,16ページ。

术的危险性。嘉纳在博采众家柔术流派之长的同时，剔除了传统柔术中过于凶暴危险的技巧。技巧上的改良为被柔道纳入学校体育教育课程提供了客观条件。

明治初期开始，为了达到富国强兵的目的，日本政府以及教育界十分重视增强国民体质，加强身体锻炼，并为此不断摸索更加适合的体育运动项目。文部省于1891年颁布《小学教学大纲》，其中第12条规定："体操乃是以培养身体全面发展、身心健康，培养刚柔并济兼遵守纪律之习惯为宗旨的。"（文部省内·教育史编纂委员会，1964：100）。从这条规定可以看出，作为外来的"游戏·竞技运动"的体操是因为符合当时学校教育的人才培养目的才被纳入学校体育课程，并因此在日本全国范围内得以推广普及的。早在1883年，文部省便就柔术、剑术是否适宜纳入学校体育课程一事向体操传习所进行过咨询。体操传习所回答如下：

二术（指柔术和剑术——笔者注）有利之处：

（1）有助身体健康。

（2）有助养成持久运动力。

（3）有助提高精气神。

（4）有助去柔惰之风，长阳刚之气。

（5）有助护己于危难之际。

二术之弊：

（1）不利于身体全面发育。

（2）习练有危险。

（3）运动强度难于控制，不管身体强弱皆易运动过度。

（4）易导致精神激动，养成粗暴的风气。

（5）易养成斗志和争强好胜之风。

（6）竞争性强，易养成好胜的风气。

(7)练习时需人监督,集体教学较难。

(8)所需教学场地甚大。

(9)柔术练习虽只需柔道衣,剑术练习却需其他道具,且需时常保持衣物及道具之整洁,不便于教学。

综上,传习所遵照教育理念,现决定如下:

二术并不适合纳入学校教育。①

通过上述内容可知,1883年时,学校教育有摸索更加适合体育课内容的运动项目的需求,但是由于对将柔术纳入学校教育课程存在多种担忧,所以未将柔术列入学校体育教学。如果要将柔术列入学校体育课程就必须改良柔术,使之与当时的学校教育制度相适应。那么,当时的学校教育究竟需要怎样的体育项目?换句话说,符合当时的学校体育教学的运动项目需要具备什么条件呢?从体操传习所对于是否将柔术列入学校体育教学的意见中可以看出,当时的学校教育需要的运动项目是具有统一规范、科学的技术要领、安全且适合班级进行的集体项目,这样有利于培养学生高尚的情操。嘉纳在习练柔术的过程中亲身体会到有必要提高柔术的规范性、科学性、安全性。而且嘉纳在柔道的理念中也特别强调运动对于情操的正面影响。所以学校体育教学对于运动项目的要求与嘉纳在习练柔术过程中所感受的需求是一致的。

1887年前后,嘉纳及其门人完成了柔道的技术分类以及技术要领的整理,使柔道的习练以及指导方法更加简明易懂,提高了柔道的安全性,降低了柔道练习对身体的伤害。这些都完全符合学校体育教学的要求。虽然嘉纳在创立柔道之初并没有直接把将柔道引入学校体育教学作为发展目标,但是他对柔术的改良促成了柔道在学校教育中的普及和发展。

---

① 嘉納治五郎:『私の生涯と柔道』,日本図書センター1997年版,218ページ。

1894年爆发了中日甲午战争,这促使日本开始重视武道教育。为了提高日本国民的战斗力和战斗精神,国会提出将柔术、剑术纳入学校体育课程。在这种社会背景下,1911年柔道、剑道被列为必修课程。而且在此之前,已经有不少学校在教授柔术和柔道。

(讲道馆)的正式入门人数如下:明治15年9名,16年8名,19年10名,18年增至54名,19年99名,20年291名,22年激增至605名。当然,这与当时文部省的指导方针有关。明治初期,教授柔术的学校极少。从盐谷宗雄教授的调查来看,当时教授柔术的学校屈指可数。明治10年只有爱知一中,12年增加了福山诚之馆中学,15年增加了长崎中学,16年增加了高知师范。讲道馆柔道创立后,其精神和教育意义逐渐为人们所接受,许多学校开始教授柔道。明治21年江田岛的海军兵学校,22年第一高等学校,25年熊本的第五高等学校等开始教授柔道。到讲道馆创立十余载也就是明治30年时,在东京府就有帝国大学、一高、高等师范、高师附属寻常小学、学习院、明治议会寻常小学、独逸协会学校、庆应义塾、东京专门学校、攻玉社、东京府寻常中学、成城学校、幼年学校等,其他地区的学校中,海军兵学校、海军机关学校、二高、三高、四高、五高、京都府寻常中学、京都府师范、京都文学寮、造士馆、同寻常中学、奈良县寻常中学、爱媛县寻常中学、爱媛县师范、千叶医学校等均在校内建立道场让学生习练柔道。这些内容记载于《运动界》第一卷第一号上。①

从上文我们可以看出以下几点:第一,1888年(明治21年),柔道第一次

---

① 嘉納治五郎:『私の生涯と柔道』,日本図書センター1997年版,232－233ページ。

被军校——江田岛的海军兵学校纳入学校教育体系中。第二,1889 年(明治 22 年)讲道馆柔道的新入门人数急剧增加,虽然国家尚未正式规定在学校教授柔道,但是已有不少学校率先开始。第三,1897 年(明治 30 年)开始,柔道开始被日本全国各地的学校纳入教育体系之中。因此,1888 年、1889 年、1897 年对柔道的发展来说是非常重要的年份。如前所述,1897 年教授柔道的学校剧增,与 1894 年爆发的中日甲午战争后日本政府为提高国民斗志,鼓励人们习武有很大关系。那么,是什么促成海军兵学校于 1887 年开设柔道课程? 1888 年柔道习练人数为何得以迅速增加?

> 幕末时期的柔术家中,户塚彦助是日本的一流高手,其门人武艺高强。明治维新之后,仍有部分高手称霸柔术界。至明治 20、21 年左右,讲道馆声名鹊起。乃至警视厅大赛时,户塚门与讲道馆成为对手。21 年时的那场比赛,户塚门下派出十四五名选手,讲道馆亦派出十四五名选手。其中,讲道馆选手除了四五名与其他门派进行比赛外,有十名左右是与户塚门比赛。(中略)本次比赛中,不可思议的是,除了二三人打平外,其余的皆是讲道馆获胜。[①]

从上文可知,明治 21 年讲道馆柔道打败了日本公认的柔术第一大派户塚门派,向天下人显示了其实力。创立仅仅 5 年便可打败被公认为日本柔术第一的流派是促使柔道被纳入海军兵学校教育课程的主要原因。与户塚门派比武中获胜使得讲道馆柔道名声大噪,这与翌年讲道馆柔道入门人数激增存在着密切的关系。嘉纳不拘门户观念,博采众长,他总结出的技术分类、技术要领和教授方法在提高讲道馆的实力上功不可没。可以说,柔道创立初期在日本国内的普及主要是依靠讲道馆柔道的实力。19 世纪末 20 世

---

① 嘉納治五郎:『私の生涯と柔道』,日本図書センター 1997 年版,66—67ページ。

纪初，讲道馆柔道得以发展的另外一个原因与当时日本实行的富国强兵政策有关。特别是中日甲午战争之后，日本为了提高国民的身体素质、鼓舞士气，急需像柔道这样既能强身健体又能防身御敌，且有理论基础支持、便于广泛普及的运动。

> 明治 31 年，政府通过了关于中学以上学校『体育奨励に関する建議案』。明治 33 年、38 年、41 年又通过了规定关于在中学中纳入柔道·剑道课程的具体实施法则『体育奨励に関する建議案』，明治 44 年同意将柔道·剑道纳入学校教育课程。昭和 5 年的农学校规定、昭和 6 年的师范学校规定对上述规定做了改动，将以前的"要进行剑道及柔道教育"改为"剑道及柔道需纳入体操中的必修课程中"。至昭和 14 年，政府又在小学校令实行规则中规定男童在课余时间要习练武道(剑道及柔道)的简易动作，并逐渐提高动作的难度。(今村嘉雄，1982：242—244)

上述指导方针的基本内容一直延用到二战结束。二战期间，柔道作为在学校宣扬军国主义的工具而被利用。这虽然使柔道在日本国内得到广泛的普及，但同时也促成了二战后柔道所面临的危机。

3. 二战前柔道在日本以外国家的发展

二战前柔道在日本国外的普及活动主要是依靠嘉纳及受其熏陶的日本柔道家们来推行的。嘉纳曾经 12 次出访外国，宣传推广柔道，为柔道在全世界的普及倾尽全力。众所周知，柔道的基本技术理念是"以柔克刚"，之后，嘉纳将其发展为"精力善用"。"精力善用·自他共荣"是嘉纳倡导的柔道的核心理念。所谓精力善用是指身心力量的最有效应用，是在以柔克刚的基础上发展出来的柔道基本技术理念。自他共荣是指相助相让，强调与他人的和谐共处。

> 嘉纳老师对柔道所进行的不间断的思索和研究，终于使得构成讲道馆柔道之根本的柔道的意义及其练习目的在明治末大正初期得以成文。其中最早出版的文章是明治 43 年 12 月出版的嘉纳老师的《青年修养论》中的"精力的善养·利用"一文。大正 4 年 1 月创刊的《柔道》杂志上，嘉纳老师在自己撰写的《讲道馆柔道概说》一文中，就"所谓柔道到底是什么"这一问题，提出柔道应该是身心力量的最有效的应用之道。通过练习柔道的攻击·防御能力来锻炼身体和精神，以体会柔道之精髓。因而，柔道练习的最终目的是通过练习来完善自我、回报社会。(今村嘉雄，1982：238)

通过上文可以看出，嘉纳所强调的柔道技术理念是"精力善用"，习练柔道的目的不仅在于强身健体，还是为了"完善自我"、"回报社会"。"精力善用"与"以柔克刚"代表的是相同的技术理念，而"完善自我"、"回报社会"与嘉纳提出的"自他共荣"则是相同的思想理念。在柔道的海外普及过程中，外国人对于嘉纳提出的"精力善用·自他共荣"的柔道基本理念是如何理解与接受的?

> 我想先强调一点：无论是乱取还是基本技巧，柔道的胜负中皆有一非常重要的根本原理。乃柔道之柔也。柔道与大相扑截然不同，乃是有高尚理论基础之运动。外国人听闻该理论后亦无不惊叹该妙法举世无双。我以为此柔之理乃制胜之根本。①

柔之理——"以柔克刚"这一理念在明治以后，极大地反映了饱受欧洲列强压迫的小国国民——日本人的心声。与此同时，就像嘉纳上文中所述

---

① 选自嘉纳治五郎:『讲道馆柔道讲义· 第三回』,『国土』1(4)、大系 3,15ページ,转引自永木耕介:『嘉納柔道思想の継承と受容』,2008 年版。

“外国人听闻该理论后亦无不惊叹该妙法举世无双”那样，这一理念得到了外国人的高度评价。例如任职于现东京大学医学院，为日本的医学界作出极大贡献的德国人 Erwin von Bälz，明治 9 年居日期间，在考察了各柔术流派和嘉纳的柔道后评论道：“柔术是借敌之力以攻敌。”来自英国的 Lafcadio Hearn 明治 24 年参观了嘉纳的柔道指导之后说：“不出力，而是靠引导、利用对方之力以及敌人自身的惯性来征服敌人。如此奇妙的方法到底是如何产生的呢？不知迄今为止西方人中到底有没有人想过这种方法？”[①]。1896 年使奥运会得以重新举办的奥运会之父皮埃尔·德·顾拜旦也在日本最终取胜的日俄战争结束之后表示：“可以预见日军的胜利将会促进柔术在欧美的普及。柔术是一种优秀的实用格斗技术。因为基本不用力，而是借力打力来获胜。”[②]，这一观点即认为日军取胜的秘诀是“以柔克刚”。

从拥有较多柔道（或者说柔术）相关资料的法国来看，（中略）于 1933 年发行的 *Le Monde illustre* 杂志对嘉纳的柔道做了如下介绍：“这一科学技术暗含令人惊叹的解剖学原理及人体平衡的诸法则，产生于日本神秘的封建时代”。20 世纪初期，在法国开创柔道并举办柔道俱乐部，将柔道介绍给法国军人和警察的 Feldenkrais. M. 早就开始关注柔道的科学性。1933 年他在巴黎与嘉纳会面后越来越相信其科学性，并于 1944 年出版了从力学的重心移动的角度对柔道进行解析的图解书。[③]

很遗憾的是，澳大利亚和美国都找不到像法国那样的“柔之理·以柔克刚”得以流传的佐证资料。（或者说这些国家本来就没有多少与柔道相关的史料。）比如美国，最早对日俄战争中日本人

---

① 小泉八雲（著）、平井呈一（訳）：『東の国から・心』，恒文社 1975 年版，203ページ。

② ①と同じ，244ページ。

③ 永木耕介：『嘉納柔道思想の継承と受容』，風間書房 2008 年版，311ページ。

特有的战法(也就是柔之理·以柔克刚)表示兴趣的是明治37年接受过讲道馆山下义韶柔道技术指点的美国大总统西奥多·罗斯福。而在澳大利亚,柔道指导者的报告指出:"当地的柔道学习者完全理解'精力善用'这一嘉纳创立的柔道理念,特别是对'身心力量的有效利用'这一点有很高的评价"。①

从上文可以得知,在二战以前,当时的欧美国家就已经可以理解和接受"柔之理·以柔克刚"这一技术原理和柔道技术的合理性、科学性,这促进了柔道在日本以外国家的普及。1950年,长年在法国进行柔道指导的栗津正藏在谈及法国人喜欢柔道的基本理由时说:"欧洲人里也有体型较小、力气较弱的人,因而'以柔克刚'这一原理对他们有很大的吸引力"。佐藤宣践通过国际比较调查之后指出:日本以外国家对于柔道理念中"自他共荣"的认知度较低。这与"自他共荣"这一理念的确立是在大正后期,在形成时间上晚于"柔之理·以柔克刚"理念有关。

柔道中的"柔之理"、"精力善用"的技术理念在日本国内外得到了广泛的认可和接受,相比较而言,"自他共荣"的柔道理念在日本国内得到的认可程度要高于日本以外国家。外国人选择柔道的主要原因在于柔道可以使人变得更为强壮,这是基于"有用准则"做出的选择。

4. 小结

明治维新之后,柔术习练者不断减少。在这种社会背景下,嘉纳治五郎为了满足自己强身健体的需求开始学习柔术,并在学习柔术的过程中发现了柔术的局限性,对其进行改良,于明治15年创立了柔道。他在以投技、当身技、关节技、绞技为核心的天神真杨流柔术和以当身技、投技为核心的起倒流的基础上,博采柔术各流派的长处,将柔术的技术体系化,并从科学的

---

① 永木耕介:『嘉納柔道思想の継承と受容』,風間書房2008年版,311－312ページ。

角度对其进行分析，为柔道的教授和学习提供了极大的便利，提高了安全性。嘉纳的创举使得讲道馆在创立仅仅5年后便在警视厅的比赛中打败了当时被公认为日本第一柔术大派的户塚派，展示了柔道的实力，为越来越多的人所接受。而这样的柔道正好符合当时学校、社会、政府的需要，被编入学校教育课程。随着中日甲午战争和日俄战争的结束，日军的胜利更佐证了柔道的实用性，巩固了柔道在日本的地位，并使得欧美人开始接受柔道，柔道在欧美得以普及。

战争既促进了柔道的发展和普及，也给二战后柔道的发展带来了致命的打击。二战以后，联合国军司令总部(GHQ)对日本进行管辖，颁布禁止在学校教授柔道的禁令，使柔道失去了发展的社会基础。然而，柔道并未因此从历史的长河中消失，今天的柔道不仅东山再起，而且成立了世界柔道联盟，覆盖全世界199个国家和地区。

三、柔道作为竞技体育的发展

1. 第二次世界大战后柔道在日本国内的恢复与发展

战后学校的柔道教育遭到禁止，直到1950年禁令才得以解除。正是这样一个时代背景促成了柔道发展史上的重要转折，决定了战后柔道的基本方向。战后，日本柔道界为了谋求柔道的进一步发展，将柔道的基本发展方向定位为“竞技体育”。

二战期间，包括柔道在内的日本武道界与教育界一起被纳入战时体制。1945年8月战争结束后，作为日本教育民主化的一项具体内容，GHQ将武道认定为军事技能，以其是培育日本国民“军国主义及超国家主义”的温床为由，禁止将武道(包括柔道和剑道)纳入公共性的学校教育。GHQ对于柔道道场和警察署的柔道习练采取了较为宽容的态度，使其很快得以恢复。

1946年,创立于明治时期的日本武道组织武德会解散,武道与战争之间的联系得以清算,限制日本武道发展的障碍被解除。1946年8月文部省发布一份名为《关于社会教育的实施》的行政令,其中第9条提出"为把柔道发展成为一项更加健康向上的体育运动而努力"(文部省大臣官房文书课,1997:652),在此前提下认可将柔道作为"个人的兴趣爱好"来开展。这意味着剥离柔道身上的军国主义色彩,将其作为"一项体育活动"来开展可以说是当时的大势所趋。

1946年12月和1949年5月,日本柔道界以GHQ为对象进行了两次柔道的宣传普及工作。经过各方的努力,GHQ对柔道的印象有了很大改观。1950年5月文部省大臣向GHQ总司令麦克阿瑟提交了一份名为《请求开展学校柔道》的陈情书。下面这段话引自该陈情书的前言部分。

> 战后不久,文部省一改战时作风,将柔道驱除出了学校教育体系。此后经过对文部省的各项资料的研究,我们认为,现在的柔道完全具备一项民主的体育运动的要素和内涵,在民主的组织下健全地运行,已经摆脱了过去那种和军国主义沆瀣一气的关系,因此完全可以列入学校体育课程。①

陈情书中阐述了柔道的"教育价值"、"发展状况"、"组织形式",规定了比赛规则、裁判等细则以适应竞技体育的要求,指出了柔道作为竞技体育项目需要继续完善的地方。陈情书的主要内容如下:

> (1)除段位制外,按照重量级、年龄分组进行比赛。

---

① 永木耕介:『嘉納柔道思想の継承と受容』,風間書房2008年版,185ページ。

(2)废除礼仪性的程式，倡导体育内涵。

(3)全面废除为了适应战时野外战备的集体性比赛。

(4)去除当身技、关节技中的危险动作。

(1)为防止误判，成立合议制，主裁判外任命两名副裁判。

(2)胜负不明的情况下可以综合考虑技能、态度、体重等因素作出判断。

(1)新柔道激起了民众的广泛兴趣，观众快速增加。

(2)女性观众有所增加。

(3)营造出轻松愉悦的气氛。

(1)比赛不再像战前那样看重胜负结果，而是营造积极向上的氛围。

(2)竞技设施、报道方式等有所改善，充分考虑到观众的需要。

(3)减少与出场者和观众相关的程式化的仪式。

(1)由爱好柔道运动的人组成民主化的柔道组织。

(2)民主地规定组织成员及其选出方式、组织运营方式。

(3)作为全国性柔道机构的全日本柔道联盟重新加入业余体育爱好者组织机构——日本体育协会。

上述陈情书排除了GHQ最为关注的柔道中的“战时的军国主义以及天皇崇拜主义所强加的仪式化要素、战时的战备演习”等内容，强调了作为竞技体育项目的全新柔道理念。

GHQ 允许重新在学校开展柔道，但是提出“仅限于陈情书中所提到的柔道”。1950 年柔道作为竞技体育活动被重新列为学校教育内容。在争取重新将柔道纳入学校体育教育的过程中，柔道的体系化逐步得以实现，竞技化倾向越来越明显。几乎与学校柔道的重新起步同时，日本柔道界于 1949 年成立了全日本柔道联盟（以下简称“全柔联”），进一步加快了其竞技化发展的速度。战后为了复兴柔道而提出的“竞技体育”这一基本发展方向不仅适用于“学校柔道”这一领域，同时也扩展到了整个柔道界。一是由于行政部门针对学校以外的（即社会上的）柔道提出了“开展竞技体育”的要求。另一方面柔道界也普遍认识到，一直以来柔道都以“教育”为主要目的，很多柔道家直接从事学校柔道的指导，因此“学校柔道”是柔道界的根基，其发展方向也是日本柔道界整体的发展方向。

战后柔道得以发展的一个主要原因在于，日本柔道界在 GHQ 的压力下，积极推进了柔道的民主化、体系化、竞技体育化。“作为竞技体育的柔道”完全保留了“精力善用”、“自他共荣”两项原则中的前者，即保留了柔道技术的分类方法以及技术原理等。而对于后者，虽然并未加以排斥，但由于其本来就未得到彻底的贯彻，再加上“竞技体育”的发展方向使得比赛的胜负结果变得更为重要，所以“自他共荣”这一理念没有得到充分的彰显。战后日本柔道界对于柔道所做的改革实际上符合行为的“有用准则”。

二战后，柔道的发展虽然遭到了严重威胁，但是作为“竞技体育”，柔道在短短不到 5 年的时间内迅速复兴。作为竞技体育的柔道激发了人们的热情，得到了空前的发展。与此同时，战后在日本以外的国家，柔道又呈现出一种怎样的发展态势呢？

2. 柔道在日本以外国家的发展及其国际化

柔道在日本国内经历了一番快速发展和严重挫折之后，在二战结束后逐步走上了稳定发展的道路。而在欧洲，嘉纳播下的种子也顺利地发展壮大起来。嘉纳逝世十年后的 1948 年，在伦敦奥运会召开之际，英国、法国、意大利、荷兰四国柔道界人士召开集会，商讨成立欧洲柔道联盟。欧洲柔道联盟自 1948 年创立以来迅速发展，到 1951 年已经拥有 11 个欧洲成员国。同时欧洲以外的国家——南美的阿根廷也向该联盟提出了加盟申请。同年 7 月，欧洲柔道联盟考虑到欧洲以外其他国家的加盟要求，将名称改为“国际柔道联盟”（以下简称为 IJF），成为柔道的国际性组织。同年 11 月，时任讲道馆馆长的嘉纳履正[①]亲赴欧美视察欧洲各国的柔道发展状况宣传讲道馆柔道，并参加了国际柔道联盟临时总会。同年 12 月国际柔道联盟邀请日本加盟，并于第二年正式通过了让日本加盟的决议。通过亚洲国家日本的加盟，国际柔道联盟的影响力扩展到了欧美以外。国际柔道联盟的成员国现在已经发展到 199 个国家和地区，除了负责奥委会柔道技术部总务，还负责主办世界柔道锦标赛。

让柔道成为奥运会的正式项目一直是嘉纳治五郎本人以及柔道界的心愿，为了适应竞技体育的比赛，柔道进行了种种改革。1936 年在柏林举行的国际奥委会会议上嘉纳治五郎首次提出将柔道纳入奥运会项目，但遭到拒绝。二战后美国体育协会（以下简称为 AAU）左右着世界体育界。虽然当时美国国内也有将柔道纳入奥运会竞技项目的动向，但由于当时柔道尚未按重量级分开比赛，奥运会相关人员，特别是 AAU 的成员认为体重相差 100 磅的两名选手之间的较量，与其说是体育不如说是野蛮的武术，并以此为由反对将柔道列入奥运会的比赛项目。

当时的柔道是按照段位差、年龄差、专业/非专业的标准分组进行比赛的，没有按照选手的重量分组。为了成为正式的奥运会比赛项目，1953 年美国举行了首次按重量级别分组进行的柔道锦标赛。这次比赛让 AAU 充分认识到了柔道的体育内涵，为柔道成为奥运会正式项目奠定了基础。

1961 年德国和美国在 IOC 的会议上以机会均等为由，提出在柔道比赛

---

① 柔道创始人嘉纳治五郎之子，讲道馆第三代馆长。

中导入重量级别制度的提议。日本以该提议有悖柔道“柔能制刚”的基本理念为由加以反对，但是IOC最终通过了该提议。从行为准则的角度来看，在是否导入重量级别制度方面，日本尊奉“原则准则”，反对导入重量级别制度。而欧美则承认人与人之间固有的生理差异，认为采用已经被拳击等比赛所采用的重量级别制度，让两个体重相当的人进行比赛更符合公平的原则准则。从行为准则的角度来看，欧美也是基于“原则准则”行动的。另一方面，采取重量级别制度是为了使柔道成为奥运会正式比赛项目，从行为准则的角度来看，这属于“有用准则”。因此欧美在将重量级别制度导入柔道比赛的问题上所采取的行为是基于“原则准则”和“有用准则”所作出的决定。但总体上看“有用准则”所起的作用更大。重量级别的导入排除了柔道成为奥运会正式比赛项目的障碍。在1964年举行的东京奥运会上，柔道终于成为奥运会的正式比赛项目。

在重量级别制度上欧美与日本的对立可以说是柔道普及过程中的首次东西文化冲突。这一文化冲突的结果是占大多数的欧美柔道界取得了胜利，日本在国际柔道界的发言权逐步减小。到了21世纪，日本虽是国际柔道联盟中的一员，但在世界柔道界并未拥有任何特殊的地位。在是否导入重量级别制度的问题上，凸显出来的是日本与欧美各国的“原则准则”的冲突，而起决定性作用的却依然是“有用准则”。1961年、1967年、1977年国际柔道联盟分别采用了重量级别的四级制（无区别、轻量级、中量级、重量级）、六级制、八级制。[①] 1991年开始采用七级制并沿用至今。下面这段文字说明了柔道比赛导入重量级别制度的理由。

广义上的柔道允许当身技和关节技等。这种情况下就不需要重量级别制度。但作为一项体育运动的柔道禁止使用这些危险的

① 表1、表2显示的是奥运会和世界柔道锦标赛上重量级别制度的变化。

技术，从双方机会均等的立场出发，有必要采用重量级别制度。为了做到胜利面前机会均等，考虑到各个国家的选手的体格以及柔道的普及程度等因素，为了让更多的人参加，必须认识到重量级别制度的合理性。（松本芳三，1975：369）

从下表可以看出，随着柔道的国际化，柔道的重量级别的数量不断增加，体重的上限被不断提高。上世纪 80 年代中期以后，除了无区别一级外，奥运会以及国际锦标赛所采用的重量级别制基本固定在七级制。此后考虑到选手体格的变化，在各级别的体重设定上有所调整。与其他级别相比，围绕无限量级的设定上曾产生过一些分歧。现在的奥运会柔道比赛没有设立无限量级。在 1972 年举行的慕尼黑奥运会上，路斯卡选手分别在重量级和无限量级两个级别中获得金牌，在 1976 年的蒙特利尔奥运会上巴利基选手获得重量级金牌、无限量级银牌。重量级选手分别在两个级别的比赛中获得奖牌的事例引发了关于比赛公平性的争议。1984 年洛杉矶奥运会召开前取消柔道比赛中的无限量级的论调成为主流，在洛杉矶奥运会上无限量级比赛增加了“每名选手只能参加一个级别比赛”的限制条件，将 95 公斤以上级别与无限量级别合二为一。在 1992 年首尔奥运会上女子柔道比赛首次成为正式比赛项目，比赛采用七级制，没有设立无限量级比赛。之后，奥运会女子柔道比赛的体重设定标准虽然有所调整，但是始终没有设立无限量级比赛。现在的世界级比赛中只有世界柔道锦标赛保留了无限量级比赛。由此可见，奥运会柔道比赛和世界柔道锦标赛这两大柔道比赛在是否设立无限量级方面存在着差异。世界柔道锦标赛保留无限量级的主要原因在于弘扬柔道“柔能制刚”的宗旨，为体重较轻、个头较小的人挑战比自己强壮、高大的人创造了机会。换句话说，奥运会取消无限量级的体重设定标准体现了行为的“有用准则”，与之相对，世界柔道锦标赛的做法则体现了“有用准则”与“原则准则”的兼而有之。

表 1　奥运会柔道比赛重量级别制度的变化①

年	级别	级别区分							
1964	四级制 男子	−68kg	68−80kg	+80kg	无限量级				
1972 1976	六级制 男子	−63kg	−70kg	−80kg	−93kg	+93kg	无区别 无限量级		
1980 1984	八级制 男子	−60kg	−65kg	−71kg	−78kg	−86kg	−95kg	+95kg	无区别 无限量级
1988	七级制 男子	−60kg	−65kg	−71kg	−78kg	−86kg	−95kg	+95kg	
1992 1996	七级制 男子 女子	−60kg −48kg	−65kg −52kg	−71kg −56kg	−78kg −61kg	−86kg −66kg	−95kg −72kg	+95kg +72kg	
2000 2004 2004	七级制 男子 女子	−60kg −48kg	−66kg −52kg	−73kg −57kg	−81kg −63kg	−90kg −70kg	−100kg −78kg	+100k +78kg	

表 2　世界柔道锦标赛重量级别制度的变化②

	级别	级别区分							
1956 1958 1961	一级制	无区别 无限量级							

① 表 1 为笔者参考 http://en.wikipedia.org/wiki/Judo_at_the_Summer_Olympics#Weight_classes 及尾形等《竞技柔道的国际化——采用彩色柔道服之前的发展历程》的内容制作而成。“−”代表该重量以下级别。“+”代表该重量以上级别。

② 表 2 为笔者参照尾形等《竞技柔道的国际化——采用彩色柔道服之前的发展历程》(1998：218)制作而成。1980 年至 1984 年的世锦赛为男女比赛隔年交替举行，从 1987 年开始两年一届，男女比赛同时举行。

续表

	级别	级别区分							
1965	四级制 男子	－68kg	－80kg	＋80g	无区无 限量级				
1967 1969 1971 1973 1975	六级制 男子	－63kg	－73kg	－80kg	－93kg	＋93kg	无区别 无限量级		
1979 1981 1983 1985	八级制 男子	－60kg	－65kg	－71kg	－78kg	－86kg	－94kg	＋93kg	无区别 无限量级
1980 1982 1984	八级制 女子	－48kg	－52kg	－56kg	－61kg	－66kg	－72kg	＋77kg	
1987 1989 1991 1993 1995 1997	八级制 男子 女子	－60kg －48kg	－65kg －52kg	－71kg －56kg	－78kg －61kg	－86kg －66kg	－95kg －72kg	＋95kg ＋72kg	无区别 无限量级
1999 2001 2003 2005 2007	八级制 男子 女子	－60kg －48kg	－66kg －52kg	－73kg －57kg	－81kg －63kg	－90kg －70kg	－100kg －78kg	－100kg －78kg	无区别 无限量级

推动柔道作为竞技体育发展的另一大举措是彩色柔道服的采用。而且，与柔道比赛的体重级别制的导入相同，彩色柔道服的采用也遭到了日本柔道界的反对。下页表 3 反映了导入彩色柔道服的历史背景与原因，表 4[①] 归纳了针对彩色柔道服的不同意见。

可以说，彩色柔道服的采用是时代所趋，与竞技体育的发展方向相适应。现在的世界级柔道比赛（包括奥运会、世界锦标赛、世界青少年锦标赛、世界杯），都规定一方选手必须穿蓝色柔道服。相比之下，日本国内重视传统，迄今为止在其国内比赛中双方选手都着白色柔道服。通过彩色柔道服赞成派的主张，我们可以读取以下信息。“（1）观众容易识别”意味着在柔道比赛中观众的存在举足轻重，穿着彩色柔道服是为了让观众（不仅是比赛现场的观众，还包括电视机前的观众）更好地理解比赛，换句话说，这是一个以

表 3　国际比赛导入彩色柔道服的历史背景与原因

1986 年 10 月	在国际柔道联盟理事会上，东京奥运会无限量级冠军安东・赫明克（荷兰）提议采用蓝色和白色的柔道服。
1988 年 5 月 9 月	欧洲柔道锦标赛首次采用蓝色柔道服。在国际柔道联盟技术总会上，欧洲柔道联盟（EJF）提议采用彩色柔道服。最终因 33 国赞成、51 国反对而未能获得通过。
1989 年 10 月	在国际柔道联盟总会上，欧洲柔道联盟（EJF）提出彩色柔道服议案。50 国赞成、87 国反对，最终未能获得通过。
1991 年 7 月	在国际柔道联盟会长巴格纳表态支持柔道服彩色化。
1993 年 9 月	在国际柔道联盟总会上，欧洲柔道联盟（EJF）再次提出彩色柔道服案。52 国赞成、92 国反对，最终未能获得通过。
1995 年 9 月	朴容晟就任国际柔道联盟会长，表达了在 1997 年世锦赛上采用彩色柔道服的强烈意愿。
1996 年 1 月	欧洲柔道联盟声明，今后欧洲采用彩色柔道服。
1996 年 3 月	IOC 萨马兰奇会长表明希望导入彩色柔道服，“必须看到，如果不推动柔道服的彩色化，将来在电视上、在与赞助商的关系上都将遇到诸多困难。”
1997 年 10 月	国际柔道联盟总会决定采用彩色柔道服。127 国赞成、38 国反对。

① 表 3 和表 4 为笔者参照尾形等（1998）、田原（1998）、野濑等（2005）等人的研究制作而成。

表 4　针对采用彩色柔道服的不同意见

赞成派的主张	① 观众容易识别。 ② 可以减少裁判的误判。 ③ 受到电视观众的欢迎，从而增加国际柔道联盟的收入。 ④ 事关柔道作为奥运会比赛项目的生存与发展。（奥运会比赛项目中只有柔道不区分双方选手的着装颜色。）
反对派的主张	① 白色柔道服配黑带是柔道的传统着装。 ② 比赛时需要 4 件柔道服，会增加经济负担。 ③ 颜色会给心理造成影响，影响比赛的公平性。

满足比赛观赏者要求为目的的举措。“(2)可以减少裁判的误判”表明比赛时同色着装不利于裁判。这就意味着为实现比赛的公平而从颜色上区分柔道服实际上是在满足比赛参与者追求公平性的要求。“(3)受到电视观众的欢迎，从而增加国际柔道联盟的收入”反映了 20 世纪中叶以后，电视机成为生活必备品，直接影响到人们的生活和柔道等体育运动形式这一现实。满足电视观众的需求是国际柔道联盟获得经费的重要渠道。“(4)事关柔道作为奥运会比赛项目的生存与发展。”反映了如果不在着装上实现与其他奥运会项目的均一化，柔道将有可能被驱逐出奥运会舞台的担忧。在彩色电视机十分普及的今天，如果双方选手都着白色柔道服，不利于电视观众进行区分，不能满足电视观众的需求。柔道比赛的收视率如果低于其他竞技项目，就意味着转播收入的减少。从赞成导入彩色柔道服一派的意见中可以看出，导入彩色柔道服的目的在于满足包括电视观众在内的广大观众的需求。国际柔道联盟最终采用彩色柔道服，是基于行为“有用准则”做出的选择。

3. 小结

二战结束以后，为了彻底清算军国主义，曾经被编入战时体制的学校柔道一度被禁止。为了重新振兴柔道，日本柔道界将竞技体育定位为今后柔道的发展方向，并进行了一系列相应的改革。与此同时，在欧美各国，柔道的合理性与科学性越来越受到欢迎，随着习练者和各类比赛的增加，国际柔道联盟的成立不仅更好地推动了柔道在全世界范围内的发展，而且使柔道具备了登上国际舞台——奥运会的实力。为了进军奥运会，世界柔道联盟不断做出调整，陆续导入了重量级别制、彩色柔道服等。二战以后柔道之所以在全世界范围内取得如此重大的发展，其主要原因在于它不断地适应时代的趋势、满足人们的要求。

结语

本文运用作田启一的“三大行为准则”分析了柔道的起源以及其日本国内以及世界范围内得以普及的原因。柔道的诞生即柔术向柔道转变的契机源于嘉纳治五郎希望变得更强的内在欲求。对于身材较为瘦小的嘉纳来说，要想不被身材高大的同学欺负，最有效的自卫手段就是柔术。在学习柔术的过程中，嘉纳发现老师的教授法、柔道服、练习方式等方面存在着局限性，为了更大程度地满足习练柔术的欲求，他一方面致力于确定基本技术理念、钻研柔道技巧的分类、改进技术指导的方法，增加了包括“乱取”在内的自由练习部分，提高了柔道练习的趣味性，另一方面尝试改良柔道服。随着门下弟子的增加，嘉纳感到无视个人的入门时间与个人资质实施均一化教学的方式不合理，于是引入了围棋以及日本将棋中的段位制，明确区分弟子们的技术掌握程度，分段位进行比赛，并对升段作出明确的规定。为了提高比赛的公平性，完善了柔道比赛的规则。也就是说，无论是嘉纳在最初选择学习柔术方面，还是在将柔术改良为柔道、根据各种需要添加段位制、制定比赛规则、改善方式方面，“有用准则”都起着决定性作用。嘉纳的努力取得了成功。柔道创立后不到5年的时间里，嘉纳的门徒就在警察局举办的比赛中战胜了当时号称日本第一的柔术流派，向世人展示了实力。这一胜利不但使得讲道馆柔道专家被聘为警察局教练，同时柔道还被海军学校所采用，进而在日本学校教育中被相继采用。

从中日甲午战争到二战期间，由于柔道具有明确的段位制度，习练者的实力一目了然，而且教授法和习练方式较为合理，因此被认为是训练士兵、国民的有效方式。这为柔道在日本国内学校中的普及铺平了道路。战争的胜利展示了柔道的实力，更进一步促进了柔道在日本国内外的普及。当时日本国内以及国外选择柔道的原因在于柔道所展示出来的实力，因此当时柔道的普及主要是基于“有用准则”而得以实现的。

二战结束后，GHQ 掌握了日本国内的实权，以柔道与军国主义沆瀣一气为由禁止在学校教授柔道。日本柔道界为了复兴柔道，对学校柔道在柔道发展过程中所起的重要作用做了重新认识，去除柔道训练中的军事化因素，倡导发展“作为竞技体育的柔道”，进行多种改革，不仅复兴了学校柔道，而且提高了柔道运动的规范化、合理化、科学化程度。可以说，战后日本柔道界所做的种种努力主要是基于“有用准则”。

另一方面，二战以后，柔道在日本以外的国家得到了顺利发展。随着柔道习练者以及柔道比赛的增加，为了加强柔道习练者之间的相互联系，欧洲柔道联盟应运而生。随着欧洲以外国家加盟呼声的高涨，欧洲柔道联盟又改名为国际柔道联盟。换言之，国际柔道联盟的成立与“有用准则”密切相关。随着时间的推移，为了让柔道登上奥运会的大舞台，国际柔道联盟导入重量级别制。由此而引发的日本与欧美柔道界的意见分歧可以理解为基于不同文化类型的“原则准则”的冲突。重量级别制度的导入无疑是柔道成为奥运会正式比赛项目最有效的途径，由于这一制度的确立，在 1964 年举行的东京奥运会上柔道成为正式比赛项目。对于是否采用重量级别制这一问题，“有用准则”和“原则准则”同时起着作用，但最终发挥决定作用的是“有用准则”。1988 年首尔奥运会后，为了建立公平的比赛机制，取消了奥运会柔道无限量级比赛，但这一举措与日本柔道固有的柔弱胜刚强的理念相悖，主要是欧美的“原则准则”作用的结果。而世界柔道锦标赛保留了无限量级比赛则可谓是基于柔道的固有传统理念——“原则准则”。换句话说，无限量级比赛的存否问题实际上是两种不同原则的冲突，“原则准则”构成了取消无限量级的最根本的决定性因素。

登上了奥运会舞台的柔道在全世界范围内得到迅猛发展。随着大众传播技术的发展,特别是彩色电视机的普及和互联网技术的飞跃,观众、赞助商的影响力更加强大,柔道面临着进一步的改革,彩色柔道服的导入成为新的课题。在这一点上日本与欧美国家再次发生冲突。日本试图努力维持白色柔道服这一柔道传统着装,这可以说是基于“原则准则”采取的行动。另一方面,观众的收视率、赞助商的赞助对于柔道项目在国际大赛中的存续、国际柔道联盟的运营有着巨大的影响。国际柔道联盟在充分考虑到上述情况后作出的导入彩色柔道服的决定可以说是基于“有用准则”,并最终获得了世界大多数成员国的赞成。但在日本国内举行的比赛中仍然只采用白色的柔道服。在彩色柔道服的导入这一问题上,国际柔道联盟以及大多数国家的选择是基于“有用准则”,而日本方面的选择则主要基于“原则准则”。

综上所述,柔道在日本乃至全世界普及的过程中,“有用准则”,即是否是实现目的的最有效方式的价值判断起着决定性作用;“原则准则”所起的作用低于“有用准则”;“共感准则”对柔道的普及和柔道的变化不起作用。整体来说,在柔道普及的过程中,与“共感准则”相比,“有用准则”和“原则准则”发挥着更大的作用。

参考文献:

迟有令、潘锦生:《论柔道与中国式摔跤》,《辽宁体育科技》2003 年第 25 卷第 3 期

〔美〕巴顿·劳伦斯著,符彩霞译:《组织危机管理》,清华大学出版社 2003 年版

〔英〕巴尼斯、理查森著,骆珊译:《柔道营销:用智慧而不是财富创建你的事业》,经济管理出版社 2005 年版

董进霞、瓦西尔·格吉诺夫、董进霞编著:《奥运会的起源与发展——解读奥林匹克运动会》,北京体育大学出版社 2008 年版

段健芝:《从日本柔道的改良看中国武术的发展》,《解放军体育学院学报》,2001 年第 20 卷第 4 期

〔美〕弗里德曼·乔那森著，郭健如译：《文化认同与全球化过程》，商务印书馆 2003 年版

郭玉成：《跆拳道、空手道、柔道传播对武术传播的启示》，《上海体育学院学报》2004 年第 28 卷第 2 期。

〔美〕哈维兰·威廉著，瞿铁鹏、张钰译：《文化人类学》，上海社会科学院出版社 2006 年版

华博：《中国世界武术文化》，时事出版社 2007 年版

〔美〕勒恩斯等著，姚家新等译：《运动心理学导论》，陕西师范大学出版社 2005 年版

李万钢：《日本柔道的意技的形成》，《辽宁体育科技》2003 年第 25 卷第 6 期

刘勇、陈永军：《日本柔道与中国武术》，《体育文化导刊》2004 年第 4 期

罗时铭：《当代日本学校体育与社会体育研究》，北京体育大学出版社 2007 年版

〔美〕马斯洛·亚伯拉罕著，邵冲、苏曼译：《马斯洛论管理》，机械工业出版社 2007 年版

〔美〕米勒·凯瑟琳著：《组织传播：理论学习与传播过程》（*Organization Communication: Approaches and Processes*）（英文影印版），北京大学出版社 2004 年版

〔美〕佩恩·麦克尔著，郭先春译：《奥林匹克大逆转》，学林出版社 2005 年版

泉敬史、何英莺：《武道》，上海辞书出版社 2007 年版

王大中、杜志红、陈鹏：《体育传播——运动、媒介与社会》，中国传媒大学出版社 2005 年版

王周伟、崔百胜、杨宝华、王绮：《风险管理》，上海财经大学出版社 2008 年版

翁信辉：《柔道现代化改革指导思想与方法的研究——对中国传统武术文化现代化改革的意义》，《体育科学研究》2003 年第 7 卷第 2 期

杨向东：《论陈元赟对日本柔道的贡献》，《北京体育大学学报》2003 年第 4 期。

殷智红、叶敏：《管理心理学》，北京邮电大学出版社 2007 年版

〔美〕尤费、夸克著，傅燕凌、孙海龙译：《柔道战略：小公司战胜大公司的秘密》，机械工业出版社 2003 年版

余建华：《嘉纳治五郎与日本柔道的发展》，《体育文化导刊》2004 年第 7 期

郑旭旭、袁镇谰：《柔道走向世界的提示》，《体育文化导刊》2001 年第 4 期

藤堂良明：「柔道乱取の歴史について——起源とその後の発展——」，『講道館柔道科学研究会紀要第 7 輯』，1994 年

船越正康:「競技適応の心理 一国際大会に参加した女子柔道選手のYGデータから一」,『講道館紀要 8 号』1999 年
嘉納治五郎:『私の生涯と柔道』,日本図書センター 1997 年版
今村嘉雄:『日本武道大系〈第 10 巻〉武道の歴史 』,株式会社同朋社 1982 年版
小泉八雲(著)、平井呈一(訳):『東の国から・心』,恒文社 1975 年版
河野和宪:「競技適応の心理 一UK 法による勝敗予測指標の検討—」,『講道館柔道科学研究会紀要 9 号』,2002 年
教育史編纂委員会:『明治以降教育制度発達史』,教育資料調査会 1964 年版
レゲット,トレーバー著、板倉正明(訳):『日本武道のこころ——伝統と新しい時代精神』,サル出版会 1994 年版
丸山三造:『日本柔道史』,大東出版社 1942 年版
松田健:『テキスト現代社会学』,ミネルヴァ書房 2008 年版
松本芳三:「関節技について」,『柔道科学研究会紀要第 2 輯』,1963 年版
『柔道のコーチング』,大修館書店 1975 年版
森下勇、村山輝志:『柔道試合審判判定』,学芸出版社 1973 年版
文部省大臣官房文書課:『終戦教育事務処理提要』(第 3 巻),国書刊行会 1950 年版
永木耕介:『嘉納柔道思想の継承と受容』,風間書房 2008 年版
中村敏雄:『スポーツ教育 3』,大修館書店 1981 年版
日本体育・スポーツ教育大系刊行会:『日本体育・スポーツ教育大系 8 武道・格技』,教育出版センター 1995 年版
野瀬清喜、明先俊太郎、野瀬英豪、鈴木若葉:「柔道の国際化と日本柔道の今後の課題」,埼玉大学紀要教育学部(教育科学Ⅱ),54(1), 2005 年版,249—257ページ
小川新吉:『柔道における「絞め」の生理学的研究——下垂体・副腎皮系よりみた「絞め」の研究——』,『講道館柔道科学研究会紀要第 2 輯』,1963 年
尾形敬史、小俣幸嗣、鮫島元成、菅波盛雄:『競技柔道の国際化——カラー柔道衣までの年——』,不昧堂出版 1998 年版
大谷善博:『変わりゆく日本のスポーツ』,世界思想社 2008 年版
大塚久雄:『社会科学の方法——ヴェーバーとマルクス』,岩波書店 1966 年版

パリー,ジム、ギルギノフ,ヴァシル(著)、舛本直文(訳):『オリンピックのすべて——古代の理想から現代の諸問題まで』,大修館書店 2008 年版

作田啓一:『生成の社会学をめざして』,有斐閣 1993 年版

佐藤宣践ほか:「外国人柔道参加者の実態に関する研究(その3)——韓国・ソ連・フランス・日本の比較考察」,『武道学研究』,1991 年 24(2),1991 年,195—196ページ

寒川恒夫:「『柔道一班並ニ其教有上ノ価値』講演にみる嘉納治五郎の柔道体系論」,『講道館柔道科学研究会紀要第 7 輯』,1994 年

杉本厚夫:『スポーツ文化の変容』,世界思想社 1991 年版

鈴木克也:「関節技の「レ」線学的研究」,『講道館柔道科学研究会紀要第 2 輯』,1963 年

高橋幸治:「柔道競技者の実力発揮におよぼす認知及び対処過程の影響」,『筑波大学体育研究科研究論文集』(大学・研究所等紀要)1993 (15),93—98ページ

竹田隆一、陳民盛、黒須憲、斎藤浩二:「中国における古代武術の成立に関する研究」,『山形大学紀要』(教育科学),2002 年第 13 巻第 1 号,21—29ページ

武隈晃:「スポーツ組織研究の動向と展望一組織論的研究を中心に一」,『鹿児島大学教育学部研究紀要』(人文・社会科学編),1995 年

竹内義德(監修):『柔道のルールと審判法』,大修館書店 2004 年版

田原伸二:「カラー柔道衣問題についての一考察」,早稲田大学卒業論文,1998 年

ウェーバー,マックス (著),海老明夫、中野敏男 (訳):『理解社会学のカテゴリー』,未来社 1990 年版

山下泰裕、奥田碩:『武士道とともに生きる』,角川書店 2005 年版

http://baike. baidu. com/view/2155014. htm

“The directing commitee points out that judo s an Olympic sport and therefore proposes that it should be no longer counted as one of the martial arts.”

臨時総会議事録(July26,1980)http;//ijf. org/congress/cg80—11. html

http://www. judo. or. jp/world/data/3. php

http://www. iwuf. org/admin. asp

http://www. kodokan. org/index_j. html

http://ja.wikipedia.org/wiki/%E3%83%95%E3%82%A1%E3%82%A4%E3%83%AB:Maslow%27s_hierarchy_of_needs.png

http://www.ijjf.com/

http://www.judo-ch.jp/

http://en.wikipedia.org/wiki/Judo_at_the_Summer_Olympics#Weight_classes

第四章

试析日本教育理念在中国的传播及意义[①]

——以雅马哈少儿音乐教育及协荣少儿游泳教育为例

侯 越

导言

20 世纪 80 年代以来，日本大众文化在中国的传播呈现出阶段性变化的态势。70 年代末至 80 年代，日本电影、电视剧的浪潮席卷中国[②]。90 年代日本动画片深受中国城市青少年的喜爱。进入 21 世纪以后，由于中国国内动漫产业的发展需求、日本影视作品表现手法的变化以及中国观众需求的变化等原因，日本大众文化在中国的传播状况发生了变化。在日本电视剧在中国传播转入低潮，日本动画片在中国主流媒体播出减少的局面下[③]，另

---

① 本文有关雅马哈少儿音乐教育的调查分析系 2012 年度北京市教委科研基地——科技创新平台项目《涉华舆情监测与受众研究》(编号 PXM 2011_014221_000024)的阶段性研究成果。

② 笔者《论日本电视剧在中国的传播》一文对日本电视剧在中国的传播历程以及传播特点等进行了较为详细的考察分析。

③ 日本的动画片从 20 世纪 80 年代初期开始进入中国市场，在中国的青少年当中产生了不小的反响。20 世纪 90 年代中后期，日本动画片对于中国都市青少年所产生的巨大影响日益显现，这与动画片传播渠道的增加、网络的普及密切相关。随着中国将动漫产业定位为“十一五”期间文化产业的发展重点，原广电总局多次下令限制国外动画片的播出。2008 年初，《广电总局关于加强电视动画片播出管理的通知》发布，规定从同年 5 月 1 日起，全国各级电视台所有频道不得播出境外动画片、介绍境外动画片的资讯节目以及展示境外动画片的时段由 17 时至 20 时延长至 21 时。由于最受中国青少年普遍欢迎的主要境外动画片是日本制作的，所以原广电总局规定的黄金时段境外动画片禁播令无疑会成为日本动画片在中国传播过程中的阻力。

外一种大众文化——日本教育理念在中国呈现出蓬勃发展的势头。这些教育理念与中国国内相同机构的教育理念之间有着很大的差异。本文以日本雅马哈音乐中心的少儿音乐教育理念在中国普及的例子为主，结合日本协荣游泳俱乐部少儿游泳教育的例子，分析日本教育理念的特点及其在中国传播的意义。此外，通过将 20 世纪八九十年代日本影视作品的传播与进入 21 世纪后日本教育理念在中国的传播相联系，探析日本大众文化在中国传播过程中文化意义的转变。

曾有学者从四个方面概括了现代日本大众文化对中国的影响：(1)日语词汇传入中国；(2)日本商业服务系统完整进入中国；(3)最新日本时尚流行中国；(4)在中国居住、工作的日本人带动文化渗透（张艳，2007：180）。张艳虽然将“日本商业服务系统”定位为商品、商店，以及包括与其配套的“日式商业网络、服务方式、经营方式和流通方式”在内的整体连锁商业系统，但是对于日本商业服务系统所提供的商品并没有进行详细的说明。实际上，日本商业系统在中国不仅提供有形的物质产品，而且提供无形的理念与技能。而提供这些理念和技能的不仅是日本商店，而且包括专门的教育培训机构。日本雅马哈音乐中心以及协荣游泳俱乐部是按照自身的教育理念和运营方式在中国展开音乐和游泳教育的机构，其影响力在中国日益扩大。以下分别对雅马哈音乐中心以及协荣游泳俱乐部少儿教育理念的特点和传播意义进行探析。

一、雅马哈少儿音乐教育理念的传播

雅马哈音乐中心是由日本雅马哈股份公司开办的。雅马哈是世界上规模最大的音乐产品制造商，以开发和生产高品质的乐器为主，同时将音乐的普及和音乐教育的推广作为其重要任务。雅马哈音乐中心诞生于 1954 年，1965 年在美国洛杉矶开办了其首家海外分部。目前，该中心遍布全球 40 多个国家和地区，在全球设有 7600 多个中心，拥有 70 多万名学生和 2.1 万名教师,日本本土以外的学生达到60多万人,可以说,雅马哈音乐中心在世界上的整体影响力远远超过单纯在日本本土的影响力。截止到2009年为止,全世界有500多万学生从雅马哈音乐中心毕业。

雅马哈公司在20世纪90年代进入中国市场后,首先以合资的形式经营。2004年,雅马哈乐器音响(中国)投资有限公司在中国成立,雅马哈开始了在中国的独资经营,这使得其经营理念得到了更加充分的发挥。雅马哈乐器音响(中国)投资有限公司成立后,每年的乐器销售额保持20%的高增长率。2009年,仅钢琴就在中国销售出33000台,使雅马哈(中国)的年总销售额达到11亿人民币。随着产品市场的拓展,雅马哈音乐中心于2005年10月在上海开办了中国的第一家分部,学员由最初的60名,扩大到2009年的1000名。2007年6月1日,雅马哈音乐中心落户北京,成立不到三年,学生数也达到了1000名。此外,雅马哈音乐中心还在广州、天津开办了分部。

雅马哈音乐中心(除了需要特殊表明的部分以外,以下简称雅马哈)分为少儿音乐教育和成人音乐教育两部分。贯穿雅马哈少儿以及成人音乐教育的中心理念是「すべての人々に音楽の喜びを」[①](让所有人感受到音乐的快乐——笔者译)。雅马哈按照少年儿童不同年龄段的能力发展特点安排了形式多样的学习内容,其教学内容是围绕着在快乐中享受音乐这一中心理念而展开的。

雅马哈少儿音乐教育的特点可以概括为五点:(1)按照少儿不同年龄段能力发展的特点进行适龄教育,不超前开发少儿的能力;(2)小组授课,一个班不超过10人,强调同伴之间的相互影响与带动作用;(3)为少儿提供2岁半至14岁的系统性音乐培训课程,重视教育的规范性;(4)不是让幼儿机械地弹奏乐器,而是根据不同年龄段的特点强调创造力,鼓励少儿表现出自己所感受的音乐。(5)重视对包括听、唱、弹、读谱、音乐创造力在内的综合音

---

① 参考雅马哈网址 http://www.yamaha-ongaku.com/kids/index.html。

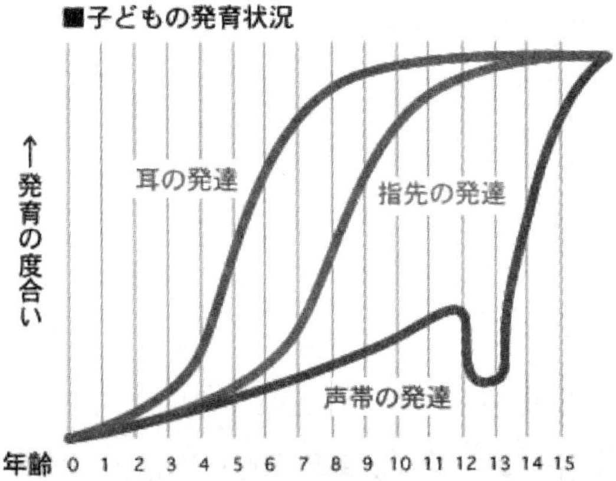

图1　0—15 岁儿童能力发展阶段图

乐能力的培养，不单纯强调演奏技巧。以下对上述五个特点进行进一步的分析。

(1)适龄教育是指根据儿童不同年龄段的能力发展特点进行有针对性的能力培养。强调当少儿的某一种能力明显成长时，让其获得与其相符的体验，不让少儿进行超过能力发展特点的高难度训练，这也是雅马哈系统性教学特点的体现。图1①是雅马哈对少儿不同年龄段能力发展特点的分析。

依据图1显示的少儿能力发展特征，雅马哈对于2岁半到8岁的儿童强调"听/唱"音乐和感受音乐的能力。从4岁以后开始培养弹奏能力，主张最晚在7岁前开发儿童听音乐的能力。与其他幼儿早期音乐教育不同，雅马哈尤其重视对孩子听、唱能力的培养，强调用耳朵学习，而并非一开始就强调读谱、弹奏能力的训练。

(2)小组授课是雅马哈坚持推行的教学方法，也是与中国一般的少儿音乐教育理念的主要不同之处。通过下面的引文可以明显看到两种不同教学方法间的差异。「成果主義からか、個人レッスンを希望される方も多く、最初はグループレッスンに戸惑われるようですが、一度その良さを理解すると、ずっと通い続けてくださるようです」②[也许是受到了注重结果的思想的影响，很多(中国——笔者注)家长对小组授课的方式感到疑惑，希望让孩子接受一对一的单独教育，但是在家长们理解了小组授课的益处之后，会让孩

① 参考雅马哈网址 http://www.yamaha-ongaku.com/kids/index.html。
② 同上。

子接受雅马哈的长期教育,笔者译]。与一对一的个别课教育方式相比,雅马哈强调培养少儿的"共感"能力,通过小组授课的方式增强少儿的协调力、对音乐的综合感受力、培养责任感,让他们在集体中享受更多的音乐的快乐。

(3)系统性音乐培训体现在雅马哈为儿童设计了从 2 岁到 14 岁的音乐培训体系(参见图 2)。在每个课程结束后以及各个阶段都设有雅马哈制定的升级考试(参见图 3),为儿童音乐能力的成长做出方向性的指示。全世界的雅马哈音乐中心采用统一的教材,雅马哈为每个阶段的教学提供了详细的教学素材,甚至细化到唱歌曲时所伴随的身体动作。所以,少儿在任何一家雅马哈音乐中心都可以接受到规范的音乐教育,同一课型教师水平的差异较小。教师可以根据班级内少儿的特点,调整教学速度,对教学素材进行组合,但是必须按照教材的内容进行。

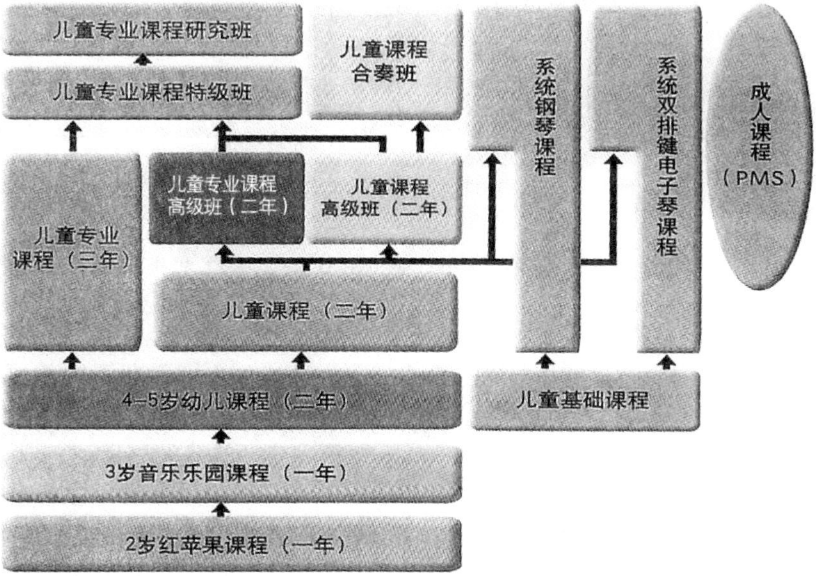

图 2 雅马哈音乐培训体系①

① 参考雅马哈网址 http://www.yamaha-ongaku.com/kids/index.html。

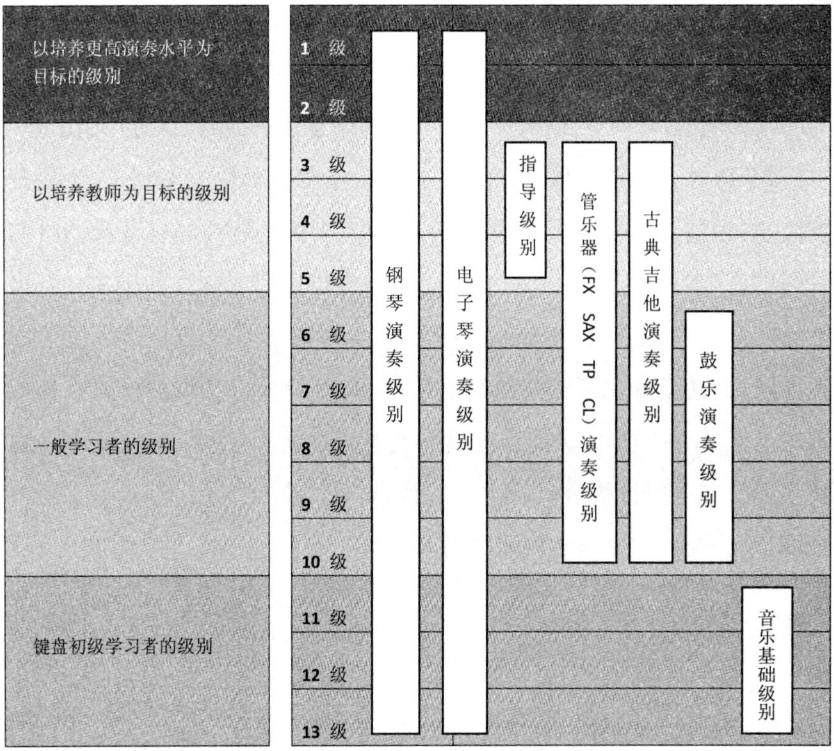

图 3　雅马哈制定的 1—13 级的级别考试制度①

(4)中国国内的少儿音乐教育重视的是让少儿按照要求演奏乐曲，但是雅马哈则强调少儿在整个音乐学习过程中创造性地表现自身对于音乐的感受。根据不同年龄段能力发展的特点，对于创造力的培养有不同的要求。以 4—5 岁的幼儿课程为例，要求儿童在经过 2 年共 80 次的学习后，可以自己为简单的曲调配上伴奏进行演奏。

(5)注重综合能力的培养，不单纯强调技能的培养。对于希望让孩子由小组课改为上一对一个别课的父母，雅马哈的工作人员会反复强调：个别课只是单纯提高演奏技巧，缺乏对综合音乐能力的培养，个别课应该作为小组

① 参考雅马哈网址 http://www.yamaha-ongaku.com/kids/index.html。

课之外的额外技巧提高部分,而不应该取代小组授课。

除了上述4个教学特点以外,雅马哈还很重视对少儿的礼貌教育。以4—5岁的幼儿课程为例,每节课一开始的时候,老师就会让孩子们伴着琴声说“早上好”。而每节课结束前的最后一个环节,是让所有孩子站在钢琴前听老师唱《再见歌》后,按照节奏向老师说出“再见”。雅马哈将问候语的使用融合在音乐的旋律、节奏练习之中。礼貌用语是对他人关怀的体现,培养儿童礼貌用语的使用习惯是提高少儿社会协调性的体现。

与国内大部分少儿音乐培训机构相比,雅马哈音乐教育理念的特点在于:虽然他们教授的是音乐技能,但是他们最关注的并不是单纯对于乐器弹奏技巧的掌握,而是音乐教育对于少儿心智发展、品格塑造、人格形成等方面的深层次的影响。雅马哈音乐中心将少儿音乐教育定位为:「幼児期・児童期に音楽を学ぶこと、それは正しく「生きる力」を育むことである」[①](幼儿期・儿童期学习音乐,意味着培养正确的生活能力——笔者注)。这种生活能力是个性的发挥及与他人协调性的有机结合。这种能力的培养需要长期坚持,所以雅马哈为少儿制定了为期10年以上的规范有序的小组课程。在每个阶段依照少儿的能力发展特点稳步前进,但是同时明确展示下一阶段的发展目标和整体规划。小组授课强调的是与他人的协调能力,而强调创造力则是对少儿个性的挖掘。

雅马哈音乐教育在中国的传播特点可以概括为:起步晚、发展快、各地区的发展由总部整体统筹、具有很强的发展势头。雅马哈公司在将产品打入中国市场10年后才开始了在中国的音乐教育事业。雅马哈中国总部在上海成立后,5年时间里,其影响力迅速扩大,不仅在北京、广州、天津开办了多家分部,而且学员数量迅速增加,上海、北京都达到了千人以上。每个分部不间断地向中国总部汇报学生和教师的教学动态,以确保其教育理念的有

① 参考雅马哈音乐振兴会音乐研究所出版的『音楽は子どもに何を与えられるか』。

效执行。除了上海、北京、天津、广州分部以外,雅马哈还计划在深圳等地拓展雅马哈的音乐教育。

雅马哈少儿音乐教育理念在中国传播的意义在于:展示了不同于国内传统的枯燥的单纯强调演奏技能培养的音乐教育模式,在轻松的气氛中将少儿综合性音乐才能的培养与整体素质的培养结合在了一起。

二、协荣游泳俱乐部少儿游泳教育理念的传播

日本协荣游泳俱乐部将自身的企业理念定位为:「心・技・体の向上を目指し、「笑顔」「喜び」「感動」を提供し続け、明るい豊かな社会の創造に寄与」[①](以提高心/体/技为目标,带给人们笑容、欢乐和感动,为创造快乐丰足的社会作贡献——笔者译)。协荣游泳俱乐部分别对心/体/技做了如下的定义:"心"指的是对他人的关怀,"技"指的是优美,"体"意为健康[②]。

2003年,日本协荣游泳俱乐部、日本町田市游泳协会与北京市社会体育管理中心合作成立了协荣一京体成人(少年儿童)游泳俱乐部,这是协荣在中国开办的第一家分部。协荣一京体将自身定位为"中国第一家以快乐游泳,健康游泳为主的游泳俱乐部"[③]。2007年又与颐方园体育健身中心合作成立了颐芳园协荣游泳俱乐部。在中国开办的协荣游泳俱乐部分部完全采用日本协荣游泳俱乐部的教学及管理模式,其教育理念可以概括为:健康、向上、礼貌、快乐。

让学习者感受游泳的快乐是协荣游泳俱乐部与中国传统的少儿游泳训练的主要不同之处。这一点可以从协荣游泳俱乐部北京总负责人,协荣游

---

① 参考协荣游泳俱乐部网址 http://www.kyoeisc.com/company.html。

② 同上。

③ 参考协荣一京体游泳俱乐部的宣传资料。

泳俱乐部总教练菊田朝晖①的经历中体现出来。

> それまで中国式のスパルタ練習しか知らなかった代表は、日本で縁があって、協栄スイミングクラブ町田の指導に携わることとなり、衝撃を受けました。中国でのスパルタ式で辛い練習しか見たことがないのに対して協栄スイミングクラブ町田では、子供から大人まで水泳を楽しむ人しかいなかったのです。そこで菊田代表は、協栄スイミングクラブ町田の指導法を祖国に持ち帰り、祖国の人に水泳を楽しんでもらう決心をしました。②

斯巴达式艰苦训练法的目的是以强化的形式提高游泳技能。一般的游泳俱乐部不同于为培养专业选手做准备的体校或体育代表队，不会采用菊田经历的那种高强度的魔鬼式训练法，但是中国国内传统的游泳教育往往采用强迫的方式让孩子克服对水的恐惧。一篇报道这样记录了菊田儿时学习游泳的经历以及其接受协荣游泳教育理念前后思想上的转变："在恐惧中学会游泳，那曾经是菊田朝晖儿时难忘的记忆，挨教练的训斥不计其数，为逃避训练她曾经把游泳衣弄湿来欺骗父母，让父母误以为她已游过泳，但结果遭到更严厉的惩罚。直到 17 岁获得全国短池赛冠军，总算给自己的游泳生涯一个自认为圆满的交代后，就迫不及待地退役了。此后，很长一段时间，她都不愿接触泳池，直到在日本协荣游泳俱乐部里，她发现了这种'快乐与健康'并重的教学模式后，就立刻产生了回国、重回泳池把这种教学模式

---

① 菊田出生于中国，5 岁开始接受游泳训练，是中国国家健将级运动员。退役之后，前往日本留学。后与日本人结婚，改姓菊田。

② 中译文(笔者译)：只接触过(中国——笔者注)斯巴达式艰苦训练法的代表(指桑田——笔者注)，在从事协町田游泳俱乐部的游泳教练工作的过程中，受到很大的触动。在中国只见过斯巴达式的艰苦训练，与其相比，在协荣町田游泳俱乐部只会看到从孩子到成年人大家都在享受着游泳的快乐。菊田代表因此下定决心，将协荣町田游泳俱乐部的教育法带回祖国，让祖国的人们感受游泳的快乐。

推广到中国的想法。"[①]强迫式训练可以教会少儿游泳，但是却难以让他们感受到游泳的快乐，甚至会让他们虽然学会了技能却躲避游泳。对那些对水有恐惧感的孩子，协荣游泳俱乐部的教练会把他们抱在怀里、托在手上，感受水性，并采取游戏的方法让孩子对水产生兴趣。

我们可以从一位四岁儿童学习游泳的经历看到协荣游泳俱乐部快乐游泳教学理念的实际效果。这个女孩在协荣游泳俱乐部学习了 3 期(每期 5 次)之后，可以在借助浮漂的情况下在水里游 15 米，而且很喜欢在水里游泳。后来这个女孩转到离家较近的另一处游泳教室学习了 1 期(共 5 次)游泳，不仅游泳的水平没有提高，而且对游泳产生了很大的抵触情绪，再也不想游泳了，甚至不愿意上任何其他的学习班。那家游泳教室的教练便是采用强迫的方式训练少儿克服对水的恐惧。

协荣游泳俱乐部的少儿游泳教育理念有以下几个主要特点：(1)让学习者轻松愉快地学习技能；(2)因材施教，不要求所有学习者达到一致的学习目标；(3)注重对学习者的人文关怀，尊重每个人的特性，学习气氛轻松。菊田曾经辞退了在课上几次训斥学员的教练，强调不允许教练对学员粗声粗气地说话；(4)少年儿童班设有 15 级至 1 级的完善、严密，又富有挑战意义的晋级制度，每个双月月末都安排考试时间，通过考试让学员看到自身的进步；(5)主要采用小组形式授课，每班的定额为 10 名，最多不超过 14 人。而中国国内的大部分游泳班是短期的，人数众多，[②]除了游泳班就是一对一的个人课，缺少小组授课的方式。

协荣游泳教育理念在中国传播的特点是：起步较晚、整体统筹、具有很强的发展势头。协荣游泳俱乐部 2003 年才进入中国，采用合作经营的方式，

---

① 参考《喜爱才能成功——访菊田朝晖总教练》，http://sports.sina.com.cn/s/2004-10-29/0835402294s.shtml。

② 参考京体游泳馆馆长，曾经担任北京体育大学游泳教研室主任的杨玉强的讲话。http://www.laijs.com/article/article.php/1833

但是教学和经营完全采用日本协荣游泳俱乐部的方式，由菊田直接负责，确保实施。菊田计划在中国建立1000家相同模式的游泳俱乐部，以便传播协荣的教育理念，让更多的中国人感受游泳的快乐。①

三、由雅马哈和协荣的例子看日本教育理念的特点

虽然音乐与游泳所要求的技巧完全不同，但是雅马哈少儿音乐教育与协荣少儿游泳教育在少儿教育理念、教学模式上存在着许多共通的特点。这些共通之处可以概括为：(1)注重对少儿的人文关怀，强调在感受快乐之中学习技能，不以技巧训练为终极目标；(2)设有完整、细致的晋级考试制度，为学习者确立循序渐进的系统学习目标；(3)主要采用小组方式授课，力求将人数控制在每组10人以内。重视学习者相互学习、相互带动的作用。(4)强调礼貌及对他人的关怀，重视少儿社会协调能力的养成。换言之，雅马哈和协荣的教学理念的特点是，从少儿的成长特点(而非成人的要求)出发，在轻松的集体气氛中，采用自然渗透、循序渐进的方式引导孩子。这些特点是雅马哈和协荣在教育理念上与中国国内教育机构的主要差异之处。

此外，从文化传播的特点来看，雅马哈的少儿音乐教育与协荣的少儿游泳教育都是在21世纪进入中国的，由于与传统的中国教育理念之间有着明显的差异，受到学习者的认可与喜爱，在进入中国的短短几年间，不仅学员数迅速增加，而且开设了新的分部，传播范围不断扩大，并且未来具有很强的发展势头。

四、日本大众文化在中国传播的意义

从电影、电视剧、动画片等日本影视作品到21世纪初开始进入中国的日

---

① 参考《将游泳进行到底》，http://pro.bjchy.gov.cn/service/servicesecond/sports/sersportsnew/sersportsnew22263.htm

本教育理念，日本大众文化在中国的传播经历了不同的历史阶段，同时具有不同的文化意义。以下试对日本影视作品以及教育理念在中国传播过程中所体现出的不同文化意义进行分析。

在传播过程中，影视作品与教育理念所表现的日本文化特性不同。无论是电影、电视剧还是动画片，中国观众在观赏影视作品的时候，对于观赏对象的日本文化色彩具有较明确的认识。可以说，具有明显独特文化色彩的“日本制作”是吸引观众，让观众期望得到满足的品牌保证。而在教育理念的传播过程中，“日本色彩”被淡化。选择让孩子进入雅马哈中心学习的一个原因是家长认同雅马哈本身的品牌效果，但是他们并没有对这一品牌的日本文化色彩显示出明显的关注。因为雅马哈追求的理念是超越国界的符合少儿成长特点的音乐教育模式，而并非为了展现日本文化的独特性。协荣的少儿教育理念也是基于超越国界的少儿的普遍认知与身体特点而确定的。一位和女儿一起在协荣－京体游泳俱乐部学习游泳的学习者说：她之所以同女儿一起在这里学习游泳是因为这里有规范有序的教学及管理模式，而且因材施教，而是否是日本的游泳俱乐部这一点并不重要。对于参加协荣游泳俱乐部的学习者来说，“日本公司”可以成为经营水准的品质保证之一，但是在学习的过程中日本文化的独特性并没有被凸显出来。在影视作品和教育理念的传播过程中，日本文化的独特性表现具有从前台转入后台，从显性转入隐性的特点。

与影视作品欣赏这一文化消费行为相比，教育理念与文化实践的关联更为密切。观众在观看电影、电视剧、动画片等影视作品时，并不是被动地接收信息，他们会通过对艺术文本的解读，从中吸纳自己感兴趣的内容，将其内化，并将部分内化的文化信息转化为行为。① 正如张艳所指出的：日本

① 20世纪70－80年代流行的“真由美”服饰发型，80年代中国热谈的“追寻中国的高仓健”，及至20世纪90年代后期开始在部分年轻人中流行的cosplay(模仿动漫等作品中人物的装扮)等，都是文化内化转化为文化实践的体现。

文化“在中国,特别是中国的年青一代中急速渗透”,乃至于“影响着中国年青一代的思维方式、生活方式和人生设计”(张艳,2007：180)。但是这些艺术文本中的文化信息转化为文化实践的过程,是基于读者/观众的积极解读,而这并不是艺术文本制作的主要目标,也不是文本制作者所能控制的。换言之,读者/观众对于艺术文本的解读是多样的,具有很大的个性化成分,而解读后的文化实践与文本制作者的目标设定之间并不具有直接密切的关联性。与艺术文本的创作不同,教育理念的内化与实践是教育的目的所在,教育的主要目的便是让学习者在文化内化的基础上进行文化实践。雅马哈和协荣的教育理念对文化实践的影响不仅体现在对所学技能的运用上,而且体现在整体的情感培养上。本文第 166 页所列出的(2)(4)两项与技能培养相关,而(1)(3)所体现的雅马哈与协荣都十分注重的“快乐”、“欢乐”、“感动”、对他人的关怀与协作等因素则关注的是情感的培养。

人类学者杨慧通过列举马林诺夫斯基以及费孝通对于文化的定义,指出:“文化不仅是一套象征系统,而且其成员可以循其对自己生活的世界进行意义的诠释。同时,文化也是具体的生活实践,而此实践具备特定的行动能力,并能够产生特定的行动效果”①。换言之,意义诠释和实践行为都是文化的构成要素。而大众文化理论家约翰·菲斯克将大众文化定义为:大众利用文化资源进行创造性活动的实践过程。约翰·菲斯克比其他文化理论学者更加强调文化的实践而非抽象的文化意义的诠释。② 而日本教育理念在中国的传播则充分体现了大众文化的实践性特征。

---

① 杨慧在文中列举了社会学家涂尔干、高夫曼,哲学家海德格尔,人类学家布迪厄等人对文化实践行为的关注。引自杨慧:《从文化实践解读文化生态村建设》,《云南民族大学学报》2004 年第 21 卷第 2 期,第 38 页。

② 参考刘中望对于约翰·菲斯克大众文化定义的归纳。

结语

从日本电影、电视剧、动画片等影视作品在中国产生阶段性影响，到进入 21 世纪后日本教育理念在中国的传播，其中所映射出的并不仅仅是文化传播媒体的转变，而是文化传播中，从文化消费向文化实践的巨大变化。传统的文化研究关注的是对文化意义的诠释，而忽视了文化的实践层面。对于日本教育理念在中国传播的研究，可以更加凸显文化实践的存在与重要性，从而为当今的文化研究提供新的视点。与上世纪八九十年代相比，进入 21 世纪以后，日本大众文化在中国的传播与中国人的文化实践之间的联系更为直接与密切，而其具有的日本文化的独特性则出现了淡化的趋势。

参考文献：

侯越：《论日本电视剧在中国的传播》，《日语学习与研究》2007 年第 3 期

刘中望：《试论约翰·菲斯克的大众文化定义观》，《江西农业大学学报》（社会科学版）2006 年第 5 卷第 1 期

ヤマハ音楽振興会音楽研究所（編集）：『音楽は子どもに何を与えられるか』，ヤマハ音楽振興会音楽研究所 2000 年版

杨慧：《从文化实践解读文化生态村建设》，《云南民族大学学报》2004 年第 21 卷第 2 期

〔美〕菲斯克、约翰著，王晓珏、宋伟杰译：《理解大众文化》，中央编译出版社 2001 年版

张艳：《浅谈日本大众文化对中国的影响》，《时代文学》，山东省作家协会 2007 年第 2 期

叁

家庭社会制度的继承与跨越

第一章
日本近世武家社会的隐居制度

江新兴

导言

在日本，“隐居”指家长生前因衰老、疾病等理由，把家长权、地位和财产等让给继承人，隐退而居的行为，即把家长之位“让位”给继承人（一般是长子）。毫无疑问，“隐居”一词出自中国，来源于古代官吏的“致仕”制度。隐居曾经是中国古代士大夫中常见的一种风气和处世方式，指辞官退职，偏居乡野，自觉过一种简朴恬淡的生活。隐居是士人在不满社会现实，而又无力改变现实时采取的一种消极对抗行为。而日本在对“隐居”的借鉴和实施中，完全没有中国隐居的这种消极成分，隐居的目的是为了在父子两代人之间顺利实现“家”的传承，是为了使“家”经营体存续和发展下去的一种继承手段。不论是封建时代家长权的交替，还是近代以后带有浓厚封建色彩的户主权的交替，隐居的实施都是家长的“让位”，家长的地位随着隐居而发生重大变化，即从过去的一家之主变成家庭的普通一员。隐居后的家长不再是一家的代表，过去曾经拥有的作为一家之主的所有权力随之丧失。

日本的隐居是对中国文化引进、接纳的结果。大化改新后，日本吸收了唐代的律令制度，在 718 年发布的《养老律令》的“选叙令”中规定“凡官人年七十以上听致仕”，这里的“致仕”就是隐居，将朝廷命官致仕退隐称作“隐居”。但是此“隐居”已去掉了中国士人隐居的消极色彩，指辞官后的一种普通生活方式①。12 世纪中期武士阶级登上政治舞台后，武士家长要带领家族为主君征战，以此获得俸禄和领地，依靠年轻力壮和征战的技术履行职责，年高体弱就不能胜任。所以，幕府和各藩都规定了隐居的条件和年龄，年高体弱没有统率征战能力的家长要把家长权让给体魄健壮且有能力的继承人。镰仓幕府在 1241 年（仁治 2 年）颁布的《御成败式目追加》中规定：“或及老耆，或依病患，以所领所职让与子孙，给身暇令遁世者，普通之法也。”②这说明因病或年老将家长权让渡给继承人的做法已相当普遍。“隐居”一词最早出现在 1402 年（应永 9 年）武将今川了俊（1325～1402）著《难太平记》中，“我等尊上意，让故殿（指今川了俊之父今川範国）隐居，故而为继嗣也”③。从此，日语中的“隐居”的含义指“家长因一定的理由，把家长的地位、权限、财产等让渡给下一代，从而进入退隐生活的行为。转而指实现这种行为的人，其居住的房屋也称隐居”④。隐居契合于武家社会的幕藩体制，在近世初期逐渐制度化。日本历史上“近世”指安土桃山和江户时代（1600～1868）的近 300 年，特指以武士居于社会统治阶级的江户时代。在江户时代，盛行于武家社会的隐居制度逐渐渗透到社会的其他阶层，为农民和町人（商人）所接受。明治民法亲属篇中也明确了隐居是以户主权（家长权）的主体更替为目的的法律行为，隐居制被法制化并且成为实行长子家督继承的重要契机，隐居作为法律制度得到推广，其核心是家长权的转让。

隐居与继承是表里关系的行为，近世武家的继承法把因隐居发生的家产、家名的继承称为“家督继承”，因前家长死亡发生的继承称为“迹目继承”或“遗领继承”。因衰老、疾病等理由提出隐居即“申请隐居”（愿出隐居），是

---

① 李卓：《日本传统社会人伦关系中的“非儒因素”》，《南开大学学报（哲学社会科学版）》2006 年。

② 石井進：『日本思想大系 21 中世社会の政治思想』，岩波書店 1978 年版，48ページ。

③ 竹田旦：『民俗慣行としての隠居の研究』，未来社 1964 年版，12ページ。

④ 竹田旦：「隠居」，進士慶幹編：『江户時代武士の生活』（POD 版），雄山閣出版 2000 年版，185ページ。

近世武家隐居中较为普通的方式。还有因品行不良而不能胜任家督之任，或有重大过失被剥夺了家长权的被称作“罪科隐居”。多数情况下“罪科隐居”在受处分之前，都以“患病”等托词而隐居。“罪科隐居”是武家特有的隐居形态，不存在于庶民家族。另外，家长(当主)若品行不端，或在错误的情况下仍固执己见，影响家业发展，会被处以强制隐居(押込隐居)。近世武家社会的隐居总体上需要得到许可，有一定的条件约束。

一、因病隐居

德川时代的法令中把因衰老和疾病的隐居称为“御役御免”，并把因疾病的“御役御免”称为“病免”，因衰老的称为“老免”，武家社会的家长衰老和疾病都可以作为隐居的条件。在此仅举几例：

文化二年(1805)，大草织部家：

> 敝人多年苦于宿病之痔疾，近来恶化成痔漏之症，气血上涌，特别堵塞，耳鸣目眩，不可痊愈。以此身难以出仕，请允敝人隐居，恳请把家督让予养长子主膳，特此申请[①]。

文化三年(1806)，近藤家：

> 敝人平日得担职责，已为意外至极之幸。然前年七月，于足下担当护卫，因病申请御役御免，同月二十五日如愿获得御免，缓缓保养，甚感难得之幸事。疾病痊愈，月月登城奉公。自六月下旬，宿病之疝气复发且腿痛，虽多方调理，至今鲜有改变。日后恐难痊愈出仕，伏望准许敝人隐居，并将家督让予养长子左京[②]。

---

① 『古事類苑』(政治部三)，845ページ，转引自末弘厳太郎：『法律学体系』(法学理論篇)，日本評論社 1950 年版，94ページ。

② 穗積陳重：『隠居論』，有斐閣 1915 年版，復刻版クレス出版 1999 年版，160－161ページ。

像这样的例子还有很多，如《稻叶家书留》记载，天保八年(1837)代官多罗尾轫负申请隐居，结果是“按其因病申请，准许御役御免隐居，将家督让给织之助”①。另外，幕府政务文书《柳营御沙汰书》记载，庆应三年(1867)正月：“按其因病申请，准许隐居，家督让予大和守。”②资料中所见，既有简单写有“疾病”的，也有详细写明“宿病之疝气”、“宿病之痔”、“足痛”等具体病名的。当然，以疾病为理由的隐居并不是没有限制，一般来讲，“旗本”以上的幕臣不到40岁以上不能提出隐居申请。如儒学者室鸠巢所著《兼山秘策》第五册中有室鸠巢写给奥村源左卫门等三人的信件，其中写到：“此人名曰武藤庄十郎，刚刚隐居，将儿子推至大御番，年龄四十有余，幕府规定四十岁以后因病方可申请隐居”③，就说明了这一点。

二、因老隐居

与因疾病隐居相比，因衰老隐居(老免)的更普遍。判断衰老通常用年龄作为指标，比如后来的《明治民法》规定“年满60岁以上”隐居，这被认为是继承了武家的传统。事实上，在近世的武家法中关于隐居并没有全国统一的法定年龄规定，因为无论是幕府还是各藩都坚持“对主君的奉公贯穿武士的一生”这一基本方针，因此，武士也把只要身体健康就应该奉公勤务，只要没有特殊情况要终身侍奉主君作为准则。如肥后细川家的家臣堀部甚三郎73岁隐居，俸禄200石的鹈川右学、宇田川熊次都是78岁隐居④。有的藩甚至不允许因年老隐居。如土佐藩一直坚守不许单纯的老年隐居这一传统⑤，会津藩在藩法《会藩法例书留》的“诸士奉公人作法”中规定，“70岁以上才能

① 中田薫:「隠居論第二版を読みて」，载于『法制史論集 第一巻』大正15年版，151ページ。

② 穂積陳重:『隠居論』，有斐閣1915年版，復刻版クレス出版1999年版，161ページ。

③ 中田薫:「隠居論第二版を読みて」，载于『法制史論集 第一巻』大正15年版，146ページ。

④ 新熊本市史編纂委員会:『新熊本市史』(通史篇 第三巻 近世Ⅰ)，熊本市2001年，607ページ。

⑤ 竹田旦:「隠居」，進士慶幹編:『江户時代武士の生活』(POD版)，雄山閣出版2000年版，188ページ。

隐居,50 岁以上才能收养子”,“不满 70 岁,不可申请以他人代替官职,不可申请隐居”,严格执行 70 岁以上隐居的制度①。

另一方面,人至老年,气力渐衰,反应迟钝,难以适应新事物,这是不可抗拒的自然规律。不论是以戎马征战为业的武士家族,还是经商的商人家族,抑或以农为本的农民家族,都需要家长有旺盛的精力和精明的才干,如果家长人老体衰,势必使家业的经营受到影响。尤其是对于以征战为业和服军役为主的武士来说,需要有强健的体魄,年事稍高,便不堪弓马之劳,不能很好地履行奉公于主君的义务。因此,武家社会早就有因年老而隐居的传统,前述镰仓幕府在《御成败式目追加》中作出的“或及老耆,或依病患,以所领所职让与子孙,给身暇令遁世者,普通之法也”的规定,也说明武士社会的家长在因病或年老而能力衰退时,遁世或出家——由新一代接替承担职责的做法历史久远且相当普遍。如上面提到的《稻叶家书留》中除记载了因病隐居之例,也有因老隐居之例:“牵马人渡边半十郎因衰老申请隐居,准之,家督让给(其子)平太郎。”②鉴于年老体衰是不可避免的生理现象,各藩都有相应的年龄限制,如德川幕府规定的隐居年龄是 70 岁,但全国并不统一,如会津藩 70 岁,尾张藩 60 岁,纪州藩 50 岁。③

按幕府法律,因衰老隐居应受到奖励,因为隐居者自知其力并考虑奉公于主君的需要。如《续德川宝纪》文政元年(1818)三月四日条记载,“富士见御宝藏番头柴田又十郎,隐居参与公益,赐奖金”。又如《德川实纪》享保五年(1720)二月二十四日条载:“今日命曰,各职恪守之士,年 70 岁以上,以衰老乞隐居者,由其官长奖励。”《德川御宝纪》有“宽延二年(1749)二月九日,身边杂事主计头忠通年老致仕,赐四季衣物,褒奖其长年之劳,其子大纳言

---

① 穗積陳重:『隠居論』,有斐閣 1915 年版,復刻版クレス出版 1999 年版,200—201ページ。

② 中田薰:「隠居論第二版を読みて」,载于『法制史論集 第一巻』大正 15 年版,151ページ。

③ 竹田旦:『民俗慣行としての隠居の研究』,未来社 1964 年版,18ページ。

殿杂役膳食官正忠久承家，赐忠通养老料六百俵”①。奖励高龄隐居者是幕府对隐居者多年奉公勤务的肯定，体现了人尽其才、人尽其用，也说明隐居已经形成了制度。

三、罪科隐居

在幕府时代，随着隐居制度在整个武家社会的普及，也影响到庶民阶层。但武家社会保留了特有的“罪科隐居”形式，即把隐居作为对有罪者或奉公有疏者的处罚形式之一。对品行不端、难以胜任家长之职或有重大过失者，由主君剥夺其家长权并命令其隐居。如室町幕府后期，武士今村猪介和小泉源左卫门武斗，幕府按“喧哗两成败”的法则对二人处以隐居。② 到江户时代成为幕府的一种刑罚。“罪科隐居”根据被处罚的程度有“蛰居隐居”（禁止出仕或外出）、“隐居慎”（在一定的住所居住，闭锁门户，不得随意外出）、“隐居差控”（在自宅反省，不得随意外出）等名目。

在德川幕府时期，武家“罪科隐居”的事例相当多。如在德川幕府第十代将军德川家治时期，任命主殿头田沼意次为幕府老中。田沼意次在进行一系列经济改革归于失败的同时，收受贿赂，横行腐败，故在德川家治死后被没收二万七千石所领，并命其隐居，蛰居别宅。这是“罪科隐居”用于幕府高层的典型例子。

文政 6 年（1823 年）发生了轰动一时的“松平外记”事件。当时，松平外记与间部源十郎、本田伊织、沼间右京、户田彦之进等人同在江户西丸书院奉职，松平外记因受到同僚嘲讽遂起报复之心，手刃本田伊织、沼间右京、户田彦之进三人后切腹。间部源十郎虽也被砍伤，但被判定工作疏忽，难辞其责，不仅被解任职务，还命其隐居。这是“罪科隐居”用于一般武士的例子。

---

① 穂積陳重:『隠居論』,有斐閣 1915 年版,復刻版クレス出版 1999 年版,419ページ。

② 『大日本史料』第 10 編,第 8 冊,173ページ。

江户时代罪科隐居最著名的当属安政6年(1859年)“安政大狱”[1]时很多人被处隐居的事件。尊王攘夷派受到幕府残酷镇压，不仅尊王攘夷志士吉田松阴、桥本左内等人被处以死刑，还有近百人受到各种处罚，其中受到隐居处罚的就有尾张藩主德川庆胜、一桥家主德川庆喜、福井藩主松平庆永、土佐藩主山内容堂、宇和岛藩主伊达宗城，幕臣川路圣谟、大久保忠宽、浅野长祚等多人。据《一桥家日记》所载的被处“隐居慎”的德川庆喜的情况来看，幕府对受此处罚者的勤务和日常生活有着严格的规定，如关闭住宅大门，只能从侧门出入；关闭住宅遮雨的外窗，阳光仅能从缝隙透进房间；不得与外人接触；蓄长发以示惩罚(武士的标准发型是剃成“月代头”，只有浪人才蓄长发)；只能穿平时的便装，不得着武士装束等等。也就是说，受这种处罚的人要把自己居住的屋宅变成牢笼，在此闭门思过，反省自己的过失。

四、隐居的限制条件

隐居是家长的更新换代，衰老和疾病使家长履行职责发生困难，因此隐居就是穗积陈重在《隐居论》中所说的“生理性隐居”，这在幕藩体制下需要得到主君的许可才能实现。

近世的幕藩体制是以占有产量为七百万石这样庞大的直辖领地的德川幕府为塔尖，在全国重叠式组织起来的封建主从关系的支配体制。这种主从关系是武家社会的基本关系，各大名臣服将军，大名各自统领着自己的家臣，身份高的家臣还有自己的家臣。主从关系结合的源泉来自于主君给予从者(臣下)的封土(俸禄)以及从者对主君的以军役为中心的奉公关系。封

---

① 围绕着《日美修好通商条约》和将军继承问题，幕府中以德川齐昭、松平庆永、岛津齐彬为盟主的改革派和以彦根藩主井伊直弼(1815—1860年)、德川家臣和大名为首的专职保守派之间斗争日益尖锐化。保守派掌握了主动权，于安政五年至六年对改革派公卿、家臣和武士进行了大镇压。

土(知行)的规模用“石高”[①]表示,武士承担与自己石高相应的军役及其他义务。臣下从主君那里获得俸禄,作为对此“御恩”的报答便是尽奉公义务。这种主从关系本来是主君与臣下个人人格的结合关系,但在幕藩体制下被转化为“家”与“家”之间的关系,并被固定下来。每当将军更替,都要用新将军的名义对所有大名发放证明其领地统治的“判物”或“朱印状”[②]。另一方面,如果大名家的当主(家长)发生两代之间的更替,要先向将军提出申请,然后由将军发给承认新当主继承家督和继续统治领国的“仰付状”,通过这些手续,新家长作为大名的地位才被公认。同样,大名的家臣在新旧两代交替时也需要事先向大名提出申请,并在得到批准后才能正式承认新任家长的地位。而隐居是这种新旧交替的重要内容,必须首先获得将军及大名的首肯,否则是无效的。

有些藩对申请隐居的程序还有详细的规定,比如在弘前藩,如果不满 50 岁就想隐居,必须首先提出「病気断」(即病假条),10 个月后才可提出正式的「隠居愿」(隐居申请);50 岁以上不满 60 岁的希望隐居者,这个过程缩短到 5 个月以上;60 岁以上不满 70 岁的希望隐居者,根据病情可以随时提出“隐居愿”;70 岁以上者,即使没有病也允许隐居。[③]

此外,幕府规定的隐居年龄虽是 70 岁,但实际上因特殊情况在得到主君许可后也可隐居,在执行时具有很大伸缩性,甚至有代行办法。在各藩的武士阶层中有称为“代番”的制度,即家长虽未到隐居年龄,但因疾病等不能继续奉职时,根据其任职的种类,提出「代番願」申请,由其子在一段时间内代其奉职。代父奉职之子年龄须在 16 岁以上,代勤者通常被称为“某番代”。

---

① 通过丈量土地(检地),用土地的稻米收获量(石高)表示土地面积的方法。始于丰臣秀吉时代实行全国规模的检地“太阁检地”并确定下来。

② 如 1664 年(宽文四年),第四代将军德川家纲对全国的大名发放承认其领地的领知判物、领知朱印状、领知目录。十万石以上的发给由将军花押的判物,十万石以下的发给朱印状,即所谓“宽文印知”。大藤修:『近世農民と家・村・国家——从生活史・社会史の視座から』,吉川弘文館 1996 年版,16ページ。

③ 氏家幹人:『江户人の老い』,平凡社 2001 年版,12ページ。

例如土佐藩虽规定不准隐居，但实际上存在着“烦代番”和“名代勤”的制度。土佐藩藩法规定“凡以嫡子为烦代番者，除官而免，复直。复将嫡子为烦代番，则当再请之”。即如果因病等理由可以让嫡子替代自己奉职，待不需嫡子代替自己时，便免去嫡子官职，自己复职，若再需要嫡子代替奉职时，还要重新申请。记载土佐藩政的《海南政典》中将“烦代番”解释为“犹谓因疾代直”，“代直”就是“代职”①。虽然制度上比较复杂，可以想象，“代番”制度在一定意义上是隐居的代用，是没有隐居制度或对不完善制度的补充。这种制度上体现出的灵活性也存在于幕府的制度中，并随着时代的变化而调整，如在对外对内军事紧张度增加的幕末时期，迫于确保少壮健康的武士的需要，幕府降低了对隐居的限制，允许武士隐居的年龄降低至50岁。

德川幕藩体制对武士的统治非常严格，故对隐居这种涉及大名、家臣家长交替的事情严肃对待，自然有很多限制条件。如上所述，从幕府法到各藩法，对隐居都附加了许多条件，履行着严格的申请许可制度。这种约束条件在近世中期以后也扩展到继承人。规定在提出隐居申请时，必须有年满17岁以上的继承人，且主君要亲自面见继承人，实际上是一种审查。若申请人是大名的话，作为当事人的家长和继承人要到江户谒见将军（御目见），谒见后才能得到将军发给隐居许可和家督继承的“仰付状”（许可书），当主（家长）的交替才得到承认。谒见仪式虽然很复杂，但随着隐居家督的交替，通过“御目见”，大名可据此重新构建与将军的主从关系，大名“家”的存续可以据此获得来自幕府将军的承认，是大名权力安稳的保障，因此各大名家极其重视。② 德川幕府对隐居进行严格管理，说明在太平盛世的江户时代，武士被官僚化的过程中知识与经验对治理国家的重要性。天下再无战事，武士

---

① 穗積陳重:『隠居論』,有斐閣1915年版,復刻版クレス出版1999年版,211－213ページ。中田薫:「隠居論第二版を読みて」,载于『法制史論集 第一卷』,大正15年,159－162ページ。

② 白根孝胤:「近世大名家臣の隠居・家督・継目御礼と与家格認識」,德川林政史研究所『研究紀要』第35号,2000年。

不再以军役为主业，完成官职任务成为奉公的核心，这需要熟练和经验。因此，知识和经验、能力对治理国家意义重大。

总之，近世幕藩体制下武家的隐居制度有不同于中世武家的特征。近世武家社会，主君的统治力非常强，武士隐居的制约性条件很多，因享有俸禄和封建性奉公贯穿终身的观念普及，隐居反倒成了因特殊原因而发生的行为。在严格的主从关系体制下，私人的家庭生活被轻视，对主君的奉公被放到重要位置。虽然具有强烈的封建色彩，但通过让品行不端或有重大失误难以胜任家督之职的家长退隐的形式，强化以新家长继续承担奉公职责和维护“家”的稳定，对保障幕府和藩的统治基础具有重要意义。另外，近世武家社会还存在大名因品行不端或过失对“家”经营不利时由家臣和亲属协商对其施行“押込隐居(强制隐居)”的情况，将在其他研究中详述。

参考文献：

尚会鹏:《中日传统家庭制度的研究》,《日本学刊》1991 年第 4 期

李卓、周志国 :《隐居制度论》,《东北亚论坛》2006 年第 5 期

李卓:《日本国民性的几点特征》,《日语学习与研究》2007 年第 5 期

李卓:《家族制度与日本的近代化》, 天津人民出版社 1997 年版

宋成有著:《新编日本近代史》, 北京大学出版社 2006 年版

吴廷璆主编:《日本近代化研究》,商务印书馆 1997 年版

李文:《武士阶级与日本的近代化》,河北人民出版社 2003 年版

穂積陳重:『隠居論』,有斐閣 1915 年版,復刻版クレス出版 1999 年版

石井進:『日本思想体系 21 中世社会の政治思想』,岩波書店 1978 年版

北島正元:『江戸幕府の権力構造』,岩波書店 1964 年版

中田薫:『法制史論集』(一巻),岩波書店 1926 年版

三浦周行:『法制史研究』(上巻),岩波書店 1943 年版

足立政男:『老舗と家訓』,京都府 1970 年版

福尾猛市郎:『日本家族制度史概説』,吉川弘文館 1972 年版

笠谷和比古:『主君「押込」の構造近世大名と家臣団』,平凡社 1988 年版
竹内利美:『家族慣行と家制度』,恒星社厚生閣 1969 年版
大間知篤三:『常陸高岡村民俗誌』,刀江書院 1951 年版
竹田旦:『民俗慣行としての隠居の研究』,未来社 1964 年版
進士慶幹:『江戸時代武士の生活』,雄山閣出版 1989 年版
服藤早苗:『家成立史の研究』,校倉書房 1991 年版
服藤早苗:『平安朝に老いを学ぶ』,朝日選書 2001 年版
末弘厳太郎:『法律学体系』(第二部 法学理論篇),日本評論社 1950 年版

第二章
当代中国家庭的养老问题及对策
——以枣庄地区为例

王　蕊　石小娟

导言

当前,中国正在快速步入老龄化社会,老年人口占总人口的比例越来越高,其赡养问题日益突出。经济是老有所养的基础。传统上下,人们认为赡养老人就是让他们吃得饱穿得暖。在传统文化因素的影响下,社会不能完全承担赡养老年人的责任,在人们的意识中,赡养老人应该由家庭承担,具体说应该由负有赡养义务的子女承担。如果把赡养老人分成家庭负担养老和社会负担养老,家庭养老仍然是当今赡养老年人的主要模式之一。一般来说,家庭养老主要指由家庭中承担赡养义务的人为老年人提供经济供养、生活照料和精神慰藉,其中保证家庭养老的有效性取决于家庭收入、孝道和供养老人的子女数量。

近年来,随着社会对老年群体的关注,提高老年人生活质量,即致力于改善老年人在物质生活、精神生活、生活环境中所处的状态及老年人身体状况、自我感受等方面的问题,成为研究社会养老状况的重要课题。陈赛权在《中国养老模式研究综述》(2000 年)中指出,自上世纪 80 年代起,有关城市养老方式的研究趋势主要集中在从经济供养转到生活照料问题上,但关于农村的研究目前仍主要停留在养老经济来源方面的分析上。这不仅说明在赡养老人上存在城乡差异，也启示我们，在当今中国老年人的赡养仍然存在一些需要解决的问题。

理论上，现阶段我国老年人的生活质量至少应该包括：经济保障、健康状况、精神文化生活和生活环境等多个方面。其中经济保障和精神文化生活是老年人生活的基础，只有具备基本的经济保障和比较丰富的精神文化生活，老年人的健康状况和生活环境才能得到改善。但在现实中，由于各方面条件的制约，在我国城乡之间、地域之间都存在着老年人生活质量上的差异。尤其是城市与农村老年人的赡养的区别主要集中在经济保障上，城市中绝大多数老年人依靠退休金等经济来源，可能不再有温饱方面的忧虑，但老年人的精神文化生活仍然有进一步提升的空间，满足老年人的精神慰藉也是赡养老年人，使其晚年生活过得充实的重要指标之一。

基于此，本文以枣庄地区为例，通过分析问卷调查中反映出的当前城乡家庭养老中存在的问题和现状，探索解决家庭养老中存在问题的途径，保障老年人“老有所养，老有所依，老有所乐”，让他们在充分发挥余热的同时安享晚年。

一、问卷调查概况

调查地概况：

调查地选定为山东省枣庄市。枣庄市位于山东省南部，自然景观优美，历史文化悠久，受传统文化因素的影响，这里的人们“养儿防老”的观念比较强，选此地为调查地具有一定的代表性。枣庄市近几年经济虽有所发展，但其经济发展状况仍然落后于沿海发达城市，人均收入水平较低。城镇化进程明显滞后于经济社会发展，基础设施建设跟不上社会发展的需要。根据枣庄市第六次全国人口普查数据(2010 年)显示，全市常住人口为 372.93 万人，65岁以上的老人占总人口的9.34%，其中老年人口的比重同2000年第五次全国人口普查数据相比上升了2.34%，换言之，人口老龄化问题逐年严重，与之相对，老年人赡养问题日益突出。

调查情况：

本次调查是以从事教师、医生、律师、公务员、农民等不同职业的个人为对象，分城乡对个人进行的关于老年人赡养意识的调查，每人一份，共发放问卷200份，回收问卷200份。

调查时间：2011年

二、养老意识的现状

针对我国目前老年人赡养的现状，我们以枣庄地区为例做了一次养老意识的问卷调查：

1. 数据分析

本次调查共发放问卷200份，城镇和农村各100份，调查对象的职业包括教师、医生、个体经营者、学生、农民等各个方面，年龄层次涵盖20岁到60岁，最终回收有效问卷200份，回收率100%。在调查对象中，男性102人，占51%，女性98人，占49%。其中在“你是否会主动找父母聊天，了解他们的需要”这一问题的回答上，男性81人、女性76人选择会，共计157人，占78.5%；另有男性19人、女性20人选择不会，共计39人，占19.5%；有4人没有作答，占2%。在“你的父母会经常抱怨儿女吗”问题上，男性21人、女性9人选择会，共计30人，占15%；另有男性74人、女性82人选择不会，共计156人，占78%；14人未作答，占7%。在“你的父母如果经常抱怨子女的话，一般会抱怨什么”的回答上，选择“给予自己的关心太少”40人，占20%；选择“没有及时满足父母需要”45人，占22.5%；选择“很少能和子女见面”50人，占25%；另有65人选择“不清楚”或者未作答，占

32.5%。在"在赡养父母方面,你认为儿子和女儿有相同的义务吗"的回答上,选择"是的"农村作答者90人,占45%,城镇应答者93人,占46.5%,两者共计占91.5%;选择"不是的",农村12人,占6%。在回答"如果有一天你的父母有一方不在了,你会支持父母再婚吗"时,农村54人选择"支持",占27%,12人选择"不支持",占6%,30人选择"有条件支持",占15%,另有4人未作答;城镇53人选择"支持",占26.5%,15人选择"不支持",占7.5%,8人选择"坚决反对",占4%,22人选择"有条件支持",占11%,另有2人未作答。在作答者中,已婚者有126人,占63%;未婚者74人,占37%。在回答"你是如何看待赡养老人问题的"时,城镇有90人,农村有78人选择"赡养老人是天经地义的,无论自己贫富与否都要好好赡养老人",占84%;城镇和农村分别有8人和17人选择"根据自己的经济能力来判断是否赡养老人",占12.5%;另有7人选择"赡养老人是比较麻烦的事",占3.5%。关于"你认为赡养老人主要包括哪些方面",城镇有88人、农村有70人选择"物质赡养和精神赡养缺一不可",占总人数的79%;城镇和农村共有25人选择"主要是物质赡养",占12.5%,共有17位已婚者选择"主要是精神赡养",占总调查人数的8.5%。

2.调查分析

作为一个发展中国家,我国的许多方面都还处在一个由不完善到完善的过渡阶段,养老问题亦是如此。虽然有孝敬父母的传统,但由于现实条件的限制,一些人在这方面意识非常淡薄。"现代社会由于人们更大范围、更大频率的流动,与父母的交流少了,相互沟通明显不足,代际的文化传承和亲情的心理慰藉变得淡薄。就像一首广为人知的通俗歌曲《常回家看看》所唱到的,年青一代应当适当放慢脚步,多多与父母联络,问候家人,重温家庭温馨,恪尽对家庭成员的道德义务。"①

① 李萍:《中国道德调查》,民主与建设出版社2005年版,第89页。

第一,无论在城市还是在农村,老年人赡养情况均存在经济供养不足、精神慰藉缺失问题。曾有这样一个调查结果,“老年人情感方面缺失,心理负担日益加重。调查显示,一方面,约有15.58%的老年人觉得子女对自己不理不睬,更有8.54%的老年人觉得自己是子女的负累,子女的一些行为造成了老年人的心理负担,极大地降低了老年人晚年生活的幸福指数;另一方面,子女中仅有59.80%的人会主动地询问老年人的需要,老年人精神赡养在农村更是贫乏。”[①]由此可见,我国老年人赡养特别是精神赡养方面的问题不容忽视。本次调查中,同样的问题仍然存在。例如表1,在“你是否会主动找父母聊天,了解他们的需求”这一问题中,尽管共有78.5%的人回答“会”,仍有21.5%的人选择“不会”或未作答,这反映出有相当一部分人在日常生活中跟父母缺少沟通,从而也就无法了解父母的需求;“你的父母会经常抱怨儿女吗”,接近80%的人回答“不会”,可见父母对子女是抱着一颗理解并宽容的心,即使子女不会主动找自己聊天、了解自己的需求,他们也很少对子女抱怨。父母与子女的关系是所有人际关系中最亲密的关系之一,然而随着子女的长大、成人、工作,父母和自己的子女见面的机会越来越少,难免会有父母因强烈思念儿女而抱怨,但这都是建立在亲情之上的,子女应该理解并尽量满足父母的愿望;在表2“你的父母如果经常抱怨子女的话,一般会抱怨什么”问题中,选择“很少能和子女见面”的人占到了四分之一,而选择“给予自己的关心太少或没有及时满足父母的需要”的更是达总人数的42.5%,可见作为子女,很多人平时对父母的经济供养不足,精神慰藉缺失。虽然日常生活中父母并不是要求子女必须为自己做什么,然而作为子女应该多和父母见面,进行心灵沟通,多关心一下父母。

---

① 殷培培:《甘肃省老年人赡养问题的调查》,《甘肃农业专题调研》2009年第9期。

表 1　你是否会主动找父母聊天，了解他们的需要？你的父母会经常抱怨儿女吗？

	会				不会				未作答	
	男（人）	占比（%）	女（人）	占比（%）	男（人）	占比（%）	女（人）	占比（%）		占比（%）
你是否会主动找父母聊天，了解他们的需求	81	40.5	76	38	19	9.5	20	10	4	2
你的父母会经常抱怨儿女吗	21	10.5	9	4.5	74	37	82	41	14	7

表 2　你的父母如果经常抱怨子女的话，一般会抱怨什么？

给予自己的关心太少		没有及时满足父母需要		很少能和子女见面		不清楚	
人数	占比（%）	人数	占比（%）	人数	占比（%）	人数	占比（%）
40	20	45	22.5	50	25	65	32.5

第二，传统的养儿防老观念仍然存在。农村很多地方有“嫁出去的女儿，泼出去的水”的观念，无论是父母、子女还是社会舆论，均认为出嫁的女儿不用也不应赡养父母。我国自古以来，特别是农村一直有重男轻女的思想，所以农村中仍有少数人依然认为儿女在赡养父母方面拥有不同的义务，甚至认为赡养父母只是儿子的义务，这种思想是极端错误的，父母在抚养儿女方面付出了同样的辛苦，寄予了同样的期望，无论是儿子还是女儿均有相同的赡养父母的义务。

表 3　在赡养父母方面，你认为儿子和女儿有相同的义务吗？

	是				不是			
	农村	占比（%）	城镇	占比（%）	农村	占比（%）	城镇	占比（%）
在赡养父母方面，你认为儿子和女儿有相同的义务吗	90	45	93	46.5	12	6	5	2.5

第三，在赡养老人意识方面存在问题，仍有不少人认为赡养父母是一种累赘，还有不少人对老年人的生活照料不够。从历史上看，我国几千年来一直采取以“孝文化”为核心，以“家庭”为载体的家庭养老模式。古语有“百善孝为先”，毋庸置疑，孝敬老人是我们每一个子女义不容辞的责任和义务。然而，在现实社会中，仍有一部分人把赡养老人看作一种负担。如表4，在“你是如何看待赡养老人问题的”这一问题上，大多数人的回答是“无论自己贫富与否都要好好赡养老人”。因此有一点可以肯定的是，无论是城镇还是农村，人们首先从意识上认识到赡养老人是天经地义的，无论自己的经济能力如何都应该好好地赡养老人。的确如此，父母含辛茹苦地把孩子抚养成人，作为孩子赡养老人也是天经地义的，绝对不能弃父母于不顾。另外，在农村的被调查者中有17人认为需要根据自己的经济能力来判断是否赡养老人，这一方面反映出经济发展水平在老年人赡养中的重要性，另一方面也反映出他们并没有从老人的角度考虑，而是首先考虑到自己是否过得幸福，然后再考虑是否赡养父母，为人子女有这样的想法是不可取的。赡养父母是每一个子女应尽的义务。有7人认为赡养老人是比较麻烦的事情，这个答案令人遗憾。虽然只有个别人选择这个选项，但这也代表了极少一部分人的想法，也是不容忽视的，因此需要关注这个问题，让所有的人认识到，赡养老人是一个社会人应尽的义务。

表4　你是如何看待赡养老人问题的？

	城镇		农村	
	人数	占比(%)	人数	占比(%)
赡养老人是天经地义的，无论自己贫富与否都要好好赡养老人	90	45	78	39
根据自己的经济能力来判断是否赡养老人	8	4	17	8.5
赡养老人是比较麻烦的事	2	1	5	2.5

从表格5中,我们可以清晰地看出,无论是在城市还是农村大多数人认为赡养父母物质赡养和精神赡养缺一不可。特别是城镇中的大多数人认识到了精神赡养的重要性,这一点令人欣慰。然而无论是城市还是农村均有不少人认为赡养老人主要是物质赡养,过去许多人认为只要让父母在物质生活上无忧无虑就是对父母最大程度的孝顺,其实绝非如此。如今随着我国社会的发展和人们物质生活水平的不断提高,老年人在精神方面的需求也更加突出,因此需要构建多层次支持体系,对老年人进行精神赡养,使老年人在物质和精神两个层面都能"老有所养"。当然这并不意味着精神赡养比物质赡养更重要,而是与其同等重要。从回答者中我们可以看到3%的已婚者认为主要是精神赡养。这种想法也是不对的。老年人随着年龄的增长,身体越来越不如从前,需要在物质上给予保障。也可能富裕家庭对物质已经不再欠缺,有些人因为忙于工作,很少陪伴父母、关心父母而选择这一选项,因此上述3%的解释貌似主观。

表5　你认为赡养老人主要包括哪些方面?

	城镇		农村	
	人数	占比(%)	人数	占比(%)
物质赡养和精神赡养缺一不可	88	44	70	35
主要是物质赡养	6	3	19	9.5
主要是精神赡养	6	3	11	5.5

由此可见,在城镇,老人对物质生活的要求并不高,并不需要子女太多的物质付出,他们主要对子女对自己关心不够、不能经常见到子女有看法,这反映出城镇老人对精神赡养的需求。相对而言,农村老人生活要求相对较低,虽渴望但并不苛求精神赡养,与城镇老人的观点不同,农村老人虽然也希望儿女精神赡养,但相当一部分老人认为只要物质生活有保障,不致挨饿受冻就很满足了,并不太注重营养保健、参加娱乐活动等。这是因为他们

生活来源单一，思想受到周围环境的限制，完全依赖子女。在农村，老人参加社会养老保险的极少，他们中很多人因年老疾病而丧失劳动能力后，生活只能依赖子女，没有其他出路，这是农村老人与城镇老人的一个显著区别。而问卷也清楚地反映出，其实作为子女，他们也意识到精神赡养和物质赡养同等重要，之所以仍然有老人对此发出抱怨，有可能是做子女的虽然意识到了问题症结，但各种原因导致子女没有尽到应尽的义务。另外关于子女对赡养义务是否平等的认识上有比较喜人的结果，本次调查显示，91.5%的人认识到子女对赡养父母应负的责任是相等的，同时，也有79%的人认识到赡养父母必须注意物质和精神两个方面，这是我们进一步做好赡养老人工作的思想基础。

三、影响养老意识的因素

1. 文化素质低和法律意识淡薄是导致我国农村家庭养老出现问题的重要因素

"解决养老，首先要敬老，能不能敬老不是由贫富来决定的，而是意识与感情的问题，有了敬老的认识与感情，才会有心、有力、有钱、有精神和有方法解决老年人问题。"[①]中国传统文化的道德基础就是"以孝为本"。诚然，我国历来把孝敬老人作为衡量人道德水准的重要标准，大部分人也继承了孝敬老人这一优良传统。然而，孝道文化正在不断丧失，"大家庭的瓦解动摇了孝道的基础"。随着社会的发展进步，封建体制和封建文化都逐渐瓦解。青年人纷纷走出几世同堂的大家庭，摆脱了礼教控制和家庭的羁绊，导致了家庭中"孝道的丧失以及老年人地位的沦落"。[②] 不可否认的是，部分赡养人

① 穆光宗、姚远：《探索中国特色的综合解决老龄问题的未来之路》，《人口与经济》1999年第2期。

② 蔡笑腾、白海军：《家庭养老缺失及我国农村养老策略构想》，《国家行政学院学报》2010年第4期。

文化素质低,法律意识淡薄,这也是造成有些被赡养人老无所依的原因。

2.传统的养老方式及养老观念仍然影响着现在的人们

首先,无论在城镇还是农村,子女们仍然受传统观念的影响,认为只要能够让老人吃饱饭就算是孝敬父母了,殊不知这种想法是不可取的。在城镇中人们的生活节奏快、压力大,主要精力基本都投入到了工作和其他社会交往之中,导致子女对老人的关注程度有限,久而久之形成一种惯性思维:只要满足老人物质生活的需要,保证他们吃饱穿暖就可以了。农村没有城镇那么紧张的生活节奏,所以年迈的父母想见到子女还是不困难的。但是农村也有不少人认为只要让父母吃饱穿暖就是孝顺了,此外很多地方有“嫁出去的女儿,泼出去的水”的观念,作为女儿她们认为自己没有赡养父母的义务。还有子女之间在父母财产分配、带小孩等问题上相互攀比,认为父母厚此薄彼,自己理应少承担或者不承担赡养义务等,所以在农村我们常可以见到一些老人生活非常艰辛而子女却相互推诿。另外,随着目前我国大量农村务工人员涌入城市,农村的空巢老人越来越多,他们往往独自或带着子女的孩子生活在农村,一年也见不到子女几次,精神赡养方面的需求也在日益增加。

3.社会家庭结构的变化

我国的计划生育政策导致独生子女比重越来越大,造成当今社会中“421”家庭越来越多,这种类型的家庭由四位老年人、两个青年人和一个孩子组成,处于中间年龄层次的青年人压力非常之大。特别是农村老年人的赡养问题更加突出,农村老年人大多生活在经济相对落后却又以“家庭赡养”为主的环境下,他们大多数既没有社保也没有最低生活保障,仅仅依靠传统意义上的“养儿防老”。农村老年人在年纪尚轻、身体健康时是家庭的主要劳动力,这时候几乎没有什么赡养纠纷;但随着老年人的年老体衰,以体力劳动为主的农村老年人也就失去了原有的家庭经济地位,老年人赡养问题也就越来越突出，成了农村的一种社会问题。“独生子女现象的出现，使农村家庭养老的经济风险和子女不孝风险集中而得不到分摊，使养老问题变得十分困难。同时，对独生子女的期望值激增，家庭重心转移到养育子女身上，子女数量的减少并没有带给家庭实际支出的减少，老年人的赡养费用、质量也没能获得改观。”①

四、解决家庭养老现状的对策

从微观上看，现阶段影响家庭养老因素基本还是传统的比较多，尤其是农村地区，来自社会的力量仍显不足，而我们国家经过近几十年的发展，无论经济还是文化等各个方面都较以前有了很大的进步，GDP 总量更是已经跃居世界第二位，再加上我国社会的公有制特性，可以说我国已经从宏观上具备了进一步完善养老政策的经济基础、制度基础和思想基础，因此，未来的家庭养老模式可以从以下几个方面得到体现。

1. 经济支持将更多地甚至全部来源于家庭之外

我们中华民族的传统文化历来非常重视赡养老人，随着社会的发展，我们不能丢弃赡养老人的优良传统，但在形式和内容上应根据时代的变迁而有所变化。具体讲，就是进一步完善政府相关部门的职能，将老年人的赡养问题从家庭承担剥离出来，进而转化为家庭和社会共同承担，社会将越来越起主导作用，家庭更多地将作为社会关怀的配合者，使赡养老人社会化。就是说，政府和社会应当在这方面做更多的工作，社会关怀应当深入到满足老年人的各个方面的需要，比如物质需要、生理需要、心理需要和参与社会活动的需要等，特别是物质需求，即赡养老人的经济支持将更多地甚至全部来源于家庭之外。

---

① 蔡笑腾、白海军：《家庭养老缺失及我国农村养老策略构想》，《国家行政学院学报》2010 年第 4 期，第40 页。

2. 老年人的生活照料主要来源于家庭，同时也可获得社区家政服务支持，进一步完善我国的社会保障体系

努力将更多的人纳入社保体系之内，让更多的人享受到我国经济发展的成果。在广大的农村地区，养老问题基本还是靠传统的养儿防老，如何更好地让更多的人享受到经济发展成果，将更多的人纳入社会保障体系之下，让农村老人依靠社会保障养老，是下一步应该思考的重点之一，也是建设和谐社会的题中之义。

因此，笔者建议相关部门深入调研农村老人赡养问题，加大财政投入力度，进一步完善农村合作医疗制度，探索构建覆盖更加全面、救助更加及时、保障更加充分的社会综合保障体系，比如建立更多的敬老养老机构，进一步提高这些机构的服务标准和服务意识，让更多的农村五保户、无子女等生活困难的老人住进来，使他们老有所养、老有所依。

3. 老年人的情感慰藉将由单一的子女提供转向在老年人与子女、老年人与社区及老年人与同龄人的互动中实现

毋庸置疑，对于儿女来说，赡养老人是天经地义的，不应该把孝顺父母看作是一种累赘，反之，应该把孝敬老人看作是一种幸福，应该珍惜和自己父母相处的每一分钟。发自内心地主动和老人沟通，及时了解他们的需求。比如多关心一下老年人的身体健康，多和老人联系，条件允许的话常回家看望老人。鼓励不同地区探索各种形式的老年人继续教育模式，给广大老年人提供各种学习、活动场所，以丰富他们的晚年生活，引导他们培养积极乐观的精神状态，为经济社会发展发挥余热。“在日本，各种形式的老年俱乐部数量相当可观，它们通常是居住在同一小区域的老年人提高教养、增进健康、进行自主社会服务的组织，通过实施健康咨询、趣味娱乐、健康讲座等方

式，为老年人提供了欢度余暇的机会。”[①]我国有的地方设立了老年大学、老年协会等，都是与此相似的组织，通过组织各种形式的集体活动给当地的老年人提供相互交流学习、增进感情的机会，这样老年人就减少了在精神上对子女的过度依赖，精神状态也得到了很好的改善，积极参与各种社会活动，比如老年志愿者甚至退休再就业等，从而实现“老有所养、老有所为、老有所学、老有所乐”。

参考文献：

陈赛权：《中国养老模式研究综述》，《人口学刊》2000 年第 3 期

叶敬忠、贺聪志：《静寞夕阳——中国农村留守老人》，社会科学文献出版社 2008 年版

梁鸿、赵德余等：《中国老龄化与中国农村养老保障制度》，上海人民出版社 2008 年版

李萍 ：《中国道德调查》，民主与建设出版社 2005 年版

殷培培：《甘肃省老年人赡养问题的调查》，《甘肃农业专题调研》2009 年第 9 期

证严法师：《色难——孝顺的故事》，复旦大学出版社 2009 年版

张仕平：《中国农村家庭养老研究》，《人口学刊》1999 年第 5 期

穆光宗、姚远：《探索中国特色的综合解决老龄问题的未来之路》，《人口与经济》1999 年第 2 期

蔡笑腾、白海军：《家庭养老缺失及我国农村养老策略构想》，《国家行政学院学报》2010 年第 4 期

刘晶：《构建城市居家老年人口生活质量评价模型的研究》，《上海市社会科学界第六届学术年会文集》2008 年

谢元鲁、王定璋：《中国古代敬老养老习俗》，陕西人民出版社 2004 年版

张静：《我国老年人精神赡养的重要性及对策》，《黑河学刊》2008 年第 1 期

原口俊道、陆留弟、黄泽民：《中日经济、社会、文化比较研究》，华东师范大学出版社 2001 年版

---

① 原口俊道、陆留弟、黄泽民：《中日经济、社会、文化比较研究》，华东师范大学出版社 2001 年版，第 285－286 页。

第三章
当代中日两国亲属意识比较研究
——以亲属认同和交往为线索

张　宬　王　蕊　苏　喆

导言

亲属是伴随着婚姻、血缘、法律等关系成立的重要人际关系和社会关系。有学者指出："人类最重要的原初关系，系建立在他和其亲属之间，他和世界中其他部分的关系是依照此一模式而建立，而且必须与之整合。"①在中国，历史上人们通过血缘和亲缘，结成政治、经济上相互依赖、具有某种共同利益的亲属集团，形成宗法社会的基础。在日本，也如学者指出的那样，亲属网络是家族制度的核心。亲等制度②是亲属制度的重要内容，它是计算亲属关系亲疏远近的尺度，是亲属间的权利义务关系的依据③。即使在社会政治、经济制度等发生巨大变化的今天，亲属关系仍然是中日两国重要的社会关系，在人们的生活中发挥着不可忽视的作用。

毋庸讳言，由于社会制度不同，经济高度发达且跻身于世界先进行列的

① 许烺光：《宗族、种姓与社团》，黄光国译，台北南天书局 2002 年版。

② 亲等是中外法律上计算亲属关系亲疏远近的单位。亲属关系除有血亲、姻亲和尊亲属、卑亲属等区别外，还有亲疏远近之分。亲等越多，关系越远。

③ 李卓：《中日家族制度比较研究》，人民出版社 2004 年版，第 89 页。

日本，与经济尚处于发展中国家之列的中国，受各方面因素的影响，理应在亲属意识上也存在一定的差异。基于这样一种假设，通过对中日两国民众对亲属关系的认同和亲属间的交往进行探讨，分析当代中日两国在亲属意识上到底存在哪些异同、其根源何在即是我们在此要解决的问题。对此问题的研究也是考察社会现代化进程的不同发展阶段对人们团体意识所产生影响的重要方面，同时，了解日本亲属意识的特征对展望我国未来亲属集团的发展方向，以及对于我们处理激烈变动社会中的复杂矛盾和建设和谐社会都将会有所启示，同时也是为加深中日间在较深层面上的相互理解所做的一次尝试。

一、中日两国关于亲属的定义和范围比较

1. 中日亲属定义比较

“亲属”一词在中国由来已久。古文献中有大量对亲属一词的释义。[①]由此可以看出，“亲”、“属”两字在古代分别有着不同含义，其中“亲”表示的关系密切程度要大于“属”，但二者均表示有别于平常人的亲密关系，并且已经成为划分宗族、远近关系的一个重要标准。中国最早的亲属制度或可追溯到周礼中的“昭穆”制度。《周礼・春官・小宗伯》：“小宗伯之职，掌建国之神位，右社稷，左宗庙……辨庙祧之昭穆[②]。”昭穆的本义是宗法制度对宗庙或墓地的辈次排列规则和次序，也指古代祭祀时，子孙按宗法制度的规定排列行礼，后引申为家族的辈分关系，泛指宗族关系。《红楼梦》第五三回中

---

① 例如：《说文》中解释说“亲，至也”、“属，连也”；《广雅》里说“亲，近也”；《礼记・大传》里说“亲者，属也”；上述释义中的“亲”很可能就是指血缘上的联系，我们也不难看出亲属关系应该是较为亲密且有别于常人之间关系的。此外，《礼记・大传》中还有“亲亲故尊祖，尊祖故敬宗，敬宗故收族”；“继之以姓，义无绝也。故同姓为宗，合姓为属。”汉代刘熙在《释名・释亲属》中称：“亲，衬也，言相隐”，“属，续也，恩相连属也”。

② 郑玄注：“自始祖之后，父曰昭，子曰穆”。又《春官・冢人》：“先王之葬居中，以昭穆为左右。”如《礼记・祭统》：“夫祭有昭穆。昭穆者，所以别父子、远近、长幼、亲疏之序而无乱也。”

有："只见贾府人分了昭穆，排班立定"。亲属概念在中国古代法律文献中也已多见[1]，并已经与现代意义上的亲属含义趋于一致。根据现行《婚姻家庭法》规定，"亲属是基于婚姻、血缘、法律拟制而产生的具有一定权利义务内容的特定自然人的社会关系"。而在遗传学和社会学意义上，亲属泛指由婚姻、血缘所连接的一切具有血缘同源性婚姻相关性的个人之间的关系。

在日本亲属一词用"亲族"来表示，始于1898年（明治31年）实施的《明治民法》。在其第五章《关于亲属的规定》里，虽然没有对亲属的概念作出明确解释，但内容涉及父母、婚姻、夫妻关系、"家督相续"、养子制度等概念，认为涉及这些关系的人都应该包含在亲属范围之内。而现行《民法》(1947年）中，则作出了相对明确的解释。其第四编—"亲族编"中写道："具有血缘和婚姻关系的人就构成亲属。"

通过比较上述内容可以发现，从中日两国现行法律中的表述来看，两国关于亲属的定义是相近的，即是"由血缘、婚姻、法律关系产生的社会关系"。

具体来看，中国"亲属"一词的应用虽然经过了由分到合并相对简化的过程，但其对血缘和婚姻的要求一直都没有发生任何变化。

另外，从日本《明治民法》也可以推断出养子在日本社会中的特殊地位。中国虽然也承认养子的合法地位，却深受"同姓不婚，异姓不养"观念的影响，对血缘关系有着较为严格的要求，在这一点上与日本有着很大的不同。关于这一点，将在后文作进一步论述。

2. 中日亲属范围比较

法学上的"亲属范围"概念，是指为国家法律所调整的、具有权利义务关

---

① 许莉：《"中华民国"民法·亲属研究》，法律出版社2009年版。书中指出，就法制而言，中国封建时代前期、中期的法律中称亲之处较多，如期亲、大功亲、小功亲、缌麻亲等。但也有将"亲属"二字连用的，如《唐律·户婚》中规定："诸监临之官，娶所监临女为妾者，杖一百，若为亲属娶者亦如之……"；疏义中的解释是："亲属，谓本服缌麻以上亲及大功亲以上婚姻之家。"及至明清，"亲属"二字连用始于律例，如"妻与夫亲属相殴"条，"同姓亲属相殴"条、"亲属相奸"条等。

系的亲属。亲属作为一种基于婚姻、血缘和法律拟制形成的自然人之间的社会关系，不可避免地要有上下各代、左右血缘的联系。不同国家对亲属范围的规定也是不尽相同的。

在古代，中国主要以“五服”制度来确定亲属范围；而日本模仿“五服”创立了“五亲等”制度，也将亲等制度作为后来限定亲属范围的方法①。

中国封建社会是由父系家族组成的社会，以父宗为重。其亲属范围包括自高祖以下的男系后裔及其配偶，即自高祖至玄孙的九个世代，通常称为本宗九族。在此范围内的亲属，包括直系亲属和旁系亲属，为有服亲属，死为服丧。亲者服重，疏者服轻，依次递减②，服制按服丧期限及丧服粗细的不同，分为五种，即所谓“五服”③。五服之后则没有了亲缘关系，可以通婚。一般情况下，家里有婚丧嫁娶之事，都是五服之内的人参加。《大清民律草案》中对亲属范围的限定为四类④。1931 年，国民党政府颁布的民法亲属编，借鉴西方亲属立法，废弃了过去因传统宗法所作的宗亲、外亲、妻亲的分类，但并没有对新的亲属类别做出具体说明。

我国现行法律并没有关于亲属范围的概括性规定，而是采取分别限定的方法。例如我国《婚姻法》禁止结婚的亲属范围是直系血亲和三代以内的旁系血亲；有抚养义务的亲属范围是配偶和父母子女。夫妻、父母、子女之间有相互继承遗产的权利。《民法通则》和《刑事诉讼法》也没有对亲属范围作出明确规定，但都引入了“近亲属”这个法律概念。《民法通则》在第 17 条

---

① 李卓:《中日家族制度比较研究》，人民出版社 2004 年版，第 89—95 页。

② 《礼记・丧服小记》所谓“上杀、下杀、旁杀”即此意。

③ “五服”制度是中国礼治中为死去的亲属服丧的制度。它规定，血缘关系亲疏不同的亲属间，服丧的服制不同，据此把亲属分为五等，由亲至疏依次是：斩衰、齐衰、大功、小功、缌麻。本来的五服指的是五种孝服，后来，五服也指代五辈人，比如在山东胶东半岛一带，有“五服之内为亲”的说法，就是利用上面那句话，往上推五代，从高祖开始，高祖、曾祖、祖父、父、自己，凡是血缘关系在这五代之内的都是亲戚，即同出一个高祖的人都是亲戚，从高祖到自己是五代，就成为五服。

④ 四亲等内之宗亲。夫妻。三亲等内之外亲。二等亲内之妻亲；父族为宗亲，母族及姑与女之夫族为外亲；妻族为妻亲。

关于监护人说明时提到，亲属包括配偶、父母、子女及其他近亲属和关系密切的其他亲属；《刑事诉讼法》第 82 条中指出近亲属是指夫、妻、父、母、子、女、同胞兄弟姊妹。

日本《明治民法》第五编亲属编中没有明确对亲属范围作出规定，只是对应遵从该条例的人做了说明，分别由“家族成员”、“父母”、“隐居者(退隐并转让家长权的人)”、“家督相继人(继承家业的人)”、“夫妇”、“养子”；但其第 63 条也指出“即法律不适用于法律实施时不在家的人”。而现行《日本民法典》亲属编首条即规定了亲属的范围，第 725 条规定：“下列人为亲属：①六亲等内血亲；②配偶；③三等亲内的姻亲。”

通过法律规定我们可以看出中日两国的亲属范围都包括家庭成员，同时承认养子也是亲属，进一步而言是家庭成员的一部分。这充分说明无论是哪个国家，家庭对一个人而言都是不可或缺、维系感情的重要单元。然而两国由于文化、社会环境的差异，在亲属范围上还是不尽相同的。

首先，从范围大小来看，《明治民法》中涉及的亲属范围要远远小于中国封建社会的“五服”制度。其亲属范围仅涉及家庭成员。虽然儿媳和养子最初也都是外人，但是通过结婚、收养等程序最终还是融为家庭的一部分。而中国则包括“本宗九族”①。虽然现行《日本民法》将亲属的范围有所扩大，涉及六等血亲、三等姻亲，但也同时指出，随着“家制度”的废除，以夫妇和孩子为中心的家庭(婚姻家庭、核心家庭)逐渐占据了社会的主流，所以现今比起“亲族”一词而言“家族”一词被应用得更广泛一些，所以我们不妨推测，日本现今的实际交往的亲属范围并没有法律规定的那么广。快速的核心家庭化

---

① “九族”泛指亲属。但“九族”所指，诸说不同。一说是上自高祖、下至玄孙，即玄孙、曾孙、仍孙(古时称从本身下数第八世孙为仍孙)、子、身、父、祖父、曾祖父、高祖父。代表人物有孔安国、马融和郑玄；一说是父族四、母族三、妻族二，父族四是指姑之子(姑姑的子女)、姊妹之子(外甥)、女儿之子(外孙)、己之同族(父母、兄弟、姐妹、儿女)；母族三是指母之父(外祖父)、母之母(外祖母)、从母子(娘舅)；妻族二是指岳父、岳母。代表人物为许慎。虽然二者定义不同，但我们仍可以看出其涉及的范围都相当广。

可能促成日本人的实际亲属范围呈现出日渐缩小，直到局限于每个家庭单位的趋势。这一点在当代中国也存在相同的倾向。

其次，日本的《明治民法》和中国古代法律都体现了“男子本位”的思想，具体表现为日本的“家督继承”和中国的“重男轻女”的思想①，但是日本法律中没有涉及亲属的分类，而中国不但明确地做出了分类，还对其等级进行了明确的规定②，从这当中也可以看出其中“男尊女卑”的封建思想。此外，中国现行法律中还有近亲属的概念，这也是日本法律中所没有的。

二、中日亲属认同和交往现状比较

本节主要结合对问卷调查的结果分析，试图对当代中日亲属认同和交往现状作出归纳。现将实施问卷调查的基本情况进行简要说明。

调查地点：

调查地选定为中国的内蒙古自治区赤峰市、北京市朝阳区三间房乡与日本的爱知县丰桥市及其周边。之所以选择内蒙古赤峰和爱知丰桥两地调查，主要考虑到两地同是中等城市，同处在大城市圈的辐射边缘（中国京津唐地区和日本名古屋城市圈），样本具有一定的代表性和可比性；而增添北京三间房乡这一调查地，是因为该地属于大城市近郊，处于新兴商业区——朝阳区与传统上的远郊区县——通州区之间的过渡地带，可以与内蒙古赤峰在发展程度上拉开一定的差距，考察该地对把握中国大城市的情况或将有所启示。

---

① 究其原因可以总结如下：在中国，奴隶社会和封建社会一直都实行宗法制度，以男子为中心，重男系血统而轻女系血统；而日本《明治民法》在制定时将武家法纳入其中并采取了家父长制。

② 在中国，奴隶社会和封建社会实行宗法制度，以男子为中心，重男系血统而轻女系血统。宗法制度下，最初将亲属分为宗族和外姻两类：宗族亦称为宗族本亲或内亲。它以本宗男子为主体，也包括加入本族的女子和本族尚未出嫁的女子。外姻又称为外亲，是指母族、女系血族及妻族。明清时期，律例中将妻族从外亲中分离出来，在礼法中确立了宗亲、外亲和妻亲的三分法体制。清末历次民律草案仍以男性为本位，将亲属分为宗亲、夫妻、外亲和妻亲四类。

调查对象和内容：

本次调查是以家庭为单位，以男女户主为中心，分不同年龄段对家庭成员（成年人为主）进行的关于亲戚的认同和交往情况的问卷调查，每户一份。为了便于比较，在中国和日本发放的问卷调查的设问是一致的。调查内容主要为对亲戚的认同和交往。即：(1)亲戚往来的承担者；(2)亲戚的范围；(3)与亲戚往来的内容；(4)与亲戚往来的方法。

调查样本情况：

在日本发放问卷150份，回收有效问卷71份，回收率47.33％；在中国发放问卷200份，回收有效问卷187份，回收率93.5％。

调查时间：2000年7月至11月。

下面就通过对这些问卷统计的数据分析结果及相关资料对中日两国的亲属交往现状和特点进行简单的分析。

1. 中日亲属认同意识上的差别

在亲属认同上，中国人在对父系亲属的认同意识方面要明显高于日本人。中国人比日本人更重视血缘上的亲属，而日本人则对姻亲和血亲的区别意识不强。

(1)中国人更重视父系亲属，日本人更重视母系亲属。

我们来看下面几组数据。

表1 您认为父亲方面的亲属重要吗？

	中国		日本	
性别	男(％)	女(％)	男(％)	女(％)
重要	85.57	87.00	69.01	67.61
不重要	14.43	14.43	23.09	28.17

表 2　您认为母亲方面的亲属重要吗？

	中国		日本	
性别	男(%)	女(%)	男(%)	女(%)
重要	80.30	88.89	71.83	77.46
不重要	19.70	11.11	22.54	21.13

综合以上表格内容和数据，我们发现：中国人(男 85.57%，女 87.00%)对父系亲属的重视程度要明显大于日本人(男 69.01%，女 67.61%)，即中国人对父系亲属更重视；与之相对，日本人认为母系亲属重要的比率(男 71.83%，女 77.46 %)都要高于他们认为父系亲属重要的比率(男 69.01%，女 67.61%)。这也从侧面说明了日本人对父系亲属的认同感不如中国人那样强烈。

(2)日本人对姻亲和血亲的区分意识不强。

在此次调查中我们发现，在“户主以自己为中心，您认为周围哪些人是您的亲属”的问题上，在中日两国选择“父母、兄弟姐妹”的比例趋于一致的情况下，对“配偶的兄弟姐妹”的选择却发生了较大的分歧。中国人回答“配偶的兄弟姐妹”的男女户主分别占 14.55%和 4.23%；相对应的日本男女户主的选择比例则是 42.25%和 43.66%，这一数据证明，在对配偶的亲属——姻亲的认同度上日本人要远远高于中国人。又如下表：

表 3　您认为夫妻双方的亲戚重要吗？

	中国		日本	
性别	男(%)	女(%)	男(%)	女(%)
双方都重要	66.67	74.50	81.69	90.14
双方都不重要	7.51	1.50	4.23	2.82

从表 3 来看，在“夫妻双方的亲属都重要”的选项上，中日两国比例所占最大，但日本人(男 81.69%，女 90.14%)的比例均大于中国人(男 66.67%，女 74.50%)。这一点也间接反映出日本人对血亲和姻亲的区别意识要弱于中国人。

(3)称谓上反映出的亲属认同差异。

对亲属的称谓是亲属意识的直观反映，上述特点还直接体现在中日两国亲属称谓的差别上。

我们从中国人回答的问卷发现，里面大量涉及“叔叔”、“伯伯”、“姑父”、“舅舅”、“姨父”等词汇，而对应的日本方面仅是用「おじ」来表示，根本无法判断出其到底是父系亲属还是母系亲属。同样的，祖父母（爷爷、奶奶）和外祖父母（外公、外婆）在日文问卷中也被笼统地表现为「祖父母」（「おじいさん、おばあさん」），虽然书面用语有「父方祖父母」、「母方祖父母」的说法，但在日常生活中，尤其在亲属意识形成的关键时期——幼年和少年时期，不难推测整天喊着「おじいさん、おばあさん」的日本孩子难以像中国孩子一样直观感受到父系与母系亲属的差别。笔者也就此问题对身边的日本朋友进行调查采访，调查结果显示，89.5％的人认为意识中的「おじ」是表示父母亲的兄弟；但对于究竟是母方、还是父方的兄弟，72.3％的人认为并不会做出特别区分，而且在感情的认同方面也不会有远近区别。此外，类似的还有“表兄妹、堂兄妹”和「いとこ」等。

与此同时，日语的亲属称谓系统还存在血亲和姻亲分别表述的现象。即「実の親族」和「義理の親族」的两类表述。问卷中也出现了如「実妹」（亲生妹妹）——「義妹」（义妹，干妹妹；小姨子；弟妹。）「実父」（生身父）——「義父」（义父；养父；继父；岳父；公公）。将姻亲贴上“义理”的明显标签，纳入亲属系统，日本在这一点上与英美国家相似，而与中国不同。

2.中日亲属认同与实际交往现状的对比

法律上明确规定了亲属的范围，人们的亲属认同意识左右着人们实际的亲属认同范围，那么在实际交往中，由于居住条件、生活条件等各方面的限制，人们的亲属交往范围是否和意识中的亲属范围一致呢？会有什么样的变化呢？

我们在前文对亲属范围的介绍中也提到过，虽然现行《民法》将亲属的范围扩大到六等血亲、三等姻亲，但也同时指出，随着“家制度”的废除，以夫妇和未婚孩子为中心的家庭（婚姻家庭、核心家庭）逐渐占据了社会的主流，所以现今比起“亲族”一词而言，“家族”一词被应用得更广泛一些。所以我们不妨推测，日本现今实际交往的亲属范围并没有法律规定的那么广。而事实上通过问卷分析，我们也同样验证了这一推断。以下就对中日两国实际亲属交往现状进行分析。

（1）中日两国亲属间的实际交往范围普遍小于认同范围，而且交往内容也很受限制。

在问卷的第二部分笔者对两国亲属的认知范围进行了调查。从统计结果来看，双方所填范围均很广泛，基本上涵盖了父母、兄弟姐妹、岳父母以及其他父方和母方亲戚等，这一点与法律条文的规定也基本一致（详见前面亲属范围）。由此可见，在中日两国人们的意识里，法律上的亲属依然是很宽泛的概念。然而参照下表内容我们却发现，实际生活中往来最多的亲属，以及遇到问题求助的亲属当中，排在前四位的是双方父母和兄弟姐妹，但比重均处于50％以下（除中国的兄弟姐妹这一项以外），而其他亲属所占比例则小之又小。数据如下：

表4　亲戚往来时，与谁往来的最多（选择两项）？

	中国（％）	日本（％）
1. 自己的父母	43.66	43.66
2. 配偶的父母	35.68	30.99
3. 自己的兄弟姐妹	55.40	42.25
4. 配偶的兄弟姐妹	31.92	23.94
5. 自己的表兄弟姐妹	2.35	1.41
6. 配偶的表兄弟姐妹	1.88	0

表 5 在过去五年里，当户主您为难时，您同谁商量过？

	(中国)女(%)	(中国)男(%)	(日本)女(%)	(日本)男(%)
自己的父母	27.70	23.94	36.62	15.49
配偶的父母	10.80	12.21	9.86	4.23
自己的兄弟姐妹	28.64	22.07	36.62	29.58
配偶的兄弟姐妹	7.98	2.35	11.27	4.23

(2)中国人对姻亲亲属的认同较弱，但实际交往却比较频繁；日本人对姻亲亲属的认同较强，但实际交往却比较淡漠。

如，表 4 中在“亲戚往来时，与谁往来的最多”这一问题上，中国人(35.68%)回答“配偶的父母”的比率要高于日本人(30.99%)，回答“配偶的兄弟姐妹”的情况亦然：中国人(31.92%)，日本人(23.94%)。又如，表 5 中在“过去五年里，当户主您为难时，您同谁商量过”这一问题上，中国人回答“配偶的父母”的比率(男 12.21%，女 10.80%)也高于日本人(男 4.23%，女 9.86%)，这说明中国人与姻亲的实际交往要比日本人更多。

(3)中国人的“家宴情结”。

中日两国在实际亲属交往范围和内容上都呈现出了缩小和简化的共性，但是在交往内容的“吃饭问题”上却表现出了较大的不同。

表 6 您平时同亲戚(亲戚一家)一起吃饭吗？

	中国(%)			日本(%)		
	男户主	女户主	家庭成员	男户主	女户主	家庭成员
是	71.74	66.84	59.24	39.44	46.48	36.62
不是	28.26	33.16	40.76	69.01	52.11	61.97

从表 6 可以看出，无论受访者在家庭中的身份(男户主、女户主、家庭成员)如何，中国人与亲属一起团聚吃饭的几率远远大于日本人，这与中国“阖家团圆”的传统思想分不开，中国人重视家庭聚餐，具有一种“家宴情结”。

(4)中国人在亲属交往中，有功利化和实用主义的倾向。

当代中国人的亲属意识中，一方面在亲属认同上有弱化、集中化的趋势;另一方面在亲属交往中却存在功利化和实用主义的倾向。具体表现为:在传统意义上亲疏程度相同的情况下,重视可能给自己带来实际利益的"阔亲戚",疏远可能给自己带来麻烦的"穷亲戚";而在实际生活中,不乏超越既定亲属间关于远近亲的习惯、认为"远房当领导的阔表舅"亲于"下岗多病的亲叔"之类的例子。以功利的诉求为目的,利用人们对亲属的认同感来"攀亲戚,走后门"的意识自古有之,在当代中国更显得极端化。平日里几十年不联系、"八竿子打不着"的亲戚以婚丧嫁娶为名敛财,因求职升官"走动"、送礼,亲属关系俨然成为内部交易的一块敲门砖。

三、当代中日亲属意识异同的分析

1. 当代中日亲属意识均表现出的弱化倾向是社会发展的必然趋势

我们知道,家族制度存在的主要目的可以归结为:(1)祭祀祖先,(2)传续谱系、繁衍后代,(3)传承家业、传播家风。亲属制度作为家族制度的一部分,在家族内部规定了成员与其他成员之间关联的密切程度,向家族成员提示家族内的秩序。因此,亲属制度的盛衰与家族制度的勃兴息息相关。

在原始社会,人类集体狩猎而生,群婚聚族而居,亲属意识是一种天然的本能。奴隶社会末期,由于农业生产的需要,大量的平民庶人从宗法制的束缚下解脱出来,变成独立户头的个体小农[①],父子兄弟同居的大家庭逐渐被壮年夫妇为中心的三代小家庭取代。[②] 进入工业社会后,机器化大生产和社会分工的进一步细化导致了家庭的进一步缩小。核心家庭的普及极大地冲击了传统的家族制度,也改变了人们的亲属意识。家庭作为共同居住并共同享有财产的生活场所、生产单位,家庭的缩小化必然造成亲属意识的弱化。

---

① 邢铁:《唐宋分家制度》,商务印书馆 2010 年版,第 12 页。

② 同上,第 11 页。

2. 中日对父系与母系亲属、血亲与姻亲在认同和交往上的差异源于文化结构上的不同

日本传统的“家”意识造就了日本人不过分执着于血缘的特点，而中国传统的伦理道德又决定了中国人摆脱不开血缘关系的牵绊。

血缘，古往今来在中国人心目中都是神圣的，自西周社会宗法制度形成以来，血缘关系就成了中国人伦理道德的基础。宗法制是周代为解决贵族之间在权力、财产和土地继承上的矛盾而实施的一种措施。通过把大的血缘纽带同政治关系结合起来的方法，确定了贵族特权，加强了王权，也因此强化了人们家族血脉相连、认祖寻宗的思想。在此思想的影响下，“同姓则同德、同德则同心、同心则同志”①成为家族社会人际关系的准则。相对而言，日本人更关心的是家的延续性，是一种超血统的存在，所以实际生活中，包括在亲属交往中血缘关系都不是其判断的首要条件。因此，中日两国在亲属认同上出现了较大差异。

正是由于重视“血的共同”，所以由近亲组成的集团对中国人而言就显得更为重要，也因此产生了细致区别亲属集团成员的需要，也就是对父系亲属和母系亲属的不同称呼。而在日本由于对成员关系的淡漠，使其没有必要对亲属称谓进行过分细致的划分，而统称为「おじ」或「おば」。

另外，对血缘关系的认同，使得中国人对父系亲属怀有一种更为深厚的情感，人们常说的“血浓于水”也是教育大家要重视血脉相传的家族成员的关系。相对的，由于日本重家轻血缘的态度，使其打破了家族血缘关系的封闭性，于是人们可以为了家业去选择有能力有品德的家业继承人，而不论其是否具有与自己相同的血缘。

3. 日本人对养子的高度认同和重视是其独特亲属意识的集中体现

日本人不拘泥于血缘、重视实际交往的独特亲属意识集中体现在对养

---

① 出自《国语·晋语》。

子的高度认同和重视上。

据官文娜(2003)的考察：日本早期的养子制，可以分为前期收养血缘亲族为主且以不论辈分为其特征和后期则以非血缘的异姓养子为主两个阶段[①]。日本明治31年法律就将养子不仅纳入了亲属的范围，还进一步纳入到家庭的范围中，养子始终是日本家庭的重要组成部分。在中国收养制度自秦汉时就已经存在，从唐朝到明清历代也有收养子女的规定，其收养制度分为两种“立嗣”和“乞养”[②]，古时中国对养子存在较大的限制。我国现行《收养法》对收养双方在血缘、姓氏上的要求出现很大的松动。

通过比较不难看出，同时期日本的养子制度比中国的收养制度更显灵活。从两国对养子资格限制要求的变化中我们可以发现，随着法律对被收养子女与收养人之间血缘联系程度要求的不断宽容，收养关系作为一种拟制血亲关系使亲属范围得以扩展。但在两国的亲属认同中，对养子的接受程度还是存在较大差别的。中国人“重直系”、“重血亲”的观念根深蒂固，对认同养亲这件事情多少还会有些不习惯；而日本人自江户时代以来，无论从制度层面还是社会心理层面对养子的认同已经趋于稳定。同时也可以说，正是日本人对养子的认同和重视，影响和丰富了其特有的亲属意识。

结语

本文以问卷调查为基础，对中日亲属意识的异同进行了探讨。其中的亲属意识研究是以亲属认同和亲属交往两方面为线索展开的。通过比较我们发现：

---

① 从平安时代后期律令制的解体到12世纪镰仓幕府武士政权的创立，可以分为两个阶段。前期以平安贵族收养血缘亲族为主且以不论辈分为其特征；后期则以非血缘的异姓养子为主，武士阶层以“养子愿书”、庶民家以“养子证文”来确立养父子关系为其特征。

② 其中“立嗣”的目的是继承宗祧，所以规定只能立同宗同姓辈分相当的男性成员（一般为侄子）为嗣子；而“乞养”，则是非亲属间收养，法律规定不得收养异姓男子，且不享有继承权利。

1. 从亲属认同上看，首先，中国人更重视父系亲属，日本人更重视母系亲属；日本人对姻亲和血亲的区分意识不强。通过分析我们知道，中日对父系与母系亲属、血亲与姻亲在认同和交往上的差异源于文化结构上的不同。日本传统的“家”意识造就了日本人不过分执着于血缘的特点，而中国传统的伦理道德又决定了中国人摆脱不了血缘关系的牵绊。其次，中日两国亲属间的实际交往范围普遍小于认同范围，而且交往内容也很受限制。中国人对姻亲亲属的认同较弱，但实际交往却比较频繁；日本人对姻亲亲属的认同较强，但实际交往却比较淡漠。

2. 从亲属交往上看，中国人的亲属交往中有“家宴情结”，重视家庭的团聚和共享美食是独特的文化现象。另外，中国人在亲属交往中有功利化和实用主义的倾向，存在利用亲属关系达成功利化目的的倾向和传统。

3. 当代中日亲属意识均表现出弱化倾向，这是社会发展的必然趋势。亲属制度的盛衰与家族制度的勃兴息息相关。在城市化高速推进的今天，核心家庭化成为趋势。家庭越来越小，亲属也越来越少，家族制度和亲属制度都日渐式微，因此，亲属意识的衰弱也是有其合理的社会背景的。

参考文献：

吕思勉：《中国制度史》，上海三联书店 2009 年版

许烺光著，黄光国译、国立编译馆主译：《宗族、种姓与社团》，台北南天书局 2002 年版

李卓：《中日家族制度比较研究》，人民出版社 2004 年版

江新兴：《近代日本家族制度研究》，旅游教育出版社 2008 年版

尚会鹏：《中国人与日本人——社会集团、行为方式和文化心理的比较研究》，北京大学出版社 1998 年版

邢铁：《唐宋分家制度》，商务印书馆 2010 年版

许莉：《〈“中华民国”民法・亲属〉研究》，法律出版社 2009 年版

薛宁兰、金玉珍：《亲属与继承法》，社会科学文献出版社 2009 年版

杨大文:《亲属法》(第八章),法律出版社 2003 年版

中国民法典立法研究课题组:《中国民法典草案建议案》(第六编亲属), 法律出版社 2003 年版

官文娜:《日本历史上的养子制及其文化特征》,《历史研究》2003 年第 2 期

才洪侠、李筱平:《中日亲属称谓对比研究——以〈红楼梦〉为蓝本》,《中北大学学报(社科版)》2005 年第 21 卷第 6 期

第四章
中日防灾意识比较研究[①]
——以中日学校防灾教育为例

周　洁　满新茹　郭攀霞

导言

自然灾害是个全球性问题，特别是近年来，地震、台风、海啸等各种灾害让人们重新反思应该如何更好地应对灾害、保护生命。作为自然灾害频发的国家，日本在防灾减灾中取得的成绩得到了世界范围内的肯定，引发人们的广泛关注。在2011年3月11日的日本东北地区特大地震中，日本国民的防灾意识和面对地震时沉着冷静的自救和互救行为，让我们看到了日本防灾教育体系的卓越成效。日本不仅建立起一套较为完善的灾害对策体制和综合防灾技术体系，而且建成了具有世界先进水平的由政府、社会团体、个人组成的全社会的防灾教育体系。其中，学校的防灾教育在日本的防灾教育体系中扮演着重要的角色。[②]

历次灾难证明，一旦灾害发生，最容易受到伤害的往往是自救能力较差

---

① 本文为北京第二外国语学院2009学年度研究生科学研究基金项目研究成果。项目指导老师为北京第二外国语学院周洁教授，课题小组成员为北京第二外国语学院2009级日本社会文化方向硕士研究生满新茹、郭攀霞、张玉、赵丽同学。

② 黄宫亮：《日本学校的防灾教育》，《中国民族教育》2008年第9期。

的学生，因而2006年联合国教科文组织倡议在全球范围内推动以“减灾始于校园”为主题的活动。日本、印度尼西亚、美国等国家也已在学校开展各种各样的防灾减灾教育活动，并取得了良好的效果。相比之下，中国虽屡遭自然灾害侵袭，在学校防灾教育方面却仍然存在大量问题。特别是汶川地震中大量学生的丧生，又一次向社会敲响了警钟。现有研究指出中国的防灾教育落后，没有受到足够的重视，未能系统地纳入日常教育之中[①]，有限的防灾教育始终停留在刻板化的程式中，人们的灾难知识和逃生技能薄弱，防灾意识薄弱。[②] 现有模式的巨大疏漏使学校防灾体系的重建更具迫切性。学生是祖国的未来，学校是社会的缩影，学校防灾的特殊性和薄弱性决定了我们必须重新审视现有的防灾减灾模式，构建安全的学校环境。

现有的研究成果集中于针对我国防灾教育劣势和日本防灾体系优势的理论分析，数据定量分析少，有限的量化分析也多为就单一地区的数据调查，缺乏区域对比性。理论分析研究对象虽然广泛，但不可避免地出现了针对性不强的弱点。因此本课题小组决定在借鉴前人研究的基础上，先进行调查问卷，有针对性地进一步探讨日本模式的借鉴作用，以期能为探索出符合我国国情的学校防灾体系提供参考。

一、研究方法及过程

本课题旨在通过问卷调查的形式，了解国内中学生防灾意识的现状，分析出我国学生防灾意识薄弱的具体环节及导致其产生的深层社会原因，进而参照日本防灾体系，提出构建我国学校防灾体系的合理化建议。本次研究采用了数据定量分析和资料整理定性分析相结合的方法。

1. 研究问卷的设定

心理学上的认知通过组合可以转化构成行为地理学上灾害认知的几个

---

① 张黎：《应把防灾教育纳入国民教育体系》，《学习时报》2010年1月。

② 李高峰：《灾难教育：学校生命教育的重要场域》，《教育科学研究》2009年第11期。

要素:关注程度、灾害知识、灾害意识和应急行为。关注程度是灾害认知的基础。灾害知识是进一步形成灾害意识、防灾行为的理论基础。灾害意识(尤其是防灾意识)直接影响到人们对于灾害的态度和应对灾害的行为倾向。应急行为是灾害心理认知的外在体现。[①]

基于研究目标和上述理论基础,我们设计了本研究的调查问卷,主要调查内容包括:(1)被调查者的个人资料;(2)灾害关注程度;(3)灾害意识(主要是地震防灾意识);(4)关于地震的理论知识;(5)应急行为;(6)对减灾教育的看法。考虑到学生答题的积极性和认真程度,我们按照这几项调查内容设置了 12 道问题,分项列表如下:

表 1　问卷调查点分项

调查角度	题号	考察点
灾害关注程度	1,3	是否关心城市灾害
	2	了解灾害信息的方式
灾害意识	4	是否注意到避难场所
	5	是否准备避难必要品
理论知识	6,7	地震的基础知识
应急行为	8,9	遇到灾害的自我防护
防灾教育	11	防灾教育参加意愿
	12	防灾教育的期望形式

2. 研究对象的选取

为了研究学生防灾意识的区域性特点,我们采用了抽样调查的方法,分别按照市、县、镇的级别,从华北、东北、西北地区抽取了 1 个城市作为研究对象——天津市、黑龙江省绥棱县、陕西省大柳塔镇。这三个地方可以看作是不同区域、不同级别城市的代表。调查对象为我们从天津市耀华中学、黑龙江省绥棱县林业局第一中学、陕西省大柳塔镇中学 2010 届(初二)随机抽取的三个班级,回答问卷的学生总数为 124 人,男生 64 人,女生 60 人。年龄在

① 苏筠等:《首都大学生的自然灾害认知调查与减灾教育建议》,《灾害学》2007 年 9 月。

14 岁到 17 岁之间。

3. 调查研究的过程

2011 年 3 月 25 日，小组成员分赴三个地区，在当地教师的配合下对学生进行无记名问卷调查，首先我们讲解了调查目的和注意事项，接下来的 15 分钟时间，进行了问卷调查的答题活动。学生问卷回收后我们的小组成员针对防灾教育问题，对当地多名教师进行了随机访问。整个调查过程共向学生发放调查问卷 124 份，回收答卷 124 份，经检查，结果客观有效，问卷质量高。针对问卷，我们首先进行总体分析，进而又进行了三个城市的比较分析，最后按照调查工作计划中确立的指标项目分别做了检验分析。与问卷调查同时进行的是对日本相关资料的收集，在问卷调查结果与所收集资料的基础上，对中日两国的情况做了进一步思考。

二、调查结果分析及我国学校防灾教育现状

1. 调查结果

(1)你认为身边可能会发生什么灾害？

A. 地震　B. 火灾　C. 台风　D. 煤气爆炸　E. 其他

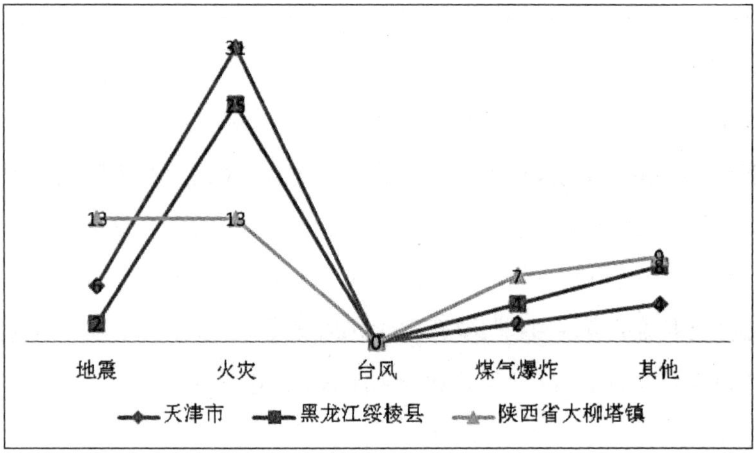

图 1　身边可能会发生的灾害

所选取的三个城市都属于北方城市,且只有天津属于沿海城市。学生们认为其身边灾害的主要类型为火灾,这个比例接近56%,其中天津地区这个选项的比例最高。地震和其他类型灾害的比例并列第二位,其中大柳塔镇的学生认为该地发生地震的几率与发生火灾的几率同样高。据调查,该地并无地震历史,所以笔者推测,学生们有此意识源于近年来的重大灾害报道。此外,各地都有不同比例的学生认为有发生煤气爆炸的可能,这与各地普遍使用煤气管道有一定联系。然而,笔者也发现了一个有趣的现象,虽然天津属于沿海城市,但学生们却没有一个人认为可能发生台风灾害。

(2)你认为身边可能会发生什么灾害?你会从哪里了解灾害信息及预报?

A. 电视　B. 网络　C. 报纸　D. 其他

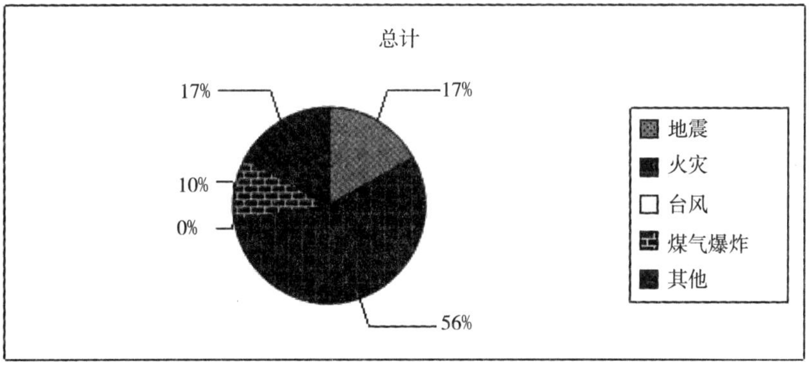

图2　身边可能会发生灾害的比例

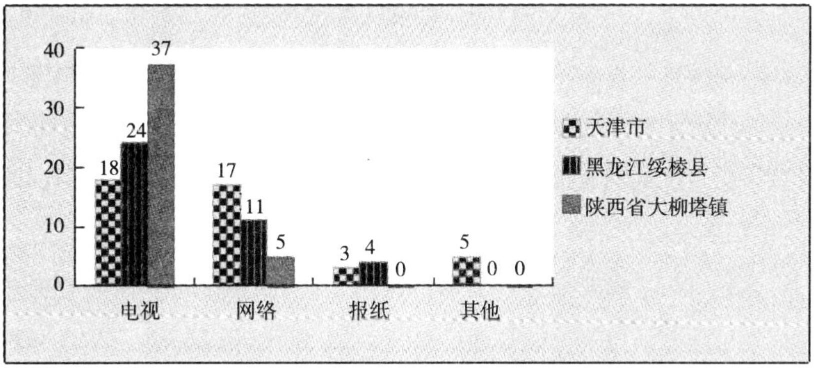

图3　了解灾害信息及预报的渠道(总计)

从上图我们可以知道，同学们了解灾害信息的主要途径是电视，其次是网络，报纸所占比例最小。其中越是发达的地区，互联网的普及程度越高，学生获得灾害信息的方式越多。相对不发达的地区，对电视这一媒介的依赖度更高。所以，未来在宣传上，各地要因地制宜，重点发挥电视媒体在防灾、抗灾方面的优势力量。

(3)你认为地震有可能发生在你身边吗？

A. 可能　B. 不可能　C. 不知道

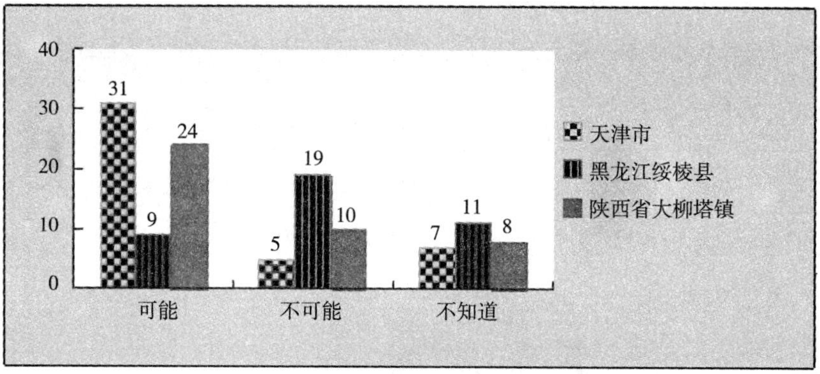

图 4　地震发生在身边的可能性

从总体来看，认为地震可能发生在身边的占到了 52%(64÷124≈52%)，其中天津、陕西省大柳塔镇比例较高，绥棱县的比例相对低很多，这显然与其地理位置有关。天津处于地震带，因而学生们的防灾意识比较高。大柳塔镇位于矿区，学生们对于地震有一定的危机意识也可以理解。而绥棱县在历史上基本没有地震记录，因而，学生们对于地震的恐惧感比较弱，当然，也很容易造成老师和学生的麻痹大意。

将此题与第一题联系起来思考的话会发现，虽然天津学生在此题中回答可能发生地震的比例比较高，但与其他灾害相比，他们认为火灾发生的几率更高。

(4)你知道你所居住的地方哪里有应急避灾场所吗?

A. 知道　B. 不知道

表 2　所居住的地方哪里有应急避灾场所(数据统计)

	知道	不知道
天津市	47%	53%
黑龙江绥棱县	44%	56%
陕西省大柳塔镇	36%	64%
总计	46%	54%

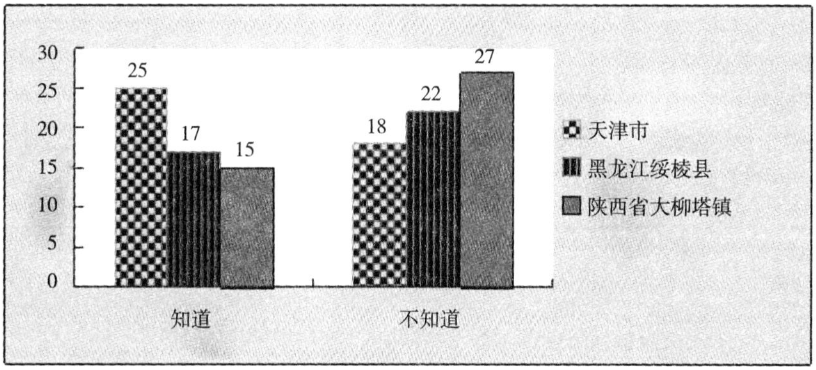

图 5　了解所居住的地方哪里有应急避灾场所的比例(图统计)

由数据可知,不知道紧急避难场所的人略多于知道的人,占到了 54%。而接下来我们在第八题的数据中发现,在熟睡中突遇地震的情况下,有至少 14%的学生会在第一时间选择逃离现场,虽然他们可能并不知道紧急避难场所的位置。也就是说,一旦发生灾情,学生只是单纯地逃离现场,却不了解避难场所,这难免会造成更加混乱的情况。如果是地震、大火灾等比较严峻的灾情,势必会造成更多伤害。因而,建议学校教育能够扩展防灾教育的广度和细度。

当然，我们从三个城市的对比中也发现，随着城市规模的扩大，知道避难场所的人员有所增加。我们可以推测，这一方面是因为大城市的设施比较健全，另一方面是因为大城市的教育比较到位。

(5)你家里有没有准备防震救急物品？

A. 有　B. 无　C. 不知道

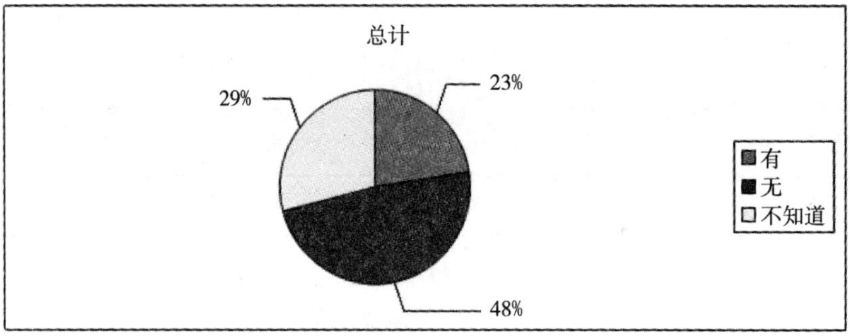

图 6　了解家里有没有准备防震救急物品的比例(总计)

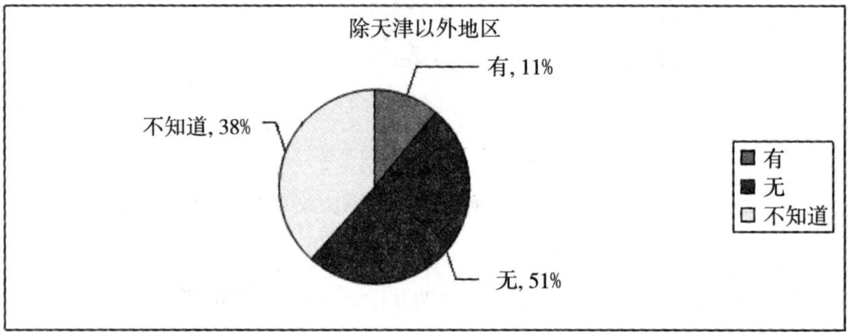

图 7　了解天津以外地区家里有没有准备防震救急物品的比例

我们从图 6 可知，家里有防灾救急物品的只占 23%，没有的占到了 48%。其中天津的 43 名学生中回答家里有防灾救急物品的只有 19 人，由此可见，天津的学校教育并未完全传递到家庭中，同时，家庭防灾教育也远没有达到学校教育的水平。天津以外的两个地区，家中准备救灾物品的只占11%，更是少之又少。

(6)你认为破坏性地震能否预防？

A. 可以　B. 不可以　C. 不知道

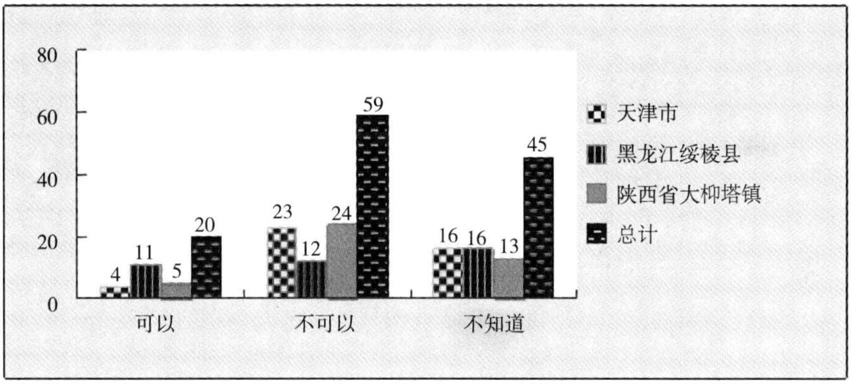

图8　了解破坏性地震能否预防的比例

只有约48%(59÷124≈48%)的学生清楚地知道破坏性地震不可预防，由此可见，学生们的地震常识有些不足。在三个城市中，绥棱县的学生在这方面表现得最不好。看来，地震常识的科学教学还有待加强。

(7)引发地震的因素是什么？

A. 地壳变动　B. 月球引力　C. 人为作用

从第7题我们可以看出只有43%的学生了解地震的诱发因素，高达57%的学生不能正确回答，即便是防灾教育做得最好的天津市，错误率依然高达49%[(13+8)÷43≈49%]，由此可见中学生地震科普知识的匮乏程度。

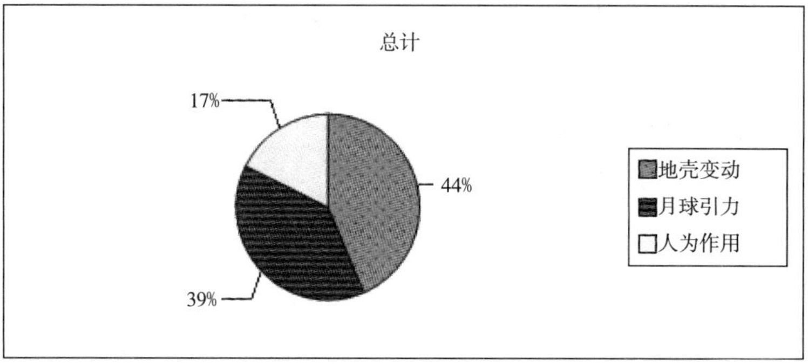

图 9　引发地震的因素

(8)你正熟睡时,突然地震,你的第一反应是什么?

A. 赶快找个地方躲　B. 赶快逃出去　C. 先继续睡,如果摇得厉害再说

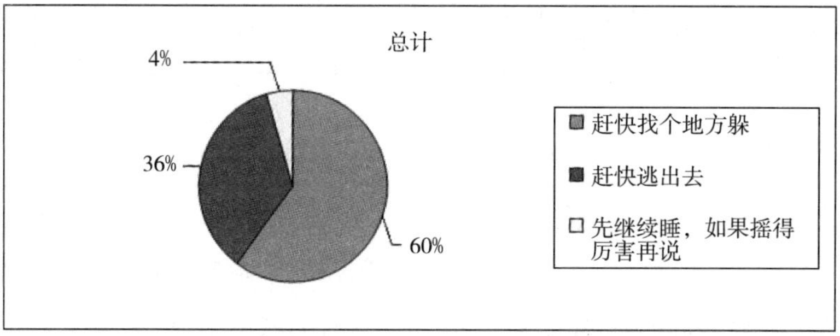

图 10　熟睡时,突然发生地震的第一反应(总计)

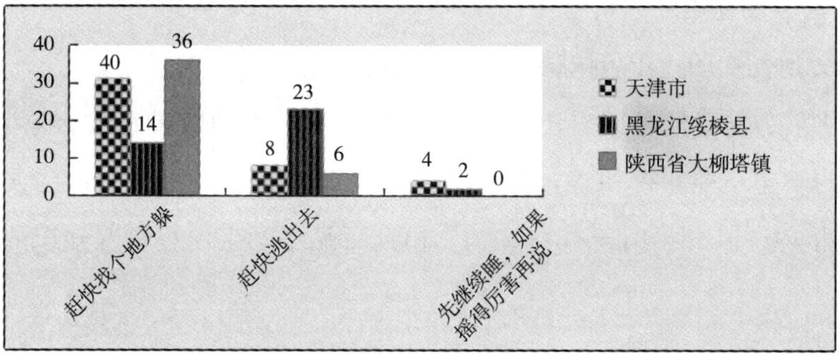

图 11　熟睡时,突然发生地震的第一反应(分项)

我们都知道，一旦发生地震，贸然向外跑很可能被坠落的物体砸伤，因此，避震应选择室内结实、能掩护身体的物体下(旁)，易于形成三角空间的地方，开间小、有支撑的地方，室外开阔、安全的地方。总体上来看，三个城市中做出正确选择的达到了60%，但从三城市对比图可知，天津和陕西的学生比较好，而在绥棱县选择赶快逃出去的学生占到了59%(23÷39≈59%)。虽然在前几题的调查中，绥棱县的学生表现出了要利用学校的防护措施进行防护，但此题暴露出大家在地震情况下处理不得当的问题。由此可见，大家对于火灾等常见灾害的处理虽然有一定常识，但对于地震的防灾知识仍有待加强。

(9)地震发生时，应该躲在桌子底下吗?

A. 可以　B. 不可以　C. 不知道

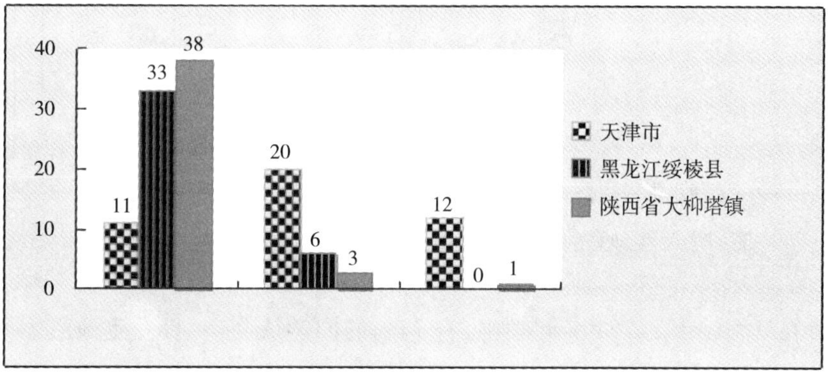

图12　回答"是否应该躲在桌子底下"所占的比例

总体来说，大家对于这个问题的回答还不错，有一定的应急自救常识。但是天津的很多同学都回答错了，明明参加过演习，还不明白如何正确应对，看来，防灾教育的实行与效果还是有一定差距的。

(10)如果发生地震的话，你认为学校教学楼会出问题吗?

A. 会　B. 不会　C. 不知道

表 3 发生地震的话，你认为学校教学楼会出问题吗(数据统计)

	会	不会	不知道
天津市	27	4	12
黑龙江绥棱县	23	1	15
陕西省大柳塔镇	42	0	0
总计(人)	92	5	27

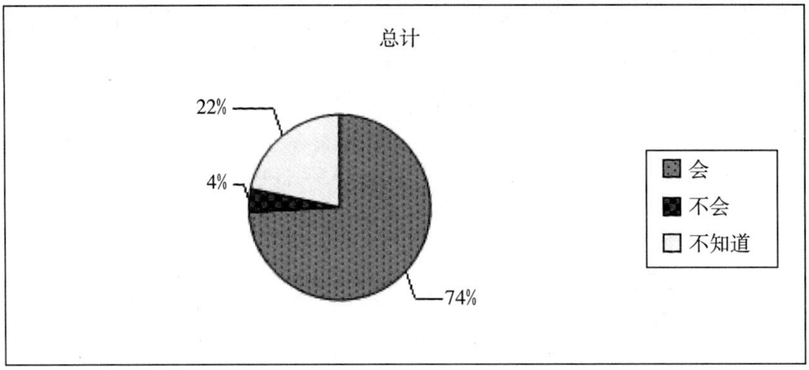

图 13 发生地震的话，认为学校教学楼会出问题的比例(图表统计)

在三个城市的 124 名同学中，有 74%的同学认为，一旦发生地震，学校的教学楼会出现问题。回答不知道的有 22%的同学，对学校的教学楼有足够信心的只有 4%的同学。这些数字一方面提醒我们要注意校舍的检查维修加固，另一方面说明我们的学校没有给学生一种安全、放心的感觉。同学们持这样的态度可能是受到了汶川地震的影响，但更多的是因为我们的防灾教育还没有做到位。其中最触目惊心的答案是陕西省大柳塔镇的 42 名同学全部认为学校的教学楼难以承受地震的冲击。

(11)学校的防灾教育你愿意参加吗?

A. 愿意　B. 不愿意

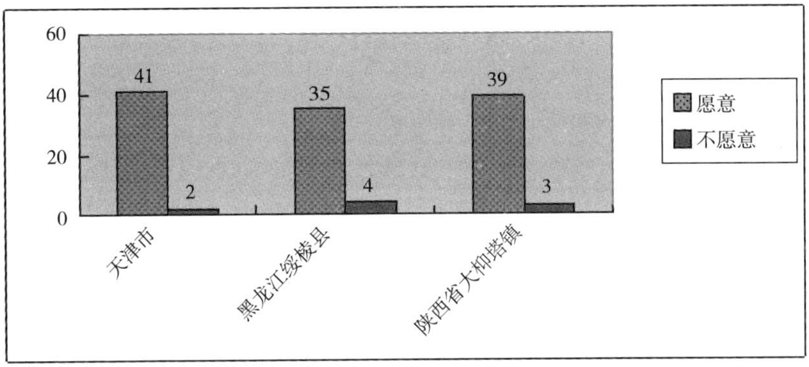

图 14　学校的防灾教育愿意参加的比例

从图 14 我们可以知道,绝大部分同学还是愿意参加防灾教育的。

(12)你认为学校的防灾教育采取什么形式比较好?

A. 课本讲授　B. 演习　C. 放教育片

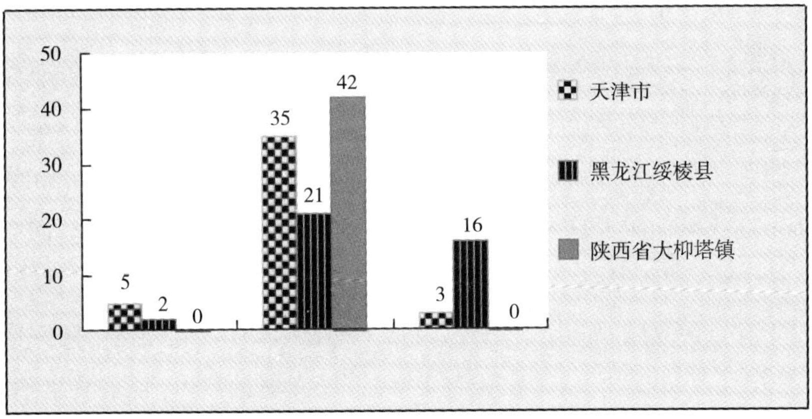

图 15　学校的防灾教育采取各种形式所占的比例

由此，我们可以了解到，同学们还是比较喜欢生动活泼的教育形式。此外，我们还对三地的教师代表进行了简单的访谈，三地的教师的态度如下表所示。

表 4　教师访谈结果

	天津市	黑龙江省绥棱县	陕西省大柳塔镇
是否进行防灾教育	进行	进行	不进行
防灾教育采取形式	演习	知识介绍	不进行
频率	一学期一次	不定期	不进行
不进行或频率低的原因	没相应教师	没经费且与升学关系微弱	没有必要

2. 我国防灾教育存在的问题

通过对老师和学生的调查，我们可以分析得知，当前，我们的防灾意识还不强，防灾教育还存在不足，亟须改进。

(1)防灾意识不够，对防灾的重要性认识不足。例如绥棱县地区由于自然条件稳定，历史上几乎没有关于地震的记录，所以学生和老师在思想上容易麻痹大意，学校对防灾教育工作也不够重视。学校不重视的原因主要有以下几个：与升学关系不大，学校更多地是重视成绩而非其他教育；缺乏相应的老师，培训不系统；认为发生概率低，没必要花费过多的精力。除学校方面以外，家庭的防灾意识也不强，表现突出的是天津地区，家庭的防灾教育跟不上学校的防灾教育。

(2)社会防灾应急体制不健全，责任不明确，没有建立完整的防灾应急体系。社会、学校、学生、家庭缺乏实际防灾、减灾的经验，预案演练不够。就这三地而言，除天津地区的学校有演习之外，另外两地都没有演习训练，而且有很大一部分人不知道紧急疏散通道、避难场所的位置。

(3)防灾、减灾的科普宣传不够，老师和学生都不同程度地缺少必要的避灾、自救和互救常识。目前的培训以教学、科研、管理等为主，真正涉及灾难教育方面的培训基本上处于“真空地带”，既缺乏相关的培训制度与机构，又没有充足的经费投入和保障体系，因此，教师对于灾难预兆、逃生技巧、灾后心理重建等均缺乏基本的了解。灾难一旦降临，师生只能处于极度惶恐之中，根本无力采取有效的规避手段和措施，以致错失最佳的逃生时机。因此在问卷中呈现出“不知道破坏性地震能否阻止，地震一旦发生不知该如何保护自己”等问题。

（4）现行防灾教育与学生的期许不符。从上述数据可知，学生中有 66％的学生愿意参加防灾教育，且有 94％的学生喜欢演习、教育片等生动的教育方式。与之相对，由于观念陈旧，学校灾难教育始终停留在“口号宣传、课堂提醒、参观展览”等刻板化的程式中，主要采取的讲授教育只受到 6％的学生的欢迎。看到这个数据，我们的教育一直难以收到很好的效果的原因或许也不难理解了。

（5）缺乏必要的防灾准备。例如，没有防灾用品如水、食物、哨子等。也没有医疗救助物品，比如止血带、药品等。而且，也没能通过学生，将防灾教育的重要性、防灾的必要准备等有效地传播到家长和社会中去。

（6）学校校舍质量堪忧。虽然没有调查建筑质量情况，但从调查的结果来看，绝大部分学生都对校舍是否抗震表示怀疑。

三、日本构建安全学校的经验

1. 日本构建安全学校经验概述

众所周知，日本是地震多发国家，但是地震造成的学生伤亡人数却不多。日本为什么能将“地震大国”变为“减灾大国”？日本学校在其中发挥了重要作用：一方面学校积极进行防灾教育，另一方面，在构筑安全校园建筑方面学校做了许多工作。

日本由于其特殊的自然条件和地理环境，是一个灾害频发且资源储备略显匮乏的国家，因而其国民本身保持对自然灾害，特别是地震的强烈的危机意识，居安思危，时刻迎战危机。例如，在日本，几乎所有的家庭都储备有防灾救急包，里面有应急食品、防灾工具等。日本人这种意识的形成一方面固然由于自然因素所致，但更重要的是得益于日本防灾教育的大力实施。

日本各地中小学都非常重视防灾组织的建立、教师进修、学生防灾知识的学习和防灾演练等工作，从而将地震的灾害减到最低。以兵库县为例，该县所有的小学、初中、高中和特殊学校都有常设的防灾教育委员会，负责防灾指南手册的编制、教职员分工、防灾教育的规划和实施等工作。该县有77%的小学、69%的初中、60%的高中和43%的特殊学校定期开展以防灾对策、指导学生防灾方法、学生心理辅导为主要内容的教师防灾进修或研讨会。几乎所有学校每年都要实施一至二次防灾演练，近30%的小学每年举行防灾演练4次以上①。

正是由于日本各地学校防灾教育都能做到面面俱到、持之以恒，所以当地震来临时，师生大多能迅速采取正确的避难行为，避免了无谓伤亡。当然，我们在这里也不能忽视软件条件背后强有力的硬件条件，即日本中小学在大地震中的伤亡率之所以很低，当然主要归因于校舍的耐震性能比较高。

1923年，日本关东大地震导致不少教学楼倒塌，学生集体遇难。日本政府积极汲取经验教训，以“学生的生命维系着国家未来”为原则，规定学校的教学楼建筑必须作为特殊建筑物，保证校舍是最坚固的建筑。对于建筑物的抗震性有一个重要参数：IS值②。日本政府规定对于一般的民有建筑，要求IS值≥0.6，而对于学校建筑，则要求提高至IS值≥0.7③。同时按照

① 胡学亮：《日本中学校的防灾教育》，《教育》2010年第22期。

② “IS值”即构造抗震指数（日文中的“构造”为中文的“结构”之意），与之相关的因素有：建筑物强度刚度、建筑物形状、建筑物年代。

③ 汤朝晖：《日本中小学校防灾抗震设计启示》，《建筑学报》2009年1月。

1995年开始实施的《地震防灾对策特别措施法》，日本各地政府有义务对所有校舍的抗震性能进行检测，并予以公示。凡未达到抗震标准的校舍，根据其轻重缓急分批进行加固或改建。且学校的建筑需体现安全性、实用性及避难功能：需要有宽大的操场，无论中小学，都配备体育馆，可以为灾民提供避难场所；一般学校都有防灾仓库，储备抗灾物资等①。在2011年3月11日日本东北地区大地震中，大家一定注意到，日本的学校成了居民最后的避难所，同时，虽然有学校在地震和海啸的双重打击下损毁，整栋房子被卷走，但并没有倒塌，这一切都在向我们展示着日本安全学校的强大。

面对自然灾害的严重威胁，日本各地中小学在硬件、软件上双管齐下，其积极应对的经验对我们思考今后的救灾减灾对策都有着重要的参考价值。

2. 日本防灾教育特点

(1)注重分段进行，强调内容细化。

日本中小学防灾教育系统非常完善，从幼儿园到高中有不间断的防灾课外读物，每所学校都有防灾课程。其防灾教育，充分考虑了学生身心发展和教育的规律，结合防灾的学科特点和认知心理学有关思维发展的内容，根据不同年龄、学段将整个基础教育划分为四个阶段。

①小学低年级(6—9岁)

②小学高年级(10—12岁)

③初中(13—15岁)

④高中(16—18岁)

不同阶段有不同的要求，各等级的教材由浅入深，由简单到复杂。比如说神奈川县小学防灾教育的目标如下：小学三四年级的防灾避难教育目标是关心社区中预防灾害与保护人身安全的各种活动，理解日常生活中各种预防灾害的措施及方法，时刻准备应对紧急事态，灾害发生时有组织地应

---

① 王国光：《重建福祉——日本中小学校的防灾与灾后重建启示》，《南方建筑》2008年第6期。

对，做到能够安全行动；认识地震以及伴随地震发生的火灾等带来的危害，在不同灾害情况下能根据居住区及学校周围状况采取避难以及其他行动；作为预防灾害的准备，能够思考在非常时刻携带的物品等等，能够关注粮食储备库等防灾公共设施，能够根据自己的观察独立制作防灾地图。①

表5　小学三四年级防灾避难教育内容与方法

学习形态	学习活动·教师指导
班组授课 小组学习	思考日常生活中怎样防备大地震；能够预想大地震发生时需要的物品，在教科书的列表“平时要准备的东西”中进行选择，并做标记；为了防备灾害，确认避难场所以及储备仓库等救灾设施，确认与家人的联络方法，就自己的调查作小组发言。
个人学习	要求学生与家人谈谈地震的事，了解发生地震时自己家里什么地方最安全；与家人一起调查自己家的防灾准备，并作归纳；调查上学和放学路上的避难场所与储备仓库；召开家庭会议，思考所有家庭成员的避难场所和相互联络的方法；还有负伤时如需紧急包扎，家里应准备的防灾避难常用药。
小组学习	就日常的准备作小组发言，各自归纳；制作防灾地图，标记避难场所、储备仓库位置；并与参加防灾避难活动相联系。

小学五六年级的防灾避难教育目标是：能够理解全国与县内的地形，知道地震、台风、海啸、火山喷发等灾害发生时安全的行动方式，关心低年级同学的安全，及时向成人报告；能够采取预防次生灾害的行动；在防止受伤的同时，能够掌握有关简单包扎、家庭常备防灾用品、避难场所等的知识，以上学和放学的道路附近区域为中心制作独立的防灾地图。②

表6　小学五六年级防灾避难教育内容与方法

学习形态	学习活动·教师指导
个人学习与小组学习相结合	独立制作防灾地图，在地图上确认从家到学校的路径，在认为危险的地方做标记，说出做记号地方危险的理由，讨论并确认各个危险地方的危险内容。
小组学习	大家就自己独立制作的防灾地图在小组内发言，并提出各自归纳的危险回避方法；根据大家的讨论，订正或补充自己制作的防灾地图的不足；各小组安排记录者、发言者进行简单的汇报。

① 胡国勇：《学校是防灾教育的中心　走进日本小学(上)》，《上海教育》2008年6月。
② 同上。

(2)形式多样,寓教于乐。

日本中小学的防灾教育范围包括经常发生的地震、台风、火灾等灾害,具体内容有灾前预警、灾时与灾后自救、互救指导。其教育形式既有传统的书面教育、课上宣讲,也有防灾游戏,在做游戏中增强学生的防灾意识,而其防灾演习又凸显了它的真实性。

与我国刻板的课上知识教授和有限的海报宣传等不同,日本的宣传有效利用了各种媒体,从最简单的海报、展板、招贴画到学校里使用的补充阅读材料、教材、发放到家庭的指导手册,再加上各式日历、故事书、图文集、小插页。可以说,日本防灾教育充分利用了人们生活中经常接触到的各类平面媒体。正是广播、电视、各类实际演习等形式多样的宣传,使得日本国民可以多渠道、轻松地获取灾害救助知识和信息。

此外,用地震模拟车到各校巡回展示也是让儿童体验地震的较为常用的手段。而在防灾教育中运用游戏法进行教学,也取得了事半功倍的效果。例如,将小学生分组,通过比赛的方式,让他们在固定区域中探访、寻找各种避难场所和避难标记,画出属于自己的防灾地图,这就像寻找宝藏的侦探一样。游戏深得日本孩子喜爱,同时也取得了较为理想的效果。在这样潜移默化的教育中,日本孩子养成了防灾意识,他们外出到任何公共场所,都会在潜意识中查看逃生指示图。

(3)注重防灾演习,凸显真实体验。

太平日子生活久了,人们常常对防灾的重要性缺乏足够的重视,甚至有不少人会认为灾难遥不可及。为了让学生未雨绸缪、防患于未然,日本中小学常常举行各种防震、防火演练。日本中小学的应急演练一般分为以下四种:课间休息的演练、不事先通知学生的演练、不事先通知教师的演练和在紧急情况下把学生交给家长的演练,后者要求有学生家长参加。[①] 制度化、

① 代志鹏:《浅析日本中小学防灾教育》,《外国中小学教育》2009年第2期。

常规化的应急演练使学生的防灾技能得到了应有的锻炼和提高。

日本各地有许多有关地震等灾害教育的设施，是学校防灾避难教育的重要基地。在防灾避难教育中，日本中小学更注重实际的体验学习以及实际训练。在小学阶段，要求小学低年级学生学会在灾害来临时掌握自我保护的方法，例如，在教室里听到地震警报立即躲在课桌之下，同时戴上防灾头巾。地震停止后，为防止次生灾害，立即迅速有序地向安全地带撤离。要求高年级学生自己通过调查发现灾害发生时学校周围存在的危险因素，制作防灾地图。在灾害来临时能够在保护自己的同时照顾低年级学生，掌握简单的急救包扎技术。学校明确紧急时与家长联络的方法，在确保学生安全的同时，及时与学生家长联系，将学生安全地交给家长。这些体验式的防灾教育“拉近”了学生与灾难之间的距离，一方面让学生在体验中学会应对灾害的技能；另一方面练就了学生面对灾害的心理素质，当灾难真正降临时，能够临危不惧、从容应对。

(4)创建防灾高中，注重后备人才的培养。

近年来中国加强了学校的防灾教育，但苦于没有足够专业的教师，学校的防灾教育难免流于形式。鉴于各国都存在相同的情况，日本于1995年开创了第一所有环境防灾系的高中——日本兵库县立舞子高中。该系每年招收40名学生，除教授日常课程外，每天都要向学生教授和防灾有关的知识。其防灾教育主要分为四个方面：学习基础知识，比如为何会发生地震、海啸？为此，在日常的学科教育中加强自然、地理知识的学习；懂得如何避难和互助，为此学校一般每年都要进行两次环境救灾演习；能辨识出什么样的建筑物最安全，包括学校和家；总结经验教训，并且培养孩子感恩和互相关爱的思想。[①]

该学校的专业性除了体现于设立专门防灾避难课程外，还体现在其师资队伍的高度专业化上。给学生授课的除了专门的防灾教育老师，还有消

① http://news.dili360.com/rollnews/2009/051516534.shtml

防系统的防灾指导员、心理医生、经历过各种灾害的当事人等。由于学到了较为系统的防灾知识，许多学生都定下自己的大学志向——地震心理学。这为日本防灾专业人才的培养打下了坚实的基础。

总之，日本的防灾教育面向不同年龄段的学习群体开发了有针对性的教育课程，采取了与之相适应的教育方法，充分实现了与中小学的有机衔接和全面覆盖。其重视内容细节、寓教于乐、强调实际成效的教育方式，有效加强了日本国民的防灾意识，增长了防灾知识，提高了防灾技能，从而有效地降低了后续灾难的损失。由于日本重视防灾教育，通过从小对学生进行忧患意识的培养、安全知识的普及、应对技能的训练，日本学生、市民具备了防灾忧患意识、安全知识和应对技能，提高了防灾综合素质。其成效体现于各特大地震中日本国民镇定有序的自救互救上，这反过来又大大增强了教育内容的可信度和说服力，促成了日本防灾教育的良性循环。

四、日本防灾教育对我国的启示

1. 健全防灾体系

学校防灾减灾是一项系统工程，需要政府、学校、家庭各方面协力完成。政府是构建防灾体系的主导者，应严格推行相应政策法规，将防灾教育以法律的形式落到实处。学校是防灾教育的主要践行者和核心力量。学生在学校的受教育时间最长，这给防灾教育提供了充分的时间和空间。学校应依照政策法规，严格制订防灾教育计划，以多样的形式将防灾教育落到实处，确保每个学生真正掌握。而家庭是防灾教育的后备军，家长以其特殊的身份，在防灾教育中扮演着特殊的角色。他们不仅自身认真学习掌握防灾知识和技能，更能在生活中向学生传授正确的灾害意识和防灾技能，以巩固学生在校所学的防灾自救知识。这样三方合力，积极践行各自职责，定能使防灾教育工作取得较大的进展。

2. 确保政策落实

《中华人民共和国突发事件应对法》第三十条规定:“各级各类学校应当把应急知识教育纳入教学内容,对学生进行应急知识教育,培养学生的安全意识和自救与互救能力。教育主管部门应当对学校开展应急知识教育,进行指导和监督。”可见,我国对于学校安全教育是有规定的。但是,这种规定的标准比较宽泛,学校进行安全教育只是一种义务,并不是必需的责任。而在日本,学校安全教育是被相关安全法律规定的,是必须做的。所以,重视我国学校安全教育首先应从法律上作出更加严格的规定,将安全教育纳入学校“必修课”的范畴。安全教育不仅要成为“必修课”,还要成为一门十分专业的安全教育课程。学校应大力支持安全教育课程的建设,配备专门的教师,编写内容多样的教材,设计专门的课时和考试形式,以帮助孩子们掌握和巩固安全知识。

3. 改善教育形式

前面已经介绍过,日本的安全教育形式丰富多彩,师资力量雄厚,课程设置科学。他们有针对不同年龄阶段的教材,有多媒体教学,有各种防灾宣传品,可以参观防灾博物场馆,进行防灾演习等等。多种多样的教育方式容易激发孩子们的学习兴趣,加深他们对所学知识的印象。

我国学校的安全知识教育体系需要有所改善。安全教育方式应该更加多样化,可以根据孩子的特点,采取灵活多样的教育方式,这样才能取得更好的教学效果。

大力加强防灾应急宣传教育工作。围绕防灾应急工作主题,利用板报、演讲、音像制品、展览、知识竞赛等形式,普及防灾应急知识,提升安全防范意识,切实制订应急处置方案预案。紧密结合学校的地理位置、校舍布局、班级容量、防范器材、周边社情等实际情况,突出“风、雷、水、火、电、地震、饮食卫生、体育锻炼” 等自然灾害和重点环节,充分预见各种可能发生的突发灾害事件，制订切实可行的应急处置方案预案，做到责任明确、分工科学、考虑周密、环节严谨，切实达到准备充分、从容应对的目标。

4. 重视实践演习

日本学校的防灾演习举行得相当频繁和专业。在中央电视台《岩松看日本：日本防灾面面观》节目当中，白岩松观摩了东京目黑区立东山小学进行的一次防灾演习活动，这次的防灾演习是在不通知全校师生的情况下举行的。[①] 据校长介绍，每年年初开学时有事先通知师生的演习，接着就会逐渐提高难度，在课上或者课下突然进行。演习需要学校制订方案，报批教委。在演习过程中，副校长通过全校广播发出地震警报，这时学生毫不慌乱地在老师的指令下迅速躲到课桌底下，接着，副校长又下达了因为地震引起火灾需要紧急疏散的命令，这时，学生则迅速戴上帽罩，在老师的指挥下，依次有序地撤离到空旷地区，全校 1000 多名师生在 5 分钟内全部集合完毕。可见，日本的防灾演习达到了十分专业的水平，一切行动都按照事先拟定好的方案，丝毫不慌乱。

我国学校也应该每学期制订详细的防灾演习计划，假设各种灾难情况，让学生定期进行逃生训练。当灾难真正来临时，这样的训练能够帮助学生迅速地疏散和撤离。在做好宣传教育、讲解示范、相关保障等充分准备的前提下，模拟突发灾害事件环境，有计划、有组织地开展应对各类突发灾害事件的演练，锻炼学生的胆识、机智，培养学生自信心、自控力和互相帮助、共同面对困难的协作精神。

日本的学校防灾教育体系是一个有机的整体，各个环节紧密相连、协调有序，它对于建设我国防灾体系的整体架构具有一定的参考价值。深入观其细节，又有许多周全的措施和巧妙的设置。如果能适当利用，则可以让我们的学校防灾教育工作更加细致、有效。我们可以取其精华，进一步完善我

---

① http://news.cctv.com/world/20070330/105597.shtml

国的防灾教育体系，这将是一个极具深远意义的防灾建设工程。

结语

“5·12”四川汶川大地震是我们永远的痛楚，地震发生的时间是下午2点28分，这正是学生上课的时间。地震导致教学楼坍塌，学生伤亡惨重，但四川省绵阳市安县桑枣镇桑枣中学却创造了一个奇迹：在大地震中，全校2200多名学生和100多名教师无一人伤亡。后经调查发现，原来该校平日非常注重学校的安全教育问题，每学期都要在全校组织一次紧急疏散的演习，且连续几年对学校的危楼进行了改造加固。不懈的努力让桑枣中学全校师生躲过了灾难。

除了桑枣中学外，我国很多其他地区的学校也会定期开展安全教育活动，但是，从整个社会的学校安全教育情况来看，我国并没有形成专门的安全教育制度，并且学校对于安全知识的宣传力度也不够大。

生命高于一切，安全重于泰山。防灾应急工作是学校全面建设的一个重要组成部分，做好防灾应急工作，是学校领导、教职员工义不容辞的责任。突发灾害事件一旦发生，能否在第一时间组织学生采取有效的防范措施和救治方法，能否保持较好的心理状态，直接关系到全体师生的人身安全。学校必须高度重视防灾应急工作，这是减少损害、挽回损失的实际举措。安全工作是学校建设的一个永恒主题，尽管学校是一个相对安全的场所，然而校园突发灾害事件往往是人们始料未及的。只有从思想上重视、工作上落实，才可以有效防范突发性灾害事件。学校既负有教书育人、让学生健康成长的重任，又负有保障学生安全与利益的职责。

所以，加强我国的安全教育力度迫在眉睫，我们应该借鉴日本成功的防灾教育模式，有效地提高我国学校的防灾能力，将影响扩至家庭、社会，形成一个良性循环。

参考文献：

黄宫亮：《日本学校的防灾教育》，《中国民族教育》2008 年第 9 期

张黎：《应把防灾教育纳入国民教育体系》，《学习时报》2010 年第 1 期

李高峰：《灾难教育：学校生命教育的重要场域》，《教育科学研究》2009 年第 11 期

苏筠等：《首都大学生的自然灾害认知调查与减灾教育建议》，《灾害学》2007 年第 9 期

胡学亮、张梅：《"地震大国"日本的中小学防震措施》，*New Education* 2010 年第 8 期

汤朝晖：《日本中小学校防灾抗震设计启示》，《建筑学报》2009 年第 1 期

段华明：《灾害社会学》，人民出版社 2010 年版

王国光：《重建福祉——日本中小学校的防灾与灾后重建启示》，《南方建筑》2008 年第 6 期

胡国勇：《学校是防灾避难教育中心》，《上海教育》2008 年第 12 期

代志鹏：《浅析日本中小学防灾教育》，《外国中小学教育》2009 年第 2 期

陈淀国：《感受日本防灾教育》，《防灾博览》2006 年第 6 期

郑居焕、李耀庄：《日本防灾教育的成功经验与启示》，《中国公共安全》2007 年第 2 期

杨华：《日本防震减灾经验借鉴》，《首都师范大学学报》2008 年第 4 期

马雪梅、冯维：《论我国学校灾难教育存在的问题与对策》，《教育论坛》2008 年第 11 期

杨黎：《日本自然灾害的信息传播及对我国的启示》，《华中师范大学学报》2009 年第 4 期

附表 调查结果

Q1:你认为身边可能会发生什么灾害?

城市	地震	火灾	台风	煤气爆炸	其他
天津市	6	31	0	2	4
黑龙江绥棱县	2	25	0	4	8
陕西省大柳塔镇	13	13	0	7	9
总计(人)	21	69	0	13	21

Q2:你会从哪里了解灾害信息及预报?

城市	电视	网络	报纸	其他
天津市	18	17	3	5
黑龙江绥棱县	24	11	4	0
陕西省大柳塔镇	37	5	0	0
总计(人)	79	33	7	5

Q3:你认为地震有可能发生在你身边么?

城市	可能	不可能	不知道
天津市	31	5	7
黑龙江绥棱县	9	19	11
陕西省大柳塔镇	24	10	8
总计(人)	64	34	26

Q4:你知道你所居住的地方哪里有应急避灾场所吗?

城市	知道	不知道
天津市	25	18
黑龙江绥棱县	17	22
陕西省大柳塔镇	15	27
总计(人)	57	67

Q5：你家里有没有准备防震救急物品？

城市	有	无	不知道
天津市	19	19	5
黑龙江绥棱县	5	17	17
陕西省大柳塔镇	4	24	14
总计(人)	28	60	36

Q6：你认为破坏性地震能否预防？

城市	可以	不可以	不知道
天津市	4	23	16
黑龙江绥棱县	11	12	16
陕西省大柳塔镇	5	24	13
总计(人)	20	59	45

Q7：引发地震的因素是什么？

城市	地壳变动	月球引力	人为作用
天津市	22	13	8
黑龙江绥棱县	17	15	7
陕西省大柳塔镇	15	20	7
总计(人)	54	48	22

Q8：你正熟睡时，突然地震，你的第一反应是什么？

城市	赶快找个地方躲	赶快逃出去	先继续睡，如果摇得厉害再说
天津市	31	8	4
黑龙江绥棱县	14	23	2
陕西省大柳塔镇	36	6	0
总计(人)	81	47	6

Q9:地震发生时,应该躲在桌子底下吗?

城市	可以	不可以	不知道
天津市	11	20	12
黑龙江绥棱县	33	6	0
陕西省大柳塔镇	38	3	1
总计(人)	82	29	13

Q10:如果发生地震的话,你认为学校教学楼会出问题吗?

城市	会	不会	不知道
天津市	27	4	12
黑龙江绥棱县	23	1	15
陕西省大柳塔镇	42	0	0
总计(人)	92	5	27

Q11:学校的防灾教育你愿意参加吗?

城市	愿意	不愿意
天津市	41	2
黑龙江绥棱县	35	4
陕西省大柳塔镇	39	3
总计(人)	115	9

Q12:你认为学校的防灾教育采取什么形式比较好 ?

城市	课本讲授	演习	放教育片
天津市	5	35	3
黑龙江绥棱县	2	21	16
陕西省大柳塔镇	0	42	0
总计(人)	7	98	19

后　记

2006年，北京第二外国语学院日语学院（当时为日语系）社会文化方向几名教师（铁军、周洁、江新兴、侯越）撰写的《中日乡土文化研究》（铁军主编），对日本的家族制度、宗教信仰、传统节庆文化等方面的特征与变迁以及中日比较等诸多方面进行了探索。该书所论述的"'乡土文化'并非仅仅局限于'农村文化'"，而是基于"区别于现代城市文明和工业文明"的"土生土长的文化传统"。当时，从事日本社会文化研究及中日社会文化比较研究的中国学者主要兴趣在宏观社会框架、早期文化与历史方面，对于传统的民间文化的分析还远不够充分。因此，《中日乡土文化研究》出版后引起了学界的关注。

其后几年，中国学者对于日本社会文化的研究虽不断拓宽、深化，但是仍然多集中在政治、经济、高层文化、历史领域，对于与两国日常生活实践活动紧密相关的文化传承、社会变容以及近当代中日两国的交流与融合等方面的分析还略显薄弱。

为了进一步推进该领域的研究，我们于2010年向校方申请《传统·现代·乡土·流行——中日当代社会研究》课题。紧张的两年多的时光很快过去了，课题组的成果终于得以用专著的形式结项并交付出版。书的名称是《传承与跨越——中日当代社会文化研究》。

作为"中日乡土文化研究系列"之一，本书具有以下三个特点：

1. 延续《中日乡土文化研究》对于中日两国传统社会文化传承现状的关注，注重对两国社会文化间交流与融合现象的分析。

2. 着眼于当代社会，从民俗、文化、社会三个方面，对日常生活领域中中日社会文化的传承、融合、嬗变进行比较。

3. 将历时演变和共时比较纳入研究视野，剖析中日两国传统与现当代社会、文化的共性与异性。

本书执笔者中有八名北京第二外国语学院日语学院的硕士研究生以及一名四川外语学院成都学院的学生(陈君)。陈吟、黄赛芳的指导教师是侯越老师；王蕊、石小娟、苏喆、张宬的指导教师是江新兴老师；满新茹、郭攀霞的指导教师是周洁老师。

本书撰写得益于诸多专家、学者的热忱教诲与帮助。在此谨向北京外国语大学的赵晓柏老师、北京第二外国语学院的谢立群老师以及王怡老师表示衷心的感谢。铁军老师关心后学，不仅亲自撰文，还提出很好的指导意见，令人难以忘怀。另外，还要感谢铁军老师、2012 级社会文化方向硕士研究生孙少凯同学为本书的封面设计所贡献的奇思妙想。感谢中国传媒大学出版社张旭编辑、特约编辑李雪女士为本书的校对、出版工作所做的大量耐心细致的工作。

编　者

二〇一三年三月十八日

图书在版编目(CIP)数据

传承与跨越:中日当代社会文化研究/侯越主编. —北京:中国传媒大学出版社,2013.4
ISBN 978-7-5657-0686-8

Ⅰ.①传… Ⅱ.①侯… Ⅲ.①现代文化—对比研究—中国、日本
Ⅳ.①G12

中国版本图书馆 CIP 数据核字(2013)第 070461 号

封面上红色中国狮子图片引自:auction1. paipai. con/A4B75300000000;绿色日本狮子图片引自:http://www. echizenya. co. jp/mini/mini. html

传承与跨越——中日当代社会文化研究

主　　编	侯　越
策　　划	冬　妮
责任编辑	张　旭　张　玥
特约编辑	李　雪
责任印制	张　玥
封面设计	大鹏工作室
出 版 人	蔡　翔
出版发行	中国传媒大学出版社
社　　址	北京市朝阳区定福庄东街 1 号　邮编:100024
电　　话	86—10—65450528　65450532　传真:65779405
网　　址	http://www. cucp. com. cn
经　　销	全国新华书店
印　　刷	北京中科印刷有限公司
开　　本	730×988mm　1/16
印　　张	15.5　彩插:0.125
版　　次	2013 年 7 月第 1 版　　2013 年 7 月第 1 次印刷
书　　号	978-7-5657-0686-8/G·0686　　**定　　价**　52.00 元

图 1　街头制作民间面点的广告

图 2　蝶恋花图案的圆形月饼模

图 3　作坊里成堆的半成品

图 4　鲤鱼跳龙门月饼模

图 5　工匠自制的各种工具

图 6　玉兔捣药月饼模

此处彩插为正文图片的彩色版，已重新排序。

图 7　莲蓬形点心模之一

图 8　莲蓬形点心模之二

图 9　莲蓬形（人）点心模之三

图 10　单桃形点心模

图 11　双桃形点心模

图 12　元宝形点心模

图 13　鱼形点心模